U0888989

股市新闻分析法

——职业操盘的杀手锏

郭志新　著

地震出版社
Seismological Press

图书在版编目(CIP)数据

股市新闻分析法 ：职业操盘的杀手锏 / 郭志新著. —北京：
地震出版社，2020.9 （2021.5重印）
ISBN 978-7-5028-4943-6

Ⅰ.①股… Ⅱ.①郭… Ⅲ.①股票交易-基本知识
Ⅳ.①F830.91

中国版本图书馆 CIP 数据核字(2020)第 054772 号

地震版 XM4934/F(5646)

股市新闻分析法——职业操盘的杀手锏
郭志新 著
责任编辑：李双双
责任校对：凌 樱

出版发行：地震出版社
北京市海淀区民族大学南路 9 号 邮编：100081
发行部：68423031 传真：68467991
总编室：68462709 68423029 传真：88421706
证券图书事业部：68426052 68470332 传真：68455221
http：//seismologicalpress.com
E-mail：zqbj68426052@163.com
经销：全国各地新华书店
印刷：北京盛彩捷印刷有限公司

版(印)次：2020 年 9 月第一版 2021 年 5 月第二次印刷
开本：787×1092 1/16
字数：266 千字
印张：15.75
书号：ISBN 978-7-5028-4943-6
定价：58.00 元

目　　录

第三部分 股市新闻实战运用精讲

前　言

无风不起浪，浪小则无鱼。新闻是风是雨，时而狂风大作，时而骤雨不停。股市新闻不仅催生出数不尽的翻倍牛股，而且造就了一批批投资大师和炒股牛人。

早在 1815 年，英国金融家内森·罗斯柴尔德(Nathan Rothschild)就已深知新闻信息的极端重要性。通过信鸽，他提前得知了滑铁卢胜利的消息，于是倾尽全力买入股票，大赚了一笔。在他那个时代，新闻信息是一种稀缺资源，比的是速度有多快。

人类的信息传播早已进入了光速时代，接收新闻信息的时间差几乎消失了，比的是如何理解源源不断的新闻信息。正如著名的普鲁士军事理论家卡尔·冯·克劳斯维茨(Carl Von Clausewitz)在《战争论》中所说："战场的骚乱和新信息不间断地传来使问题更加复杂，机会就存在于相互矛盾的信息之间，经过仔细评估和分析，可以做出正确的决定。"

在军事战争中，双方为争抢信息大量使用间谍。股市博弈则不然，法律明文禁止非法获取未披露信息，但是不限制公开的新闻信息。有分量的新闻，足以掀起股市千层浪，大鱼小鱼活蹦乱跳，就等你来抓。

读不懂、用不好股市新闻一直困扰着无数股民，职业的交易员和操盘手也不例外。读懂股市新闻只是挖掘翻倍牛股的第一步，用好股市新闻才是挖掘翻倍牛股的关键。

本书围绕如何用好股市新闻，深入浅出地分析了新闻是如何影响股民的认知和预期，从而改变买入或卖出的态度和行为。同时，进一步创造性地揭示了新闻是股市行情的源动力的运行机理。

从新闻的视角来理解股市，以政治家的眼光和胸怀来审视股市新闻，旨在打开解读股市的新视角，提升投资股市的大格局，拓宽股市的人生大智慧。未战先力求“知胜”，如孙子所言，“知彼知己，百战不殆”“知天知地，胜乃无穷”。全方位掌握股市博弈新闻信息，只有力求“先胜”，即先知、先备、先机，才能掌握战略主动权。

先知再先备，先备则可能赢，无备则必定输。有备方能抢占先机，抓住战机，先发制人；集中优势，精打要害；立足全胜，力求大胜。“三先”是先手优势的高度总结，皆可从读懂股市新闻开始，再高效用好股市新闻。本书开创性地提出了股市新闻四步分析模型，又称 BCLC 新闻分析法，前三步是静态价值分析，最后一步是动态效果分析，动静结合构成一个完整的分析框架。

第一步，抓住实质利好。首先就是过滤那些没有实质性利好的新闻，再优先分析有政策和市场双重利好的新闻，全力关注重大利好，利好多次释放才能构成主线热点，利好兑现即利空。

第二步，提炼新颖概念。没有明确概念的新闻可降级处置，内容全新的概念是重中之重，角度新颖的概念尚可接受，观点新颖的概念仍需关注。

第三步，理顺大众逻辑。大众普遍接受的逻辑主要有产品涨价公司受益，增量市场带来业绩的大幅增长，重估就是新的开始，赚钱才是永恒的大众终极逻辑。

第四步，紧跟有效催化。无效催化直接放弃，有效催化行情爆发，针对爆发的强弱程度采取不同的策略与战术。针对催化行情走强、高潮、走弱三种常见情况，及时采取与之相符的应对措施。

学以致用，活学活用。根据以上分析框架，本书详尽解剖了大国贸易摩擦升级之后衍生出的三条主线热点行情：农业之丰乐种业 10 天 9 板、稀土之金力永磁 13 天 11 板、芯片之康强电子 9 天 8 板。三只牛股的走势，都与新闻密不可分。新闻与盘面互动，相互借势，同生共灭。

绝大多数股民和操盘手都没有接受过系统的新闻学专业教育，缺乏专业理论知识，这也是限制用好股市新闻的障碍之一。为此，本书精选了新闻学必修专题，搞明白了新闻究竟是什么、如何区分新闻与传闻、什么是新闻价值、新闻要素有哪些、常见的新闻样式有哪些、什么是新闻敏感、如何高效收集新闻等问题，并结合股市特征，指出了学习和训练的方向。

新闻分析法体系完备，与基本面分析法、技术分析法、心理行为分析法并列为四大证券分析方法。追溯到道琼斯指数发明者和道氏理论奠基者——查尔斯·亨利·道(Charles Henry Dow)，他在1889年创办了《华尔街日报》(The Wall Street Journal)，用以报道有关金融的消息，提供金融新闻服务。1900年至1902年，查尔斯·亨利·道担任编辑时写了许多社论，以此来讨论股票投机的方法，内容主要包括“科学的投机活动”“读懂市场的方法”“交易的方法”以及市场的总体趋势。同时代的投机天王——杰西·利弗莫尔(Jesse Lauriston Livermore)已经非常娴熟地使用新闻来投机，这在他的回忆录中有详细记载。

新闻分析法代代相传，在职业交易员和操盘手群体之中以师徒传习居多。可以说，新闻分析是职业交易员的必备职业技能，也是操盘手水平高低的分水岭。

本书的新闻分析以股市为例，原理相通，策略与方法也照样适用于期货、外汇、债券等证券市场。如何通过新闻捕捉题材和热点，是本书主要回答的问题。在市场持续获利的职业炒家，特别是顶级游资，他们的利润主要是来自热点题材。热点题材不仅给游资提供了获利的机会，也给散户和机构提供了施展的舞台。不论是基本面派、技术派、情绪派，还是大资金、小资金，热点题材都是各方力量容易达成共识的焦点。

无论交易风格是短线投资、波段投资，还是中长线投资，都可吸收新闻分析之精华，完善原有交易系统。新闻分析法中亦有独立的交易系统——新闻热点战法，此法一直被国内游资界高手秘密使用。

本书研究的股市新闻，即影响股市行情发生、发展、终结的场外新闻和场内新闻。收集并解读股市新闻是职业交易员日常最基本的工作内容之一，职业交易员从中识别交易机会，过滤交易风险。

承蒙恩师谆谆教诲，秉承前辈的精华，综合多年实战经验，作者提出了新闻股价波动原理和 BCLC 四步股市新闻分析模型。经过实战反复锤炼，不断总结提升，特集结最新研究成果出版，以供大家探讨交流。由于作者水平有限和时间仓促，难免出现疏漏，望各位读者朋友不吝赐教。

郭志新

2020 年 6 月于北京

第一部分

股市新闻的收集与它背后的价值

股坛流行一句名言："公告藏金，新闻有宝。"公告是个股新闻的正规信息披露渠道，与宏观新闻和行业新闻构成股市新闻的三维体系。

股市新闻背后的价值无限，犹如一座宝藏，不仅源源不断地催生翻倍牛股，而且成就了一批批股市投资牛人。股市新闻法是一种独特的股市分析方法，既可以与其他分析方法相互补充，也可以单独使用，自成一派。

万丈高楼平地起，地基不牢，地动山摇。轻松捕捉翻倍牛股，先要读懂股市新闻，读懂也需要一些新闻专业的基础理论知识。绝大多数的散户投资者都没有接受过系统化的新闻专业教育，并且缺乏最基本的新闻素养。缺乏基本的新闻专业知识，确实为读懂股市新闻、用好股市新闻带来了不少困难。为此，作者精选了关联度紧密的新闻学专题，同时结合股市新闻实战案例，逐一进行详尽阐述。

作为散户投资者，我们需要：搞清楚新闻是什么，它的基本的定义和含义是什么，新闻的根本来源在哪里，如何甄别虚假新闻；弄明白新闻价值的含义，提高辨别新闻价值的能力；熟知新闻的六大要素，什么要素是不可或缺的；掌握新闻样式，迅速抓住最主要的信息；知道如何提高新闻敏感度，为提高新闻分析能力提供保障；不断完善新闻收集体系和丰富收集方法，努力做到第一时间准确收到最新的消息。

散户投资者的投资教育，早已过了碎片化的时代，需要专业系统化的训练，更需要交叉学科的理论做补充。新闻学专业基础知识，将会成为股市高手奔向成功的铺路石。

第一章　新闻究竟是什么

我们每天会接触到数千条新闻，但究竟什么是新闻？哪些事件对股市波动有影响？我们应该如何应对？在股市里投机或投资，处置新闻将成为工作中非常重要的内容之一。在信息和知识经济时代，散户投资者的投机和投资活动，与新闻传媒的关系越来越密不可分。

对股市从业者来说，学习新闻学的基本常识、概念和规律，既是获取专业知识和能力的最直接的途径，也是系统提升新闻解构能力必不可少的基础环节。

什么是新闻？顾名思义，新闻就是新鲜的所见所闻。新闻是一种狭义上的信息，以声音、图像、语言、文字的形式传播知识、经验和思想。新闻是事实性信息，是对事实存在的描述，有别于观点性信息和情感性信息。虽然观点和情感可以作为一种事实进入新闻，但是其本身不是新闻。新闻是指有新闻价值的信息，信息中含有“真实、新鲜、传播对象需要”的特点。

广义上的新闻是指以各种形式存在的有新闻价值的信息，即真实、新鲜、传播对象需要的信息。“‘各种形式’包括口头、书信、文件、微信或大众传媒等各种媒介中的，演讲、新闻发布会、新闻公报、时事评论、报道作品等各种形式中的，经过或未经公开传播的”。[①] 狭义上的新闻，是指网络、电视、广播、报纸等大众媒体以新闻样式发布的有新闻价值的信息，包括标题新闻、一句话新闻及各种报道。

我们讨论的重点是狭义上的新闻，就是经过大众媒体发布的新闻，包括场外新闻和场内新闻。场外新闻就是指股票市场以外的新闻，是与股票市场没有直接关系的内容报道。场内新闻是指以股票市场为主要报道内容的新闻。场外新闻和场内新闻都是我们关注的范围。

---

① 谢金文：《新闻学三维新论》，6 页，上海，上海交通大学出版社，2016。

第一节 新闻的根本源头在哪里

新闻的根本源头，指的是新闻本源。新闻本源是新闻的原点和立足点，是指产生新闻的根本源头，也就是从哲学认识论的角度回答“新闻是什么”和“新闻从哪里来”。唯物主义认为，新闻的本源乃是物质的东西，就是人类在与自然、社会的交往中所发生的各种事实。在新闻与客观事实的关系中，事实是构成新闻的根本因素。有事实的发生、变动，才有新闻。没有事实，就没有新闻。事实在先，新闻在后。事实是第一性的，新闻是第二性的。此乃新闻的生命之所在，价值之所在。

明白了新闻的本源是事实后，对散户投资者来说，又有什么益处呢？

一、如何区分新闻与传闻

如何区分新闻与传闻呢？新闻必须完全忠于事实，不能涂脂抹粉、添油加醋，不能有任何幻想或虚构，否则即使不完全是假新闻，那也是虚的，也属于失真。股市时常充斥着各种各样的传闻，有涉及宏观的，有涉及行业的，也有涉及上市公司的。

新浪财经讯 4 月 23 日晚间消息，今日有市场传言称，央行 25 日(周四)起拟对部分农商行及农信社等农村金融机构定向降准 1 个百分点。接近央行的消息人士表示，这一传言不属实，央行目前并没有新的定向降准政策。

传闻出现之后，紧接着是辟谣，慢慢地，一起波澜就消退了。传闻，从哪里传出来的，怎么传的，都没有可靠的依据。尤其是传的内容，是否属实，也无从考证，有时是提前泄漏了消息，有时是捕风捉影。传闻未必是事实，但具有成为事实的一种可能性，一旦被证真了，就变成事实了，若被证伪了，就不是事实。传闻对股市的影响较大，在未被证伪之前，会引起股价的波动，有时会反映强烈，看起来像是会发动一波行情一样。若被证实了，那先上车者就抢占了先手，反之就会陷到坑里了。

刚刚，央行发文提县域农商行降准！通知新增两大重点内容

央视财经(记者 盛华)今天下午人民银行官网挂出的一则降准通知瞬间受到市场高度关注，我们的记者第一时间与央行联系，工作人员表示，今日央行挂网的《中国人民银行关于下调服务县域的农村商业银行人民币存款准备金率的通知》(下称《通知》)，文件还是5月初央行宣布的对中小银行实行较低存款准备金率政策框架同一件事，并非新的降准。

中国人民银行文件

银发〔2019〕127号

中国人民银行关于下调服务县域的农村商业银行人民币存款准备金率的通知

中国人民银行上海总部,各分行、营业管理部、省会(首府)城市中心支行,深圳市中心支行:

为贯彻落实国务院常务会议要求，建立对中小银行实行较低存款准备金率的政策框架，促进降低小微企业融资成本，中国人民银行决定下调服务县域的农村商业银行人民币存款准备金率至农村信用社档次，分三次调整到位。现将有关事项通知如下:

本次定向降准分三次实施(5月15日、6月17日、7月15日)。《通知》进一步细化了此次定向降准的相关规定，主要新增内容有以下两点:

一是明确分三次实施降准的规模，即5月15日、6月17日分别下调县域农村商业银行人民币存款准备金率1个百分点，最后一次再次下调存款准备金率至8%。

根据央行此前的测算，约有1000家服务县域的农村商业银行可以享受该优惠政策，将释放长期资金约2800亿元。

二是明确服务县域的农商行应将降准资金全部用于发放民企和小微贷款，央行将相关情况纳入宏观审慎评估(MPA)考核。

不同于以往历次定向降准，本次定向降准无论从所适用的机构范围还是所释放的资金规模看，均属于"小而精"。一方面，此次定向降准覆盖的范围小，聚焦仅在本县级行政区域内经营，或在其他县级行政区域设有分支机构但资产规模小于100亿元的农商行。另一方面，此次定向降准释放的中长期资金规模小，仅有2800亿元，不低以往降准规模的一半。

不过，即便此次定向降准仅释放了2800亿元的资金规模，还要分三次实施。首次实施已在5月15日执行，降低存款准备金率1个百分点，约合释放资金约1000亿元。

央行货币政策司司长孙国峰就表示，此次定向降准分别在5月15日、6月17日和7月15日三次实施到位，主要是为了避免一次性实施导致局部流动性淤积，有利于服务县域的农商行保持信贷投放的平稳有序，精准地、逐步地将释放的长期资金全部投放到民营企业和小微企业。

不足一月，央行官网挂出一则降准通知，央视财经进行了及时报道，从内容上看，虽与前一则传闻有相似之处，但却是一篇公信力极高的新闻。从新闻中可以看出，消息来源是央行官网，是可信、可靠的，远超任何内部相关人士；内容详尽，定向降准分三次实施，目的和意义都交代得很清楚；附带文件图片，这样能增加新闻的真实性。

新闻源自事实，事实胜于雄辩，事实的力量巨大，其影响力也是传闻无法可比的。有效地区分新闻与传闻，可以促进散户投资者一步深度地分析并把握股价的波动源。

二、怎么分辨事实与观点？

怎么分辨事实与观点呢？事实，是指客观存在的真实情况，包括事物、事件、事态。观点，是观察事物时所处的立场或看法。在日常接触到的新闻中，有一些是关于事实的报道，有一些是关于观点的报道，反复练习一段时间后，我们会很容易分辨出来的。

> 今日(25日)股市继续飘红，沪深两市高开高走，全线大涨。截至收盘，上证指数大涨5.6%，两市成交量较上一交易日明显放大，时隔39个月再度突破万亿元。

我们从这则新闻中可以看出：25日A股成交量突破万亿元，是时隔39个月再度发生的事实。股市继续飘红，沪深两市高开高走，全线大涨，上证指数收盘大涨5.6%，两市成交量较上一交易日明显放大，这些都是事实的细节。最有新闻价值的是："股市全线飘红！时隔39个月成交量再度突破万亿元。"

中信证券：预计5月中旬A股会再现最佳买点

> 财联社5月5日讯，中信证券发文称，基本面与政策预期再平衡下，预计5月中旬宏观数据公布前后，A股将迎来布局第二轮上涨风险收益比最优的买点。本轮上涨持续时间长，上行节奏慢；且增量资金偏好影响下风格更偏价值，外资偏好的品种可持续关注。建议重点配置大消费板块(后地产可选消费、医药白马、通胀预期主线)，金融则依然有底仓配置价值，建议关注国企改革主题。

从这则新闻中可以看出，这则新闻属于观点类报道，主要阐述了机构对行情的看法，预判在某一个时间段会出现机会，机会将集中在哪些领域。他们的观点是基于某种理论框架分析得出的结果，是对未来行情的推测或预判，有成为事实的可能性，但是目前还不是事实。观点，对市场一样也会有影响的，会影响那些忠诚的粉丝，如价值投资者。

事实虽然没有正确、错误之分，但是有真、假之别，有准确、不准确之别。所以我们一直强调新闻必须要真实准确。事实或观点，究竟哪一个会成为投资或投机的决策依据，那就需要在你所信仰的投资哲学的指导下，结合投资系统来取舍了。

三、如何甄别虚假新闻

如何甄别虚假新闻？虚假新闻，是指假借新闻报道形式传播的错误、虚假、耸人听闻的信息。虚假新闻，从形式上看特别像新闻，内容却不是新闻。错误、虚假的事实信息，很容易误导散户投资者。关于宏观和行业的报道，弄虚作假难度较大，可要是对个别的上市公司报道的内容进行甄别就比较困难了。

下面这则新闻是关于联想公司发文来澄清虚假报道的。对这类虚假新闻，我们可以通过常识和逻辑推理，来辨别出一些虚假程度较高的内容。但是，更为复杂的内容，还得借助公司公告来辨别。当我们无法区分新闻的真实性时，这类新闻不能作为分析和判断股市行情的依据。

> 联想集团在其官方公众号发布文章《“联想撤出中国”谣言诞生始末》。针对不久前美国 CNBC 电视网对联想 CFO 的一次采访报道，联想集团澄清，美国 CNBC 电视网在正文前的提要部分出现偏差，现已改正。联想官方称：“在 CNBC 的片面理解下，国内 KOL(意见领袖)的错误翻译的引导下，在流量红利的诱惑下，又一次把联想硬生生地造成了汉奸。”联想集团分三个阶段阐述谣言诞生始末，第一阶段：恶意把 CNBC 自己的错误理解当成了联想接受采访时的表态。第二阶段：另一部分人则有效地利用了吃瓜群众对于大段英文懒得阅读只看字幕的习惯，偷偷删改了部分字词，配合 CNBC 的错误臆测，要把联想撤出中国坐实。第三阶段：多名 KOL 义正词严的开始发酵……一篇篇陈年谣言，一篇篇十万加如雨后春笋。

虚假新闻对股市的杀伤力是巨大的。就个股而言，虚假新闻的杀伤力远超一般的地雷。同时，监管部门也一直保持着高压态势，一经发现，严惩不贷。

在日常交易过程中，我们要做到：一不信谣，二不传谣，三不造谣。因为股市造谣者的行为带来的危害性太大了，所以监管部门一直都在非常严厉地惩处股市造谣者。下面这则新闻就可以说明这一点。

证监会：打击传播虚假信息行为 对股市造谣者必定严惩

央视网消息：两名在股市造谣的当事人状告证监会一事，近期二审宣判维持了证监会的判罚，两人分别被处以15万元罚款。证监会相关部门负责人近日表示，自媒体时代，普通人也可能成为谣言的制造者和传播者，股市造谣者必定被严惩。

虚假新闻的危害极大，尤其行业新闻、上市公司新闻若是虚假新闻，那么对股市和广大散户投资者来说损失不可估量。甄别虚假新闻，常用的办法有以下三种。

第一，新闻报道中的事实明显违背公认的常识和基本原理，如报道中称：一场台风袭击，海参全跑光了，过段时间又跑回来了。

第二，高度重视那些数据远超同行业平均水平的新闻，散户投资者不仅要比较数据，更要搞清楚数据背后的真实情况。

第三，逻辑上经不起推敲，前后明显矛盾，经不起实践的考证。

虚假新闻的危害众所周知，我们对虚假新闻的打击也从来没有放松过。作为散户投资者，我们所能做的是，提高甄别虚假新闻的能力，加强相应的防范措施。

第二节　什么是新闻价值

什么是新闻价值？新闻价值，通俗理解就是指新闻事实中所包含的能满足社会公众需求的价值要素的总和。新闻价值要素包括真实性、时新性等不变要素和重要性、显著性、接近性、趣味性等可变要素。新闻事实所包含的价值要素越丰富，级数越高，新闻价值就越大。这就是新闻价值的六要素，六要素的着眼点是读者兴趣。

股市新闻的受众主要有散户投资者、监管层、决策层、上市公司股东。这里的散户投资者包括散户、机构、游资等从事股票二级市场投机或投资活动的个人和机构。散户投资者是股市新闻受众的主体，那受众主体的兴趣点在哪里呢？

一、新闻价值的不变要素

1. 真实性

真实性强调新闻报道首先要真，要确有其事，不能杜撰，表象和细节都不能有假。真实性要求的是新闻的真相、总体和深层的实，要符合客观事实。真实是新闻的生命，没有真实性，就没有新闻。

对股市新闻而言，更不能脱离真实，否则，危害巨大，损失惨重。虚假新闻会误导散户投资者的理解与判断，从而使散户投资者做出相反的决策，导致投资结果截然不同。可以说，对股市新闻鉴真是散户投资者解读新闻的第一要务，是必不可少的环节，不得马虎。

2. 时新性

时新性是指新闻的内容新鲜，报道及时，包括时间、角度、层面上的新。时间上的新，是指新近或正在进行中。事件发生和公开报道之间的时间差越短，新闻价值越大；内容越新鲜，新闻价值越大。

喜新厌旧是新闻更替的基本规律，股票二级市场选择新闻更是如此，当然，也不排除旧闻再出新花样的情况，这种情况也会引起异动。

二、新闻价值的可变要素有哪些

1. 重要性

重要性是指新闻对整个社会、某个行业、某个区域、某个上市公司的影响程度重大。影响的面越广，影响的时间越久远，其重要性越强。

影响整个国计民生的股市新闻，其重要性远超影响某一行业或某一区域的股市新闻；影响某个上市公司的股市新闻的重要性较弱。

2. 显著性

显著性是指新闻报道中的人物、机构、地点等名气越大，其新闻价值越大。显著程度不高的新闻，难以引起社会公众的广泛关注，也不易传播。

显著与重要相互联系，但应区别对待。显著度高的，有时重要度也高，但有时也不高。重要度高的，多数是显著度也高。散户投资者应重点关注那些既显著又重要的新闻，因为这是最主要的题材类别。

3. 接近性

接近性是指从利益、地缘、情感等方面关系越近，就越容易引起关注，其新闻价值越大。

计划投资或已经投资的领域或公司的相关新闻，容易引起参与的散户投资者的深度关注，其新闻价值越大。

4. 趣味性

相对社会新闻和娱乐新闻而言，股市新闻的娱乐性相对较差，多少年也出现不了一起有戏的股市新闻，如扇贝自己跑了，过段时间又游回来了；某药业公司2017—2018年财务报表中近300亿元“不翼而飞”。

新闻价值是一个变化的动态参考值，没有绝对值，是一个主观认识结果的平均取向值。新闻价值低的新闻对股市而言没有任何价值，只有新闻价值高的新闻，才有股市投机炒作价值。那么哪些新闻具有股市投机炒作价值呢？在后面的章节中，我们会做进一步的探讨。

第三节　新闻要素有哪些

新闻要素有哪些？新闻要素，是指构成新闻报道的基本成分。新闻是一种叙事文体，它的基本要素与记叙文的六要素一致，包括时间、地点、人物、事件、原因、怎样。通常概括为“5W + 1H”，即：何时（When）、何地（Where）、何人（Who）、何事（What）、为何（Why）、如何（How）。把这六要素串起来，我们可以概括成一句通俗易懂的话：某人某时在某地由于某种原因做了某事出现了某种结果。

并非所有的新闻报道都必须同时完全具备这六要素，因为只有其中的何事（What）是不能缺少的。把握了这六要素之后，当我们面对一篇新闻时，便可以很迅速地把握其主要内容。快速筛选有用新闻，提高阅读效率，这对于每天接触海量新闻的散户投资者来说，无疑是有帮助的。

一、何时（When）

新闻报道需要明确交代时间要素，“昨日”或“今日”，还是“某年某月某日”。关于股市新闻中的时间要素，以下三点需要引起散户投资者重视。

1. 时间点

时间点是指新闻事件发生、发展过程中的一个时间上的点，例如，“6月6日，工业和信息化部向中国电信、中国移动、中国联通、中国广电发放5G牌照。”“6月6日”就是一个时间点。这个时间点，具有标识性的意义，可能是新闻事件的开始，也可能是结束，注意区别。

2. 时间段

在新闻报道中出现的是一个时间段，从某月某日到某月某日，这是一个持续多日的事件，在此期间的新闻会受到持续关注。例如，“应美国贸易代表莱特希泽、财政部长姆努钦的邀请，中共中央政治局委员、国务院副总理、中美全面经济对话中方牵头人刘鹤将于5月9日至10日访美，与美方就经贸问题进行第十一轮磋商。”

为期两天的出访，也会受到国内外的广泛关注。

3. 未标明

在新闻报道中未提及时间要素，那么从何时开始到何时结束，这是一个很有弹性的时间度量。例如，“上证报讯 首届中国国际进口博览会上，国家主席习近平宣布将在上海证券交易所设立科创板并试点注册制，引起了资本市场与广大投资者的极大关注。”

二、何地(Where)

新闻报道对地点要素应该交代得具体详尽，地点要素在有些新闻事件中显得更为重要，如灾害性新闻事件，在哪里发生的，必须交代清楚。例如，“2019年3月21日14:48左右，位于江苏省盐城市响水县生态化工园区的天嘉宜化工有限公司发生爆炸，对附近区域的同一产业的上下游企业也会造成一定的影响。”

提前预报即将发生新闻事件的地点，这是需要明确表述清楚的。

三、何人(Who)

何人要素是指新闻的当事人，可以是单个人或某一类人，也可以是团体、组织或机构。

在股市新闻中，介绍人物需要明确区分以下两个方面。

第一，职务，如某某部长、如某某部某司司长、某国前总统。

区分现职与曾任职，身份不同，影响力也不一样。

第二，职业，如某战略研究所首席研究员、美国某方面问题专家某某某。

职业与职务不同。学术类职业更多偏向于某一领域的专业性、权威性，反映了学术方面的影响力，其意见更多的是建议。职务，承担法律赋予的行政权力，主要从事决策管理工作，其意见更多的是反映决策层或监管层的态度和意图。

四、何事(What)

何事要素是新闻要素中的核心要素，这是新闻报道的基本主体，不可缺省。何事就是指具体发生了什么事情，现在到什么程度了。

五、为何(Why)

为何要素是深度报道的新闻要素，新闻事件发生的原因，有时不是马上就能获知，也不一定马上能搞清楚的。所以，一般的快讯很少出现此要素。

六、如何(How)

如何要素是指新闻事件发生、发展、结束的全过程，主要包括细节的展开等要素。此要素多为在大型系列报道中常见。

新闻六要素是新闻组成的元素，并不是所有的新闻都需要这六要素全部齐全，但是何事和何时是必不可少的。

第四节　什么是新闻样式

前面讲过新闻价值和新闻要素，那么如何将有新闻价值的新闻事实的各新闻要素，通过一种风格比较固定的方式展现出来呢？这种风格比较固定的新闻表达方式就是新闻样式，又称为新闻格式。在我国新闻界，使用最为广泛的是新华体，具体格式如下。

一、标题

标题是用简短的文字概括消息的主要内容的简短语句。标题的成分有主标题、引题和副题，主标题是标题的主要骨干成分，是不能缺省的内容。

从结构上来分，常见的新闻标题有单式题和复式题。单式题一般由一行式主题构成，也可以由双行式主题构成。复式题一般由两个或两个以上新闻标题按照一定的规律组合而成，常见的有：引题加主题组合式，主题加副题组合式，引题、主题加副题组合式。

首先，单一主标题式，只有一个主标题。

习近平同俄罗斯总统普京在圣彼得堡再次举行会晤

其次，引主式标题，由引题和主标题组成。

中办国办印发通知(引)

做好地方政府专项债券发行及项目配套融资工作(主)

再次，主副式标题，由主标题和副标题组成。

文明之光照亮复兴之路(主)

——以习近平同志为核心的党中央关心文化和自然遗产保护工作纪实(副)

最后，引主副式，由引题、主标题和副标题组成的新闻标题。

瑞金在赣南老区率先脱贫摘帽(引)

"没有等来的辉煌，只有拼来的精彩"(主)

(壮丽 70 年 奋斗新时代·老区纪行)(副)

不论标题采用什么样式，最为重要的是找到主标题，读懂主体内容。在股市新闻中，最为常见的是单一的主标题，其次是引题加主标题或主标题加副题，引题、主标题加副标题的组合不多见。

标题对新闻报道很重要，甚至都出现了一个标题就是一条报道的情况。因而，标题要提炼新闻事件的"精华"，把最吸引人的地方体现出来，同时还要注意简洁。

二、导语

新闻导语是用简明扼要的语言体现新闻事件中最有新闻价值的元素。导语是新闻消息开头的第一句或第一段，要求用极简明的话概括消息的最基本内容。按照表现形式区分，常见的新闻导语有硬式导语和软式导语。

1. 硬式导语

硬式导语，就是直截了当地告诉读者新闻的核心内容，第一句就开始集中描述新闻的主体事实。硬式导语又称为直接式导语，多用于硬新闻的报道中，如突发新闻、重大新闻和时效性强的新闻报道。股市新闻中也多见硬式导语。

> 本报比什凯克6月9日电　（记者裴广江、肖新新）《习近平谈治国理政》第一卷吉尔吉斯文版首发式暨中吉治国理政研讨会6月8日在比什凯克总统官邸举行。

2. 软式导语

软式导语，并不会在新闻的开头直接讲述新闻的核心事实，而是常用悬念、隐喻、背景、反问等方式表现出来，目的是激发受众的兴趣、疑问，从而逐步将受众引入新闻主体内容中去。软式导语在股市新闻中不常见。

> 热线号码太多，究竟该打哪一个？问题反映后，迟迟得不到答复……一些地方开设便民热线，却因热线过多、线下力量不足等原因，导致便民热线并不方便。

三、主体

新闻主体是新闻消息中承接导语的主要部分。如果把新闻导语比作“头部”，那新闻主体就是“躯干”。新闻主体按照导语的提示，进一步对新闻事实展开详尽的叙述，要求具体清楚，内容翔实，层次分明。新闻主体的结构常见的有三种。

第一种，按照时间先后顺序展开叙述，展示新闻事件的发生、发展和结束的全过程。

> 事故发生后，江苏省、盐城市、响水县立即启动应急预案，相关人员第一时间赶赴现场，开展事故救援、秩序维护等工作。截至19:00，确认事故已造成死亡6人，重伤30人，另有部分群众不同程度轻伤。目前，现场救援还在继续进行，医卫部门正在全力救治伤员，环保部门正在进行环境监测。事故原因正在调查。后续情况将及时发布。

第二种，按照逻辑关系展开叙述，主要有因果关系、递进关系、主次关系、点面关系、并列关系等。

据介绍，5月份我国进出口总值2.59万亿元，增长2.9%。其中，出口1.43万亿元，增长7.7%；进口1.16万亿元，下降2.5%；贸易顺差为2791.2亿元，扩大89.8%。

今年前5个月，我国货物贸易进出口总值12.1万亿元人民币，同比增长4.1%。其中，出口6.5万亿元，增长6.1%；进口5.6万亿元，增长1.8%；贸易顺差8933.6亿元，扩大45%。

这则新闻中的主体部分，采用并列逻辑关系，来叙述进口与出口的情况变化。

第三种，既按时间顺序，又按逻辑关系展开叙述。

访问吉、塔期间，习近平主席将分别出席热恩别科夫总统和拉赫蒙总统举行的欢迎仪式、会谈、签字仪式、欢迎宴会等国事活动，同两国元首对中吉、中塔全面战略伙伴关系未来发展作出新规划新部署，进一步夯实中吉、中塔关系的政治基础，为中吉、中塔共建“一带一路”合作描绘新蓝图，把双方高水平政治互信转化为更多实实在在的合作成果，增进民众福祉，助力各自国家发展振兴，确保中吉、中塔关系在新形势下实现更大发展。

从贸易、能源，到交通、电信，再到人文、安全，中国与吉、塔两国的务实合作不断走深走实，共建“一带一路”为共同繁荣发展插上翅膀。一个个标志性项目正改变当地民众的生活，学习汉语、到中国留学已成为两国许多年轻人的新选择。

从奥什医院投入使用、在比什凯克建立先天性心脏病研究中心，到比什凯克道路修复工程、为吉方加强安保力量……中国援建的一个个项目给吉尔吉斯斯坦人民带来实实在在好处。

从能源电力、通信交通等诸多领域填补产业空白，到实现南北公路联通以及全国电网统一……作为世界上第一个与中国签署共建丝绸之路经济带谅解备忘录的国家，塔吉克斯坦在与中国深化合作过程中，经济发展不断获得蓬勃动力。

这则新闻主体先从时间顺序叙述，再采用并列的逻辑关系叙述多方面的内容。

四、结尾

新闻消息的结尾是对消息内容的小结。有些消息可无结尾。

> 商务部研究院区域研究中心主任张建平认为，应对今年外贸的压力和挑战，需要加快推进商务领域供给侧改革，继续改善营商环境，为外贸企业提供更加有利的发展环境。加快自贸试验区贸易投资便利化的经验复制推广，积极培育新的外贸增长点。加强和“一带一路”相关国家合作，加快推动实现外贸市场多元化，更好促进外贸发展。

标题、导语、主体和结尾构成新闻样式的固定格式，股市新闻多数情况下都是完整的，各司其职。

第五节　什么是新闻敏感

什么是新闻敏感？新闻敏感，是指新闻工作者迅速、准确地识别具有新闻价值的事实的能力。新闻敏感是新闻工作者必须具备的素质之一，是新闻工作者长期从事新闻实践活动练就的能力和经验，是一种新闻职业的敏感性，是一种顿悟式的思维活动，是新闻工作者政治水平、理论水平和业务能力的综合表现。新闻敏感的强弱与新闻采访报道的成败有密切关系。

借用新闻敏感这个概念，新闻的敏感度对散户投资者来说，也是极其重要的。散户投资者的新闻敏感度体现在快捷、准确和灵活上。快捷，指能否在第一时间快速识别有投机炒作价值的新闻。准确，指能从纷繁复杂的新闻中判断和选择出有炒作价值的概念和逻辑。灵活，指根据市场变化特征做出相应的应对策略和方案。散户投资者的新闻敏感就是指要快速、准确地识别有炒作价值的新闻，并做出相应的策略和方案。

> 工业和信息化部将于近期发放5G商用牌照。

新华社2019年6月3日13:05:44发布此消息，当时的第一反应是什么？当日是星期一，并且股市正在开盘中，看到了什么？想到了什么？做了什么？

如图1-1所示，广电网络13:05从-0.10%直接一杆拉升到涨停，并且巨量封单，随后5G板块开始异动。

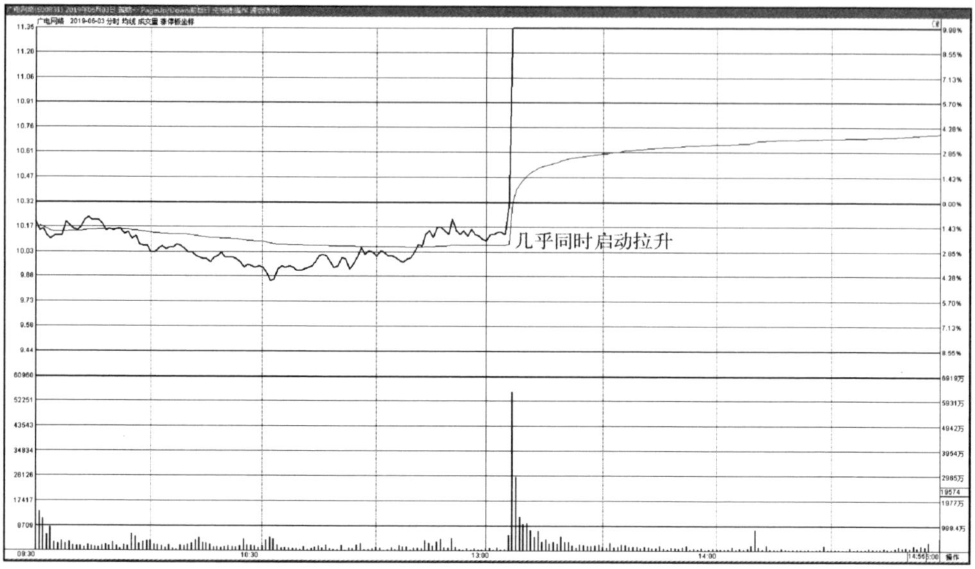

图 1-1　广电网络盘中启动拉升分时图

如图 1-2 所示，当日 5G 板块中最高板三进四的铭普光磁，从-8.09%开始拉升，三波拉升勉强上板，后来反复打开。你做出及时的反应了吗？

有业内人士对《证券日报》记者表示，5G 商用牌照最快将于本周内发放，两个月后将出台 5G 资费套餐，价格不高于 4G 套餐，但 5G 用户数量的爆发则要等到明年。

2019 年 6 月 4 日 9:12 新华网刊发此消息，当日是星期二，因星期五是端午节放假休市，本周只剩下三个交易日，你想到了什么？你做出了什么应对策略？

受突发利好消息刺激，如图 1-3 所示，5G 龙头铭普光磁继续三天涨停，共收六连板。当日 5G 板块共 7 只股票收涨停。次日，6 月 6 日，铭普光磁低开-1.42%，开盘被“核按钮”了，直接奔向跌停，回拉无力后，震荡不断走低，13:28 封死跌停。

工信部今日发放 5G 商用牌照。

新华网客户端 2019 年 6 月 6 日 8:13:04 刊发此消息。

2019 年 6 月 6 日 8:46:46 刊发以下消息。

4 家运营商获 5G 商用牌照，中国进入 5G 时代。

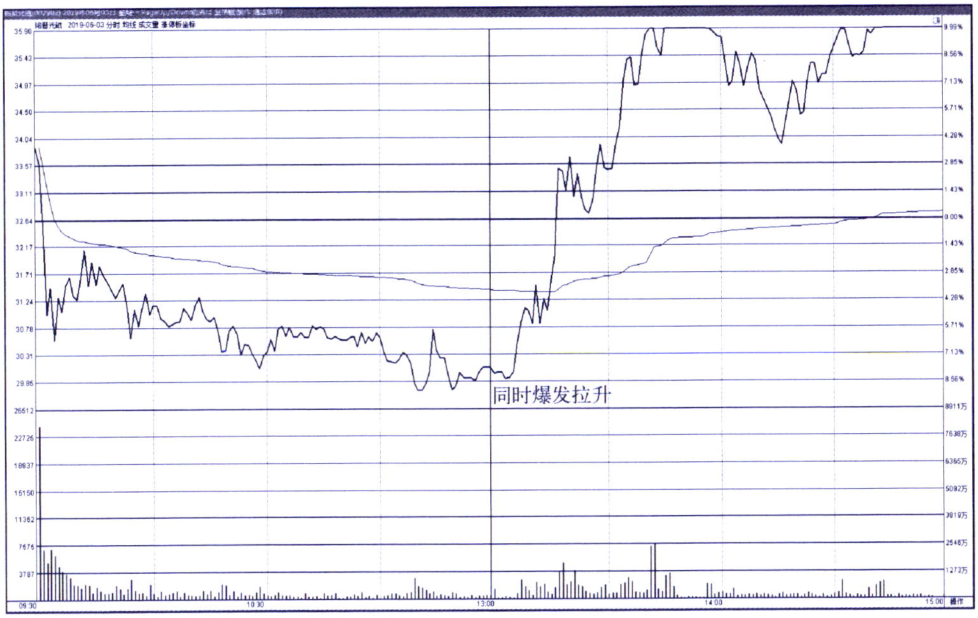

图 1-2　铭普光磁四板分时图

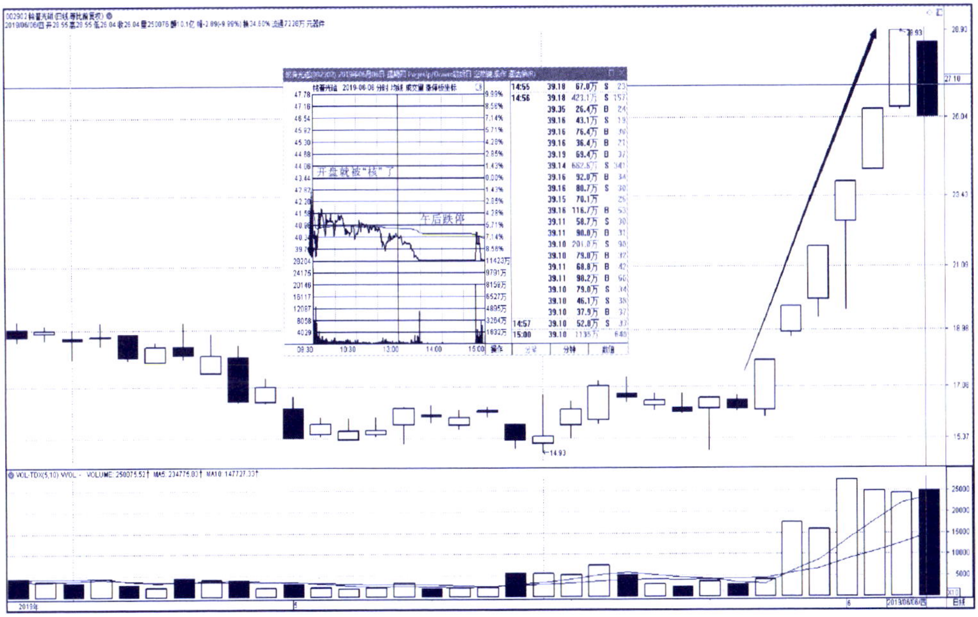

图 1-3　铭普光磁跌停见顶分时图

5G 板块大幅低开，活跃的个股纷纷跌停。5G 商用牌照发放了，利好兑现了，无人愿意继续接力了吗？原有的炒作逻辑不复存在了，故事宣告一段落了。

> 6 月 6 日发改委：积极推进 5G 手机商业应用。鼓励 5G 手机研制和上市销售。加强人工智能、生物信息、新型显示、虚拟现实等新一代信息技术在手机上的融合应用。推动办公、娱乐等应用软件研发，增强手机产品应用服务功能。
>
> 6 月 7 日习近平出席圣彼得堡国际经济论坛全会并致辞，习近平强调，中国愿同各国分享包括5G 技术在内的最新科研成果，共同培育新的核心竞争力。

看到这两则新闻，你想到了什么呢？你将做出什么应对方案呢？我们再来看看市场的反应，与我们预判的差距有多大呢？

如表 1-1 所示，2019 年 6 月 10 日星期二收盘，5G 板块共 19 只股票收涨停，龙头欣天科技走出五连板，成为当日最强的板块。新闻对行情的走势影

表 1-1　5G 板块涨停汇总表

序号	股票代码	股票简称	现价（元）	涨跌幅（%）	涨停2019. 05. 16	所属概念	涨停原因类别 2019. 05. 16
1	300615.SZ	欣天科技	31.09	10.01	5连板	基站射频;移动射频;5G;新基建	5G
2	002093.SZ	国脉科技	10.89	10.00	涨停	TMT;电子信息;海峡西岸;职业教育;融资融券;深股通;5G;转融券标的;物联网平台层;云计算;物联网;数字中国;富时罗素概念股	5G
3	002725.SZ	跃岭股份	11.92	9.96	涨停	汽车制造概念;芯片制造;光通信设备;芯片概念;独角兽概念;年报预增;5G	5G
4	002881.SZ	美格智能	20.89	10.01	涨停	5G;物联网感知层;物联网;电力物联网;华为概念;华为海思概念股	5G
5	300209.SZ	天泽信息	14.17	10.02	涨停	涉矿;汽车电子;智能医疗;车联网;网约车;智能交通;智能汽车;物联网;物联网应用层;电子商务;跨境电商;无人驾驶;5G;柔性屏;国产软件	5G
6	300299.SZ	富春股份	7.40	9.96	涨停	互联网平台;网络游戏;数字中国;5G;IP概念;大数据;手机游戏;影视娱乐;新基建;文化传媒;郭台铭概念	5G
7	300312.SZ	邦讯技术	7.63	9.94	涨停	移动入口;互联网保险;智能家居;智能穿戴;物联网传输层;电信业整合;手机游戏;5G;物联网;互联网金融	5G
8	300560.SZ	中富通	20.77	10.01	涨停	军工;5G;数字中国	5G
9	300565.SZ	科信技术	15.04	10.02	涨停	5G;5G主设备;光通信设备	5G
10	300578.SZ	会畅通讯	24.20	10.00	涨停	5G;大数据;电子政务;云计算;华为概念	5G
11	300602.SZ	飞荣达	25.41	10.00	涨停	基站天线;Facebook概念;华为概念;深股通;5G;华为海思概念股;送转填权	5G
12	300711.SZ	广哈通信	21.56	10.00	涨停	专网通信;军民融合;5G	5G
13	300726.SZ	宏达电子	22.57	9.99	涨停	航空航天;大飞机;芯片概念;深股通;5G;军民融合;陶瓷电容;军工;华为海思概念股;华为概念	5G
14	603042.SH	华脉科技	17.34	10.03	涨停	军工;光纤光缆;光通信设备;5G	5G
15	603738.SH	泰晶科技	16.80	10.02	涨停	华为海思概念股;华为概念	5G
16	603803.SH	瑞斯康达	13.02	9.97	涨停	智能电网;沪股通;物联网;5G;光通信设备;工业互联网;边缘计算	5G
17	300555.SZ	路通视信	11.02	9.98	涨停	农村电商;乡村振兴	5G
18	300739.SZ	明阳电路	18.92	10.00	涨停	人民币贬值受益;送转填权	5G
19	002885.SZ	京泉华	19.95	9.98	涨停	充电桩;光伏概念;富士康概念;OLED设备制造;OLED;无线充电;小米概念;华为概念;5G;送转填权	5G

响比较直接，能否区分对待，踩准节奏，做好应对，从中获利，这是需要具有一定的新闻敏感度的。

散户投资者可以通过专项刻意训练，反复对比分析新闻与行情走势之间的联系及影响，以此来提高新闻敏感度。散户投资者只有日积月累，才能做到应变自如，成为股市新闻解读高手。

第二章　如何高效收集新闻

前面介绍了新闻的基本常识和概念，阐述了新闻本源、新闻价值、新闻要素、新闻样式、新闻敏感等内容。接下来我们将介绍股市新闻的来源、新闻接收窗口的差异、新闻接收的技巧和方法等内容。

如何及时、全面地收集到有用的股市新闻呢？

第一节　新闻的来源

新闻的来源是指新闻报道线索的出处和源头。新闻的来源直接决定新闻的质量、可信度、公信力、影响力，是受众分辨真假新闻的重要依据之一。股市新闻的来源常见的有组织机构、个人、网络、其他媒体。

一、绝大多数来自组织机构

这里所说的组织机构，主要包括国家元首、中央国家机关、省部级政府部门、地方政府部门。

（一）国家元首

国家元首是国家权力和国家尊严对内对外最高的法定代表。为适应改革开放新需要，1992 年我国对国家元首体制进行了改革，实行党的总书记、国家主席、军委主席三权合一的新型现代国家元首制。大多数西方国家，总统为国家元首。

国家元首的职权由宪法规定，一般有：法律公布权、命令发布权、人事任免权、会议召集权、外交权、军队统帅权、重大决策宣布权等。根据我国宪法规定，国家元首的职权由中华人民共和国主席行使。

> 国家主席习近平于 2018 年 11 月 5 日在首届中国国际进口博览会开幕式上宣布：中央决定在上交所设立科创板并试点注册制。

消息一出，散户投资者蜂拥而至，股市掀起了一波浩浩荡荡的大行情，开启了中国证券改革的新篇章。国家元首是重大新闻的主要来源，散户投资者应保持常态化的关注。

（二）中办、国办

中办是中国共产党中央委员会办公厅的简称，又称中共中央办公厅，是中共中央直接领导下的办事机关，主要承担中央重要工作部署、贯彻、落实的督促检查，部分中央文件的起草、修订、发布等工作。

国办是中华人民共和国国务院办公厅的简称，又称国务院办公厅，是中华人民共和国中央人民政府日常工作的执行机构，主要承担国务院文件的起草、修订、发布等工作。

中办、国办同时发布的文件，一般来说是重大的新政策、新措施、新改革计划，特别是符合国家产业发展战略方向的新政策，那更是重要新闻的来源。

（三）国务院各部委

部委指的是国务院下属的职能部门。对各部委而言，股市新闻一般出自金融委、一行两会、工信部、商务部、国家发展改革委、财政部等。

1. 金融委

金融委指的是国务院金融稳定发展委员会，2017 年 11 月，经党中央、国务院批准成立。目的是强化人民银行宏观审慎管理和系统性风险防范职责，强化金融监管部门监管职责，确保金融安全与稳定发展。

2. 一行两会

一行两会，一行指的是中国人民银行，两会指的是中国证监会和中国银保监会。

（1）中国人民银行。

中国人民银行，简称央行。在国务院领导下，制定和执行货币政策，防范和化解金融风险，维护金融稳定；管理整个国家的货币政策，降低存款准备金比例和降低利息利率，通过“降准”或“降息”来释放流动性，反向操作则紧缩银根。

如图 2-1 所示，中国人民银行(即央行)网站能帮助散户投资者及时了解到货币新政，以及准确了解当下整个市场的货币流动性情况。货币政策变化的新闻是重要的股市新闻的一大类。

图 2-1　中国人民银行官网

(2)证监会。

证监会，指的是中国证券监督管理委员会，是国务院直属正部级事业单位，其依照法律、法规和国务院授权，统一监督管理全国证券期货市场，维护证券期货市场秩序，保障其合法运行。证监会是股市的监督管理部门，负责研究和拟订股票市场的方针政策、发展规划；监管股票的发行、上市、交易、托管和结算；依法对股票违规违法行为进行调查、处罚，等等。

图 2-2 为中国证券监督管理委员会(即证监会)网站首页的部分内容，网站中的信息公开、信息披露、政策法规、新闻发布栏目都是股市新闻的重要来源。

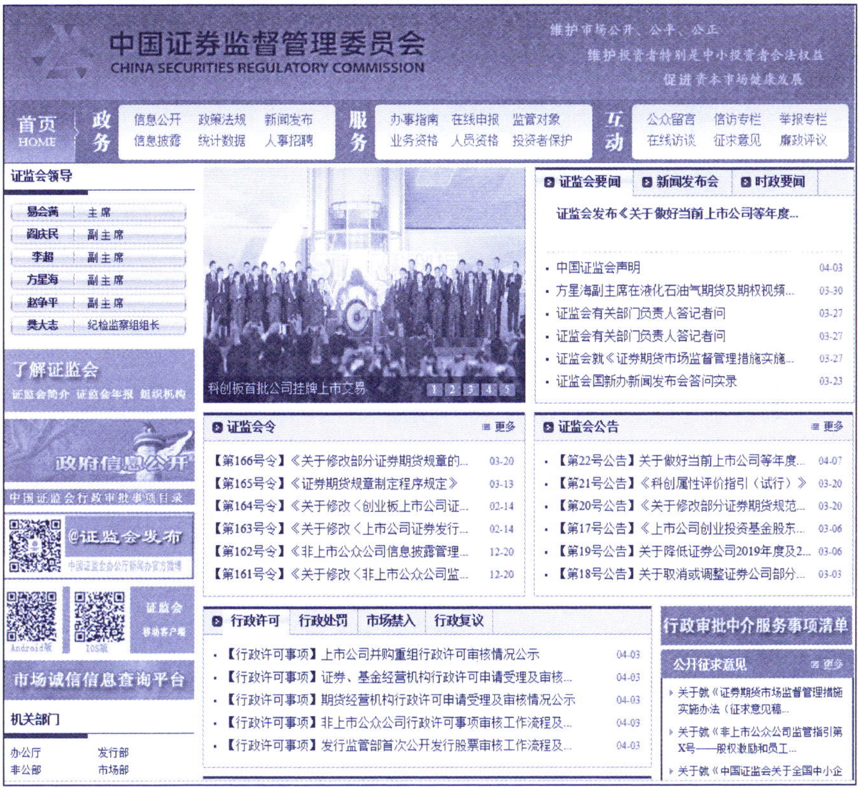

图 2-2　中国证券监督管理委员会官网

(3)银保监会。

银保监会，指的是中国银行保险监督管理委员会，2018 年由银监会和保监会合并而成，是国务院直属事业单位，其主要职责是依照法律法规统一监督管理银行业和保险业，维护银行业和保险业合法、稳健运行，防范和化解金融风险，保护金融消费者合法权益，维护金融稳定。银行和保险公司都是股市的重要参与者，与股市休戚相关。

散户投资者应关注中国银行保险监督管理委员会(即银保监会)网站且重点关注监管动态、政策法规等栏目，如图 2-3 所示。

图 2-3　中国银行保险监督管理委员会官网

3. 工信部、商务部和国家发展改革委

(1)工信部。

工信部是中华人民共和国工业和信息化部的简称，主要职责为：拟订实施行业规划、产业政策和标准；监测工业行业日常运行；推动重大技术装备发展和自主创新；管理通信业；指导推进信息化建设；协调维护国家信息安全等。作为行业管理部门，工信部主要是管规划、管政策、管标准，指导行业发展，但不干预企业生产经营活动。

如图 2-4 所示，散户投资者应关注中华人民共和国工业和信息化部(即工信部)网站的新闻动态、信息公开、工信数据、产业动态、政策解读等栏目，这些栏目内容丰富，发布及时；同时，还应关注工信部部长和副部长在公开场合的讲话。这些都是股市新闻的重要来源之一。

(2)商务部。

商务部的全称是中华人民共和国商务部，是中华人民共和国设立的主管

图 2-4　中华人民共和国工业和信息化部官网

国内外贸易和国际经济合作的部门。

如图 2-5 所示，散户投资者应关注商务热点、政策发布、预警提示等栏目，可以及时了解出口和进口贸易的变动情况，以及国际贸易的最新变化。同时，散户投资者还应关注部长和副部长在公开场合的讲话。

(3) 国家发展改革委。

国家发展改革委的全称是中华人民共和国国家发展和改革委员会，是国务院的职能机构。前身是国家计划委员会，国家发展计划委员会，是综合研究拟订经济和社会发展政策、进行总量平衡、指导总体经济体制改革的宏观调控部门。

如图 2-6 所示，散户投资者应关注新闻发布、政策发布、发展改革等栏目，同时也应关注国家发展改革委主任和副主任的讲话。网站发布的政策多偏向宏观政策，有别于工信部的产业政策和商务部的贸易政策。

图 2-5 中华人民共和国商务部官网

图 2-6 中华人民共和国国家发展和改革委员会官网

4. 财政部

财政部的全称是中华人民共和国财政部，是中华人民共和国国务院的组成部门，为正部级，主要职责为：拟订财税发展战略、规划、政策和改革方案并组织实施；负责组织起草税收法律、行政法规草案及实施细则和税收政策调整方案，等等。

散户投资者应关注中华人民共和国财政部(即财政部)网站，关注网站的财政新闻、政策发布、政策解读、通知公告、财政数据等栏目。财政部发布的股市税收实施细则和税收政策调整方案，与股市波动关系甚密。

其他部委发布政策的频率较低，散户投资者在浏览新闻的同时适度关注一下即可。例如，科学技术部发布的科技新政和新闻、生态环境部发布的环保新政和新闻、文化和旅游部发布的文旅新政和新闻、自然资源部发布的自然资源新政和新闻。

(四)地方政府部门

地方政府部门包括除中央人民政府之外的各地直辖市、省级人民政府、地级市人民政府、区县市人民政府、乡镇人民政府。

散户投资者关注省级人民政府发布的新政和新闻即可，重点关注经济比较发达的省市，尤其是与中央政策响应密切的省市。例如，上海自贸区、新疆的“一带一路”建设。

二、部分来自有社会影响力的个人

有社会影响的个人，多是指那些没有行政管理部门职务的自然人，主要有以下几种情况：

第一，现场目击者，新闻发生的地点、过程的见证者和参与者。

第二，专业人士，学术领域的专家和学者等。

第三，主动提供者，直接向媒体提供新闻线索、新闻信息或稿件。

个人提供的新闻源在股市新闻中虽然占比相对较小，但也是不可忽视的部分，我们应对其真实度和质量进行甄别。若得到验证，那可能会抢占先手。

三、偶尔也有来自网络

移动互联网的广泛普及加速了海量信息的即时传播，我们从中也可以获得一些有新闻价值的信息，这些信息也成为股市新闻的新闻来源。

来自网络的新闻，更为重要的是分辨真伪、核实细节、整合分析。我们将未经核实的新闻都称为网络传闻，网络传闻也会对某些受众产生影响。一旦被辟谣，其影响力立即衰竭。网络传闻的持续传播会加速以讹传讹。我们对网络上的新闻来源，应认真区别对待，不要一味地否定。

四、时常也有来自其他媒体

通讯社向其他媒体提供新闻，同时也从网络媒体、广播电视、报纸等媒体获取新闻线索。不论是传统媒体，还是新媒体，相互之间都会借用新闻来源。

第二节　常用的新闻窗口

新闻窗口，是指散户投资者了解新闻的途径和渠道，即获取新闻的入口和平台。随着科技的发展，获取新闻的窗口不仅限于传统的报纸、广播、电视，更为便捷的网络和手机也是获取新闻的窗口。根据股市新闻的特点，我们将重点介绍以下几种重要且常用的新闻窗口。

一、新华网

新华网是由国家通讯社新华社主办的综合新闻信息服务门户网站，是中国最具影响力的网络媒体和具有全球影响力的中文网站。

新华社，全称是新华通讯社，是中国的国家通讯社，是重大新闻的主要来源，也是其他媒体新闻的重要来源，是党和国家发布重大新闻和重大政策的唯一指定窗口。

新华通讯社官网(即新华网)，是最直接、最便捷地了解新闻的窗口。新华网是全球网民了解中国的最重要的窗口，致力于为全球网民提供权威、及时的新闻信息服务，用户遍及200多个国家和地区，桌面端日均页面浏览量超过1.2亿，移动端日均覆盖人群超过1.4亿。

新华社客户端是国家通讯社移动门户和新媒体旗舰、中国新媒体国家队领军者、中国党政客户端集群统一入口和综合信息服务统一平台。新华社客户端依托国家通讯社遍布全球的新闻信息采集网络，全天候发布一手新闻资讯，提供政务信息、便民应用、文化娱乐、生活休闲等服务，推动移动政务，服务社会民众。

我们可在应用市场中下载“新华社”APP 安装到手机里。这样，我们就能随时随地接收到一手新闻。从接收的时间上来说，我们又抢先了一步。

二、央视《新闻联播》

央视，是中国中央电视台的中文简称，英文简称 CCTV，是中华人民共和国的国家电视台，是中国的新闻舆论机构和思想文化阵地，具有传播新闻、社会教育、文化娱乐、信息服务等多种功能。

《新闻联播》是中央电视台推出的晚间新闻节目，节目以政治、经济、科技、社会、军事、外交、文化、体育、农业、交通等方面新闻为主。节目于每天 19:00 在中央电视台综合频道、新闻频道和国防军事频道并机直播，同时各省级卫视频道和部分地方台进行转播，每期为 30 分钟（有时可能会延长）。《新闻联播》播出的新闻都是当日国内外最为重要的新闻，是中国影响力最广泛的新闻电视节目。

除了收看电视直播，我们还可以上央视官网 http://tv.cctv.com/lm/xwlb/ 看重播，这样，我们就可以逐条选播收看了，如图 2-7 所示。

图 2-7　中央电视台官网的《新闻联播》栏目界面

三、人民网

人民网，网上的《人民日报》。1949 年 8 月 1 日，中共中央决定《人民日报》为中国共产党中央委员会机关报。1992 年，《人民日报》被联合国教科文组织评为世界十大报纸之一。作为党和政府的喉舌、中国对外文化交流的重要窗口、展现蓬勃发展社会主义新中国的舞台，《人民日报》积极宣传党和政府的政策主张，记录中国社会的变化，报道中国正在发生的变革。

人民网是世界十大报纸之一《人民日报》建设的以新闻为主的大型网上信息交互平台，也是国际互联网上最大的综合性网络媒体之一。作为国家重点新闻网站的排头兵，人民网坚持“权威、实力，源自人民”的理念，以“权威性、大众化、公信力”为宗旨，以“多语种、全媒体、全球化、全覆盖”为目标，以“报道全球、传播中国”为己任。

2015 年 10 月，《人民日报》客户端全新改版，推出了“政务服务”“生活服务”等新功能，支持城市定位，根据用户所在城市，提供对应的政务信息、便民缴费、文化娱乐、生活休闲等服务；推出了音频、视频、3D 动画、直播、话题等多形态产品，呈现形式更加丰富，让权威新闻更立体，即时资讯更“好玩”。

“听”“视”频道推出了一系列重量级的音视频栏目；“帮”频道增加了调查、投票等功能，您只需奉献一“点”爱心，就能汇聚成公益洪流。

《人民日报》电子版也可以随时查阅，方便人们快捷了解到国事、天下事。

四、财联社

财联社由上海报业集团主管主办，是持有 A 级新闻牌照的主流财经新闻集团和财经通讯社。受众定位于证券领域投资者，专注于中国证券市场动态的分析、报道，走的是“快速、精准、专业”的路线。财联社是由 60 名专业财经记者构建的信息发布中心，旨在对重要事件进行迅时发布，并及时对收到的新闻线索跟进调查。

财联社是一家专业证券新闻平台，散户投资者应密切关注其网站和手机客户端的内容。如图 2-8 所示。

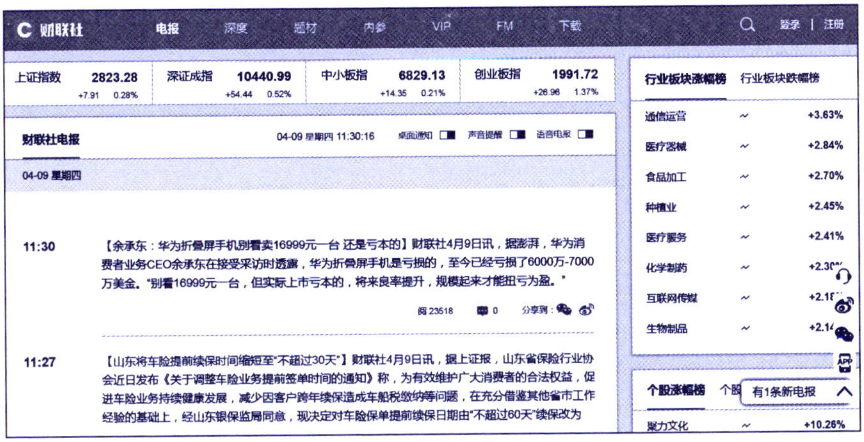

图 2-8　财联社官网

财联社发布的新闻是经过筛选的股票证券新闻，并且进行过初级加工，是一家专业股市新闻平台。财联社全面监控全球证券市场资讯，为投资者提供 365 天 24 小时不间断的电报快讯。财联社以“快速、准确、权威、专业”为准则，提供财经资讯、数据分析、专家咨询等全方位的金融信息服务，已成为机构和私募基金投资的首选工具。

获取新闻的窗口和平台，不在于多，贵在于精，因为我们有新华网、《新闻联播》、人民网、财联社这四个不同侧重点、不同维度的窗口，所以重要的股市新闻几乎没有遗漏的可能。

第三节　新闻高效接收

上一节重点分析了获取股市新闻的端口和平台，接下来我们来了解一下新闻的接收，主要有两点：一是接收的方式，二是接收的时段。

一、常用的接收方式

（一）电脑端接收新闻

电脑 PC 机运行速度快，阅读起来也很方便、很及时。我们可以打开新闻平台的网页版或电脑端，去实时接收新闻播报；也可以设置语音播报，这样就能进一步提高散户投资者对重大新闻的关注度。

如图 2-9 所示，这是财联社的电脑端，可设置随电脑启动而自动打开，这样就可以实时接收股市新闻。

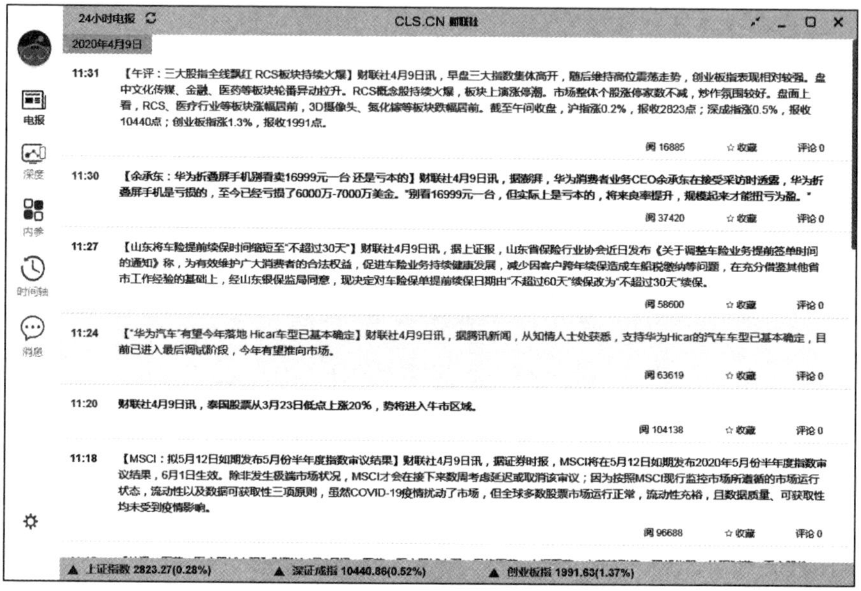

图 2-9 财联社电脑客户端界面

（二）手机端接收股市新闻

手机的移动性非常好，随时随地都可以及时接收到股市新闻。新华网、人民网、财联社都有手机端，我们选择一个适合自己的就可以。如图 2-10 所示，这是财联社的手机客户端界面。

二、常用的接收时段

按照股市交易的时间，股市新闻常用的接收时段，大致可以分为盘前、盘中、盘后三个时段。

（一）盘前接收新闻

A 股每周一至周五 9:15 开始集合竞价，在此之前至当日的零时，这段时间为盘前接收新闻的时间。比较重要的时段是 6:00—9:15。散户投资者应重点关注国内外发生的突发新闻，还有就是应对前一晚盘后新闻的补充内容进行关注。

图 2-10　财联社手机客户端界面

盘前有不少财经媒体已经分类整理出了“新闻精选”，主要有宏观新闻、产业新闻、个股新闻、国外股市异动等。这些精选出来的新闻方便了散户投资者的阅读与收听。现在的股市新闻不仅提供文字阅读，同时还提供语音收听，特别适合盘前时间紧迫的需要。如图 2-11 所示。

（二）盘中接收新闻

从 9:15 开始集合竞价，到 15:00 收盘，这一时间段都是股市可以自由交易的时间。这里发布的新闻多数会对盘面产生反应，散户投资者一定要区别对待；此外，散户投资者还应结合自己的交易模式，认真对待，不然其苦不可言表。重点关注特别重大的突发新闻，一旦咬上就是大肉。

盘中接收新闻对所有的散户投资者来说，几乎没有时间差，拼的只是解读新闻的能力和反应处置的速度，谁取得了先手，谁就可以获利丰厚，不然的话，就只能顿足捶胸了。

财联社4月9日早报（周四）

2020-04-09 07:00:00　来源：财联社　阅：519593

▶ 0:00 / 12:41

一、【财联社4月9日早间新闻精选】

宏观新闻：

1、中共中央政治局常务委员会召开会议，会议指出，我国农业连年丰收，粮食储备充裕，完全有能力保证粮食和重要农产品供给。积极扩大居民消费，加快推进投资项目建设，形成供需良性互动。习近平指出，面对严峻复杂的国际疫情和世界经济形势，我们要坚持底线思维，做好较长时间应对外部环境变化的思想准备和工作准备。

2、近日，国务院金融稳定发展委员会召开第二十五次会议，会议强调，发挥好资本市场的枢纽作用，不断强化基础性制度建设，坚决打击各种造假和欺诈行为，放松和取消不适应发展需要的管制，提升市场活跃度。

3、最新数据显示，全球累计新冠肺炎确诊病例已超过150万。

图 2-11　财联社早报界面

如图 2-12 所示，这是一则盘中新闻，经新闻平台转发后，盘面发生异动，针对此类情况，散户投资者应认真对比分析，同时结合自己的交易模式，分类处置。

10:50　【电报|全国首张不动产销售区块链电子发票在深圳开出】财联社4月9日讯，财联社记者今日获悉，全国首张不动产销售区块链电子发票在深圳开出。近日，恒大地产位于深圳坪山的一处楼盘开出了全国首张不动产销售区块链电子发票。这是深圳市税务局和腾讯区块链在疫情期间携手拓展的又一个区块链电子发票新场景，今年一季度，深圳区块链电子发票先后在医院和家电零售两大场景落地。深圳市区块链电子发票目前已开出1800多万张，覆盖了金融保险、公共交通、零售餐饮、互联网服务等上百个行业。（财联社记者 姜樊）

阅 338882　0　分享到：

10:45　财联社4月9日讯，韩国央行行长李柱烈称，利率政策仍有空间；如有需要，将直接购买政府债券。将在今天下午宣布政府债券购买计划。

阅 223687　0　分享到：

10:41　【全国铁路3月份发送货物3.46亿吨 环比增长4.5%】财联社4月9日讯，从中国国家铁路集团获悉，3月份，全国铁路货物发送量完成3.46亿吨，日均发送1116万吨，保持了2月份以来的高位运行状态，与去年同比持平，与上月环比增长4.5%。

阅 462374　0　分享到：

图 2-12　盘中新闻接收界面

(三)盘后接收新闻

每周一至周五 15:00 至次日 12:00，包括周六、周日两天，这段时间都称为盘后时段，这是接收新闻的主要时段，特别是每晚的《新闻联播》，散户投资者务必要坚持天天收听，从而发现新的有炒作价值的新闻。

盘后接收新闻，时间充裕，散户投资者可以深入、系统、全面地进行分析比较，并且依据分析，提前做好次日的交易计划，这是股票交易员每日复盘必做的功课。

每个时段接收新闻，散户投资者应采取不同的应对策略，分类处置，优劣互补。从新闻的接收方式和时差上来看，散户投资者之间几乎没有明显的差距，这是一项日常的工作内容，需要坚持天天不间断做下去。

第四节　新闻应用型分类

新闻如何分类才能更利于理解、运用呢？我们想了解新闻的分类，要先从整体上对新闻有一定的把握，此外，还要掌握新闻内容所涉及的范围有多大，是全面的、局部的，还是个体的。新闻分类是为了更好地解读新闻，为进一步深度分析新闻的价值做好准备。

新闻作为股市波动的一种动力，对新闻进行归类分析，是新闻分析的基础工作。新闻分类的方法有很多，根据新闻的动力源波及的范围大小来划分，可以分为宏观新闻、中观新闻和微观新闻；根据新闻影响的范围来划分，可分为国际新闻、国内新闻和地方新闻，这一分类有利于培养大局观和全局观。

一、宏观新闻

宏观新闻是指那些会影响全局、整体市场的重大制度变革、新政推行、重大事件的新闻。宏观新闻是比较常见的，几乎天天有，若是有价值的，一旦被市场确认了，那将会产生较长时间、较大范围的影响。

新华社 6 月 17 日电　沪伦通 17 日正式启动！中国资本市场双向开放再次迎来大动作。华泰证券发行的沪伦通下首只全球存托凭证(GDR)产品同日在伦交所挂牌交易。起步阶段，对沪伦通跨境资金实行总额度管理；其中，东向业务总额度为 2500 亿元人民币；西向业务总额度为3000亿元人民币。

这条宏观新闻，是中国资本市场对外开放的大动作，具有一定的新闻价值，但是为何市场没有发酵炒作呢？因为这不是第一次出现此类新闻，之前炒作过沪港通和深港通。

新华社6月17日电 国家主席习近平将于6月20日至21日对朝鲜进行国事访问，这是我们党和国家领导人时隔14年再次访问朝鲜。访问期间，习近平总书记将同金正恩委员长举行会见会谈。双方将就半岛形势进一步交换意见，推动半岛问题政治解决进程取得新进展。双方并将介绍各自国内发展情况。

这条新闻的意义更大一些，这是我们党和国家领导人时隔14年再次访问朝鲜，也是党的十八大以来习近平总书记首次访问朝鲜。中朝建交70周年之际，这次访问对两国关系具有承上启下、继往开来的重要意义。发布新闻的次日，东北的个股就有异动拉升表现。

新华社上海11月5日电 国家主席习近平在首届中国国际进口博览会上庄严宣告，将在上海证券交易所设立科创板并试点注册制。

设立科创板并试点注册制，是完善资本市场基础制度的重要举措，也是A股未来发展的新方向，这一宣告将影响整个中国股市的改革进程。之后，它引领了一波持续数月的大行情。

二、中观新闻

中观新闻是指内容只涉及某一行业、某一领域、某一区域的新闻，可细分为行业新闻、产业新闻、地方新闻。

（一）行业新闻

行业新闻是指新闻内容涉及某一行业。行业分类是指从事国民经济中同性质的生产或其他经济社会的经营单位或者个体的组织结构体系的详细划分，如林业、汽车业、银行业等。行业分类可以解释行业本身所处的发展阶段及其在国民经济中的地位。

国民经济行业分类与代码（GB/T 4754—2017）中对国民经济行业分类如下：A农、林、牧、渔业；B采矿业；C制造业；D电力、热力、燃气及水生产和供应业；E 建筑业；F 批发和零售业；G 交通运输、仓储和邮政业；H 住宿和餐饮业；I 信息传输、软件和信息技术服务业；J 金融业；K 房地产业；L 租赁和商务服务业；M 科学研究和技术服务业；N 水利、环境和公共设施管理业；O 居民服务、修理和其他服务业；P 教育；Q 卫生和社会工作；R 文化、体育和娱乐业；S 公共管理、社会保障和社会组织；T 国际组织。

监管部门对上市公司也会进行行业分类管理。因此，在行情软件终端中，监管部门将行业板块排名详细列出。虽与国标有所差异，但是总体上的分类标准是一致的。如表 2-1 所示。

三部委推动消费品更新升级 汽车、家电、手机迎来新商机

我国消费市场规模位居世界前列，随着新技术蓬勃发展，新产品不断涌现，更新消费潜力巨大。日前，国家发改委、生态环境部、商务部印发《推动重点消费品更新升级 畅通资源循环利用实施方案(2019—2020 年)》，推动汽车、家电、消费电子产品更新升级。

汽车：各地不得对新能源汽车限行限购

方案提出，大力推动汽车产业电动化、智能化、绿色化，积极发展绿色智能家电，加快推进 5G 手机商业应用，努力增强新产品供给保障能力。

其中最受关注的，当属新能源汽车消费。中国汽车技术研究中心首席专家吴松泉认为，方案提出发展成本低、电池和充电技术先进、经济性和便利性结合、车电分离消费模式的新能源汽车产品、关键技术及服务模式，将有利于大幅降低新能源汽车成本，提高用户购买新能源汽车的意愿。

家电：鼓励使用节能、智能型家电

“将促消费的重点放在家电产品的更新需求上，符合现阶段家电行业发展趋势。”中国家用电器协会副理事长徐东生认为。

目前，我国城市家庭的冰箱、空调、洗衣机、吸油烟机、热水器普及率均超过 70%，其中，冰箱和洗衣机接近饱和，空调正向着

表 2–1　行业分类表

全部板块 | 行业板块 | 概念板块 | 风格板块 | 地区板块 | 沪深统计 | 板块地图 | 主题投资

	代码	名称	涨幅%	现价	涨跌	涨速%	量比	涨跌数	涨停数	总金额	连涨天	3日涨幅%	换手%	净流入	强弱度%	总量	市盈(动)	振幅%	昨收	今开	最高
1	880398	医疗保健	3.49	3803.60	128.31	0.19	1.37	80/5	4	154.7亿	1	6.27	2.05	14.64亿	3.21	704.3万	61.82	3.57	3675.29	3685.35	3807.74
2	880452	电信运营	2.78	1225.38	33.19	-0.04	2.24	9/0	1	43.7亿	1	4.81	1.64	5.00亿	2.50	481.7万	43.63	2.65	1192.19	1207.49	1236.96
3	880400	医药	2.43	2097.87	49.79	0.06	1.69	185/27	5	364.4亿	5	5.63	1.57	30.54亿	2.15	2439万	39.32	2.39	2048.08	2055.84	2098.78
4	880474	多元金融	1.83	1248.28	22.45	0.08	2.32	27/1	0	32.5亿	3	3.98	0.79	2.14亿	1.55	430.7万	14.92	2.04	1225.83	1232.83	1257.82
5	880350	造纸	1.83	1125.55	20.23	-0.02	1.95	18/5	1	19.3亿	1	4.43	1.46	1.22亿	1.55	368.7万	17.61	1.92	1105.32	1107.69	1126.38
6	880497	综合类	1.56	658.93	10.09	0.16	1.69	23/11	2	22.2亿	1	4.42	1.34	-3880万	1.27	427.0万	101.80	1.45	648.84	653.40	661.60
7	880372	食品饮料	1.55	2677.58	40.83	0.07	1.39	64/16	3	132.8亿	1	3.33	2.65	2.03亿	1.27	1364万	36.66	2.23	2636.75	2640.89	2677.59
8	880472	证券	1.30	1335.55	17.16	0.07	1.89	41/2	0	218.7亿	1	3.23	0.95	18.30亿	1.02	1835万	25.08	1.46	1318.39	1330.39	1348.99
9	880422	文教休闲	1.22	1890.73	22.84	0.00	1.28	25/10	0	14.0亿	1	3.45	0.93	1334万	0.94	140.3万	56.24	1.24	1867.89	1874.51	1891.16
10	880406	商业连锁	1.02	929.38	9.39	0.06	1.17	70/24	1	66.1亿	5	3.49	0.89	2.33亿	0.74	788.7万	17.03	1.04	919.99	921.91	929.38
11	880456	环境保护	0.90	1131.19	10.04	0.05	1.27	47/24	0	33.3亿	3	4.27	0.70	-1.15亿	0.61	364.2万	33.16	0.77	1121.15	1128.19	1136.82
12	880493	软件服务	0.86	2644.69	22.61	0.09	1.60	135/59	8	319.2亿	1	4.96	2.22	-9.77亿	0.58	2233万	72.95	0.81	2622.08	2644.15	2660.78
13	880399	家居用品	0.84	2098.14	17.39	0.09	1.05	21/18	0	15.0亿	1	3.93	0.90	-8761万	0.56	130.2万	20.24	0.65	2080.75	2094.13	2098.19
14	880318	钢铁	0.75	653.51	4.87	-0.03	1.26	35/16	1	38.0亿	3	3.48	0.36	6603万	0.47	630.3万	11.74	1.13	648.64	651.23	656.88
15	880360	农林牧渔	0.74	1960.24	14.48	0.28	1.39	51/18	3	222.4亿	1	3.16	3.79	-10.24亿	0.46	2345万	29.85	2.93	1945.76	1949.11	1960.24
16	880494	互联网	0.71	2698.11	18.90	0.08	1.48	54/15	4	97.0亿	3	5.98	1.97	-3.84亿	0.42	1080万	33.86	1.11	2679.21	2686.39	2716.10
17	880418	传媒娱乐	0.65	946.54	6.10	0.14	1.34	50/17	3	40.7亿	1	2.95	0.71	1.20亿	0.37	586.0万	26.18	1.03	940.44	945.75	951.83
18	880465	交通设施	0.60	1357.05	8.16	0.08	0.94	19/9	0	11.3亿	1	1.76	0.14	7716万	0.32	165.9万	12.35	0.64	1348.89	1352.19	1360.89
19	880414	商贸代理	0.46	793.82	3.67	0.21	1.50	14/4	0	8.05亿	1	1.53	0.50	-8535万	0.18	106.7万	12.67	0.69	790.15	792.90	795.19
20	880446	电气设备	0.46	918.10	4.20	0.08	1.35	128/40	5	178.4亿	1	3.02	1.50	5458万	0.18	2093万	39.24	1.21	913.90	917.93	924.45
21	880473	保险	0.43	1803.92	7.67	0.03	1.05	7/0	0	22.4亿	1	0.76	0.16	2.71亿	0.15	800090	9.95	0.66	1796.25	1802.25	1810.27
22	880421	广告包装	0.39	1237.07	4.81	0.09	3.24	20/17	3	34.4亿	3	4.03	2.41	-4.41亿	0.11	584.2万	30.93	1.31	1232.26	1244.00	1245.52
23	880335	化工	0.39	1025.18	3.97	0.08	1.15	153/117	4	185.7亿	3	3.69	1.11	-11.92亿	0.11	1887万	24.14	0.59	1021.21	1024.62	1027.73
24	880390	汽车类	0.35	1248.46	4.38	0.02	1.12	100/73	3	97.9亿	1	2.24	0.81	-5.19亿	0.07	1316万	22.85	0.65	1244.08	1249.05	1254.54
25	880355	日用化工	0.35	1235.15	4.30	0.12	1.30	3/8	0	6.01亿	3	3.47	1.59	-4806万	0.07	638249	40.89	0.69	1230.85	1230.80	1235.60
26	880423	酒店餐饮	0.29	883.20	2.56	0.09	2.11	3/6	0	4.88亿	5	5.51	1.83	-4649万	0.01	956716	23.91	1.38	880.64	883.37	888.86
27	880424	旅游	0.25	1924.40	4.83	0.04	1.39	15/9	0	12.9亿	6	4.29	0.91	-2341万	-0.03	172.2万	17.08	0.79	1919.57	1930.04	1930.54
28	880489	IT设备	0.21	1570.74	3.28	0.17	1.38	16/18	1	64.1亿	3	4.47	1.53	-4.42亿	-0.07	399.3万	55.40	1.49	1567.46	1582.22	1586.71
29	880437	通用机械	0.20	856.26	1.70	0.01	1.88	41/35	0	48.6亿	5	3.72	1.75	-1.51亿	-0.08	629.4万	72.09	0.64	854.56	857.28	859.95
30	880387	家用电器	0.19	2973.84	5.58	0.06	1.06	25/14	0	39.6亿	1	0.70	0.74	-1.81亿	-0.09	386.3万	13.67	0.52	2968.26	2980.92	2986.73
31	880430	航空	0.18	1214.28	2.24	0.06	1.61	15/8	0	40.4亿	3	6.50	1.13	-1.27亿	-0.10	259.3万	58.14	1.81	1212.04	1219.25	1233.25
32	880476	建筑	0.18	1109.13	1.98	0.00	1.07	61/46	1	55.3亿	1	2.39	0.43	-6.09亿	-0.10	880.1万	8.62	0.84	1107.15	1111.85	1117.06
33	880454	水务	0.17	1005.02	1.72	0.02	1.28	7/3	0	4.30亿	3	1.73	0.39	-1973万	-0.11	600451	15.69	0.43	1003.30	1006.52	1007.76
34	880455	供气供热	0.16	715.31	1.17	0.17	1.01	15/8	0	5.81亿	1	1.60	0.39	-2275万	-0.12	901477	30.17	0.57	714.14	713.17	717.23
35	880330	化纤	0.09	1434.62	1.30	0.08	1.42	15/6	1	15.0亿	1	1.85	0.89	-2771万	-0.19	298.8万	15.29	0.59	1433.32	1436.24	1440.73
36	880305	电力	0.07	1167.04	0.87	0.04	1.07	39/14	1	14.5亿	1	0.98	0.15	3905万	-0.21	329.2万	14.46	0.33	1166.17	1168.46	1170.03
37	880453	公共交通	0.07	661.40	0.45	0.13	1.17	3/3	0	9687万	3	2.95	0.33	-907.7万	-0.21	171588	16.84	0.62	660.95	661.81	663.95
38	880471	银行	-0.02	1766.60	-0.31	-0.02	0.75	18/10	0	33.2亿	-2	0.33	0.04	-3.10亿	-0.30	446.2万	5.86	0.37	1766.91	1771.64	1773.14
39	880310	石油	-0.02	606.85	-0.15	-0.15	0.71	16/11	1	25.0亿	-2	0.61	0.13	-3.53亿	-0.31	399.1万	14.74	0.78	607.00	610.83	611.30
40	880367	纺织服饰	-0.08	900.85	-0.75	0.04	1.53	48/40	2	70.6亿	-1	4.09	1.70	-4.15亿	-0.36	1139万	20.86	0.54	901.60	900.86	901.73
41	880432	运输设备	-0.09	1254.55	-1.11	0.05	0.89	8/12	0	11.2亿	-2	1.80	0.37	-1.26亿	-0.37	150.0万	18.53	0.79	1255.66	1259.25	1262.71

分类▲ 资金▲ 即时决策 短线宝 自动选股▲ A股 沪A 中小 创业 科创 板块指数 板块▲ 自选 自定▲ 新股发行 港股▲ 期权▲ 期货现货▲ 基金理财▲ 美股外盘▲ 其它品种▲

一户多机方向发展。据测算，2018 年冰箱、空调、洗衣机的更新量分别为 3496 万台、4863 万台、3263 万台，占 2018 年各自内销量的比重分别为 84.2%、57.1%、75.3%，更新换代需求明显已经占据主导。

电子产品：支持 5G 手机研制和上市销售

电子产品也是方案关注的消费领域。无论是着力推动绿色智能家电研发和产业化，还是不断丰富数字创意内容和服务，都是重要内容。

方案明确提出，鼓励 5G 手机研制和上市销售。促进手机、个人计算机更新换代，有条件的地方对消费者交售旧手机及电脑并购买新产品给予适当支持。

这则新闻涉及汽车、家电、电子产品，共三个行业鼓励消费政策，是一条典型的多行业新闻，因为篇幅有限，所以节选了部分主要内容。时常也有单一行业新闻，在此就不再列举了，散户投资者在阅读中是很容易分辨出来的。

（二）产业新闻

产业新闻是指新闻内容主要涉及某一产业的新闻。那产业新闻与行业新闻有什么区别呢？要搞清楚这两者的区别，就要先来弄明白产业与行业的区别。产业是指由利益相互联系的、具有不同分工的、由各个相关行业所组成的业态总称。尽管它们的经营方式、经营形态、企业模式和流通环节有所不同，但是，它们的经营对象和经营范围是围绕着共同产品而展开的，并且可以在构成业态的各个行业内部完成各自的循环。行业，一般是指其按生产同类产品或具有相同工艺过程或提供同类劳动服务划分的经济活动类别，如饮食行业、服装行业、机械行业、金融行业、移动互联网行业等。

5G 是一项新兴产业，是通信行业中的一个新分支。产业一般是对某一个行业的细分，但是时常又不仅限于某一行业，可能还跨行业合作。围绕 5G 产业，先后涉及设备制造、基础建设、汽车联网、智能制造、无线医疗、智慧城市等行业。

产业新闻是散户投资者日常阅读关注的重点，尤其是那些有新突破、新发展、新政策的新闻，都将成为二级市场炒股的新题材。产业新闻是二级市场炒作题材重要的素材来源之一。

> 21世纪经济报道6月21日讯，记者从多位工信部官员处获悉，工信部正在抓紧制定《关于加强工业互联网安全工作的指导意见》，目前已经完成了意见征求，近日即将正式出台，这将是中国工业互联网安全方面的顶层设计。

这是一条关于工业互联网产业的新闻，新闻指出，工信部即将要推出新的政策，但是具体内容还不知道，若有实质性支持力度，那将对整个工业互联网产业产生重大影响。

（三）地方新闻

地方新闻是指各省市发生的新闻，包括政策和社会事件。新闻内容若与中央政府一致，那将会引起一定的关注；若是某一社会事件，导致某一区域或某一产业的格局发生重大变化，也会引起全社会的关注。否则，犹如泥牛入海，激不起一点儿水花来。

> 6月18日北京市城市管理委主任孙新军直播访谈节目中表态，将推动垃圾分类立法，新修订的条例将不光对单位，也将对个人明确垃圾分类责任。

发布新闻的次日，盘面爆发垃圾分类概念出现大面积涨停。因为在6月3日，习近平已对垃圾分类工作作出重要指示。住房和城乡建设部随后也召开了座谈会，会议强调，要多措并举推进下阶段垃圾分类工作。这是一项全国性的新政，地方率先响应，这类地方新闻值得关注。

> 《上海市生活垃圾管理条例》将于7月份正式实施，上海垃圾分类执法力度将全面加大，生活垃圾投放、收集、运输、处置等环节全部纳入执法检查范围。

> 6月21日讯，重庆日前召开全市生活垃圾分类暨立体绿化工作现场推进会。

关注地方新闻，不仅可以重点关注那些经济比较发达的地区，如上海、广东、北京、深圳等，还要关注那些积极落实中央宏观战略和政策的地方，如 2017 年新疆投入 1.5 万亿元，加快基础设施建设，力争建设成“一带一路”的桥头堡。政策的落实得到了市场的响应，于是出现了一批超级大牛股：天山股份、北新路桥、西部建设、八一钢铁等。

三、微观新闻

微观新闻，又称公司新闻，是指直接、具体、明确报道某一上市公司的新闻。常见的方式有公司公告和新闻报道。

如图 2-13 所示的 4 则消息，全都是关于日照港裕廊的新闻，属于公司新闻。

14:35　财联社6月19日讯，日照港裕廊今日在港交所上市，涨幅扩大至200%。

14:32　财联社6月19日讯，日照港裕廊今日在港交所上市，涨幅一度扩大至150%。

14:17　【快讯：日照港午后直线封板】财联社6月19日讯，受港股日照港裕廊大涨带动，日照港直线封板，连云港、营口港、南京港等个股纷纷拉升。

14:11　财联社6月19日讯，日照港裕廊今日在港交所上市，涨幅一度扩大至99%。

图 2-13　公司新闻样式图

下面这则新闻的核心内容来自公司公告，仍然属于公司新闻。公司公告是公司新闻的主要来源，上市公司按照《证券法》的要求，有义务履行公告义务。有分量的公告，都会影响公司股价巨幅波动。所以，公告也是驱动股价上涨的动力源之一。

电魂网络与腾讯签订游戏独家代理协议

上证报中国证券网讯（记者孔子元）电魂网络公告，公司与深圳市腾讯计算机系统有限公司签署了《〈我的侠客〉移动游戏腾讯独家代理协议》。公司授权腾讯在中国大陆地区的独家代理发行和运营移动游戏产品《我的侠客》的专有权利，并由腾讯提供移动游戏产品运营系统、服务器、与运营商及用户的接口、系统维护、和部分客户服务等，公司提供游戏内容及运行的软件技术支持，双方进行合作，并依据合作收益进行收入分成。《我的侠客》是公司自主研发的复古武侠沙盒 RPG 游戏。

公司新闻的来源是公司公告，电魂网络可能知名度并不高，但是协议的另一方是腾讯，腾讯是中国最大的互联网综合服务提供商之一，也是中国服务用户最多的互联网企业之一；电魂网络还取得了移动游戏产品《我的侠客》在中国大陆地区的独家代理发行权和运营权。强势的市场表现，打开了散户投资者的想象空间，股价连续 8 天涨停。如图 2-14 所示。

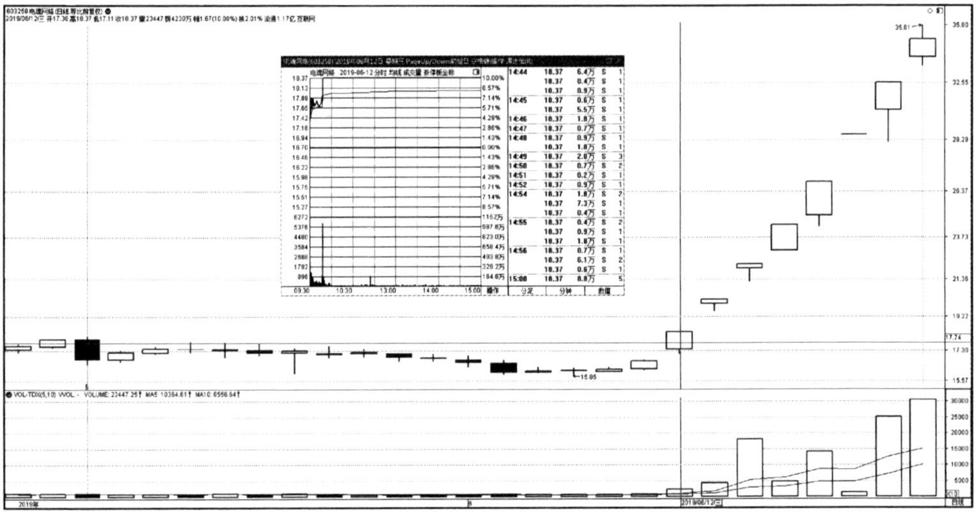

图 2-14 电魂网络 8 天涨停走势图

快速、准确地分辨新闻是属于宏观新闻、中观新闻，还是微观新闻，这项技能比较容易，散户投资者经过短期的刻意练习就可以达到此目标。

第三章　股市新闻分析法的独特优势

用好股市新闻是股市新闻分析法最直接的目标，用好不仅要先读懂，而且要熟悉掌握新闻分析法的技巧和方法。新闻分析法，就是从新闻的视角来认识股市运行的规律和特性，系统识别机会和风险的一系列策略、方法和工具的综合方法体系。

新闻分析法需要散户投资者每日坚持阅读国内外的新闻消息，而阅读最多的应该是时政新闻，这样久而久之，散户投资者就会慢慢养成以政治家的眼光和胸怀来审视国际局势的变幻、国内宏观经济战略选择、行业新政策颁布的习惯。自然而然就会从全局和大局来分析股市的运行与波动，可以说新闻分析法是最具有大局观的股市分析法。坚持使用新闻分析法，是提升大局观最有效的捷径。

第一节　消息面派独树一帜

新闻分析法就是从股市新闻消息方面来分析市场、选择机会、分辨风险的方法，又称为消息面分析法。与基本面分析法、技术面分析法、心理行为面分析法并列为四大市场分析法。

消息面分析法可追溯到道琼斯指数发明者和道氏理论奠基者查尔斯・亨利・道。

新闻分析法代代相传，在职业交易员和操盘手群体中多以师徒传习。可以说，新闻分析是职业交易员的必备职业技能，也是股票交易员和操盘手水平高低的分水岭。

新闻分析法自成体系，拥有独立的理论基础、分析体系模型、机会与风险识别体系、策略选择框架、方法和工具，有着自身独特的优势。

一、信号来得更早、更稳

1. 消息的信号出现更早

绝大多数的时候，消息的信号是早于市场的其他信号的。每当行情狂热或接近顶部区域时，市场就会不断发布一系列的利空消息，直至市场开始降温，出现行情逆转，这就是所谓的消息顶。消息顶出来后，才会逐步形成市场顶，市场顶进一步确认消息顶。与之相反，当行情接近调整末端，市场人气涣散，毫无做多意愿时，为开启一波新的行情，市场就会不断发布利好消息，以增加参与者的信心，重燃做多热情，慢慢地行情就会在犹豫与观望中被主力资金点燃，这就是所谓的消息底。消息底的形成是早于市场底的。

行业消息和个股消息，比板块行情和牛股行情出现的更早。

2. 消息的信号更稳

消息的信号比市场中的其他信号更稳定，技术形态的信号、技术指标的信号、情绪数据的信号都非常容易闪烁，稳定性较差。消息则不然，一经发布，这就是真实的，所报道的事实是不可撤回的，也是不可逆转的。

消息信号的稳定度是由消息的真实性这一特性决定的，所传递的信息都是客观真实的，特别是政策类消息，那是不可能有任何出入的，所传递的信号极其稳定。事件类消息会有所波动，仅仅只是事件进展会有所波动，事实的变化幅度却极小，并且发展方向也是无法拐弯或掉头的。

消息中的干扰杂波也比较小，比较少，尤其是我们在掌握了新闻分析法后，便很容易排除杂波的干扰，使消息信号更稳定。

消息信号来得更早，在很大程度上，就可以抢占先手，这是股市博弈中非常难得的独特优势，拥有此优势，那会让股市投资变得更从容更淡定。信号的稳定，可以大大提高出手的胜率，胜率高了，收益明显会改善，这是多少股市参与者梦寐以求的目标。

二、机会好且多

1. 消息催生的机会好

几乎没有哪波行情与消息无关，也没有哪一只牛股与消息无关，尤其翻倍牛股与消息更是密不可分的。从近几年的翻倍牛股复盘数据来看，它们都是由消息催生出来的。

翻倍牛股，辨识度极高，运行时间长，资金容量大，交投活跃，换手率高，是股市投资中的上乘绝好机会。

短线博弈的快牛、龙头，都是由新闻消息催生的板块行情中的佼佼者。趋势翻倍的慢牛，也是由新闻消息不断催化演进中的好机会。

2. 消息催生的机会多

消息催生的行情机会总量最多，年年都有持续 2～3 个月的翻倍波段行情，短线行情每年不下 10 次，翻倍牛股机会几乎月月都有。

每次消息催化的板块行情机会也特别多，大级别的题材板块中，往往不只是一只牛股翻倍，而是多只牛股先后翻倍。不仅有领涨的龙头股机会，也有前排的强势股机会，还有后排跟风的补涨股机会。持续时间较长的主流热点，前后会走好几波行情，每一波行情都会诞生不同的牛股。

消息催生的牛股机会多，而且不少是翻倍的好机会，这就是新闻分析法的独特魅力所在。

三、简单易学

1. 新闻分析法比较简单

新闻分析法中既没有复杂的公式和图形，也没有复杂的财务报表。最常用的符号就是汉字，也是常用的普通汉字，几乎不出现生僻字，只要接受过义务教育者，就可以正常阅读新闻消息。

新闻分析法的第一个环节，就是收集新闻消息。现在科技手段发达了，借助互联网，可以实现无时间差接收新闻消息，如果再借助一些证券资讯平台来搜集，那遗漏的可能性就更小了。在这一环节上，大家几乎没有什么差别。

拉开差距的是第二个环节，就是读懂股市新闻，即分析股市新闻，并且做好交易的准备。这一环节也不复杂，只是先知与后知的问题，还有就是熟练程度的问题。读懂股市新闻有四步：第一步抓住实质性利好，第二步提炼新颖概念，第三步理顺大众逻辑，第四步紧跟有效催化。只需要从利好、概念、逻辑三个方面从新闻中提取核心信息，大家就可以实现读懂的目标。

新闻分析法的第三个环节，就是用好股市新闻。只要紧跟有效催化，围绕热点选择最佳的时机和最强的个股，同时进行精准狙击，出手的胜率就会明显提高。

新闻分析法只需这简单的四步，就可以大幅提升新闻解读水平。

2. 新闻分析法容易掌握

股市新闻四步分析法，不仅环节简单，而且极容易掌握。新闻消息是股市行情的发动机，是翻倍牛股的源动力，只要抓住牛股上涨的源头，就很容易找到翻倍牛股。

新闻分析法的环节较少，我们通过阅读本书，再结合实战的案例逐一对比，其中的分析要领便很容易就可以学到手，学了就可以运用到股票投资交易实战中去。

我们除了要系统学习新闻分析法的理论知识之外，更为重要的是要结合自身的交易结果，对比分析新闻解读与行情实际运行的差异，找出究竟差在哪里。若差距很大，我们则需要不断向盘面矫正，不断提高新闻分析和预判的准确度；如果题材级别判断过大或过小，那还是要加强新闻解读专项刻意训练，尤其是要研读以往影响行情走势的新闻。

股市新闻分析法的优势十分明显，其信号不仅更早而且更稳定，模式的机会多而且很容易找到翻倍大牛股，方法也非常简单易学，学了就能直接运用。

第二节　丰富其他分析方法

新闻分析法既可单独成系统，也可与其他分析法兼容，以丰富、弥补基本面分析法、技术面分析法、心理面分析法的不足。

一、丰富基本面分析法

基本面分析法的研究重点放在挖掘它自身的内在价值上。此法坚持认为股票的价格主要由内在价值决定，主要从三个方面来分析。一是宏观经济环境的繁荣与萧条的更替，二是行业发展的兴衰变化，三是个股经营效益明显，业绩喜人，这样的股票价值高，对股价也会做出相应的高估价；反之，股票价值低，其价格也就越低。

我们对宏观经济的分析，需要借助翔实的统计数据，再结合各项经济指标，采用比例、动态的分析方法，最后研判出宏观经济的拐点和景气周期。这就为股市投资测算出了一个大致的周期和方向，初步解决了是否可以投资的问题。但是，什么时候介入的问题却没有明显的信号。新闻分析法，正好可以弥补这一点不足。它不仅可以通过新闻报道中的内容研判国家宏观经济政策的导向，也可以研判出宏观经济见底或即将出现拐点的明确信号。

对行业兴衰变化的分析，除了常规的数据和指标之外，更多的则可以通过新闻所提供的素材，研判出行业景气度悄然回升、新兴行业的发展进度、新兴的产业政策公布情况等，这将能更细、更精准地筛选出行业性的大机会。比如，2016 年的快递行业，多家公司借壳上市。比如，2019 年初的猪肉鸡肉产品持续大涨价出现的行业大逆转机会。

对个股的基本面分析，借助数据和指标，分析企业的经营情况、盈利能力和发展前景，最后确定其为高价值投资目标。如果再借助新闻所传达的政策或事件来选择介入或加仓时机，这样的话，那资金的投资效率会更高。

新闻不仅可以为基本面提供更好的时机选择依据，也可以为基本面分析提供更多更丰富的素材。

二、丰富技术面分析法

技术面分析法着重研究股票价格的波动规则。此法认为市场行为包容消化一切信息、价格以趋势方式波动、历史会重演。在实战中主要有两个流派，即形态派和指标派。

形态派更为执着，一直想通过股价波动形成的图形来捕捉突破的机会，或超跌抄底的机会。我们每次找出的相同或类似图形的股票数量太多了，时常不知究竟应该买哪一个。成功的却永远只是极个别的，押中的概率总是很小。历史是会重演的，但绝不是简单的重复。若能结合新闻分析，如行业新闻和事件新闻，将可以大幅缩小选股的范围，或者再结合图形分辨，或者再结合个股新闻和个股公告，这些都可以作为选股的加分项。

指标派通过指标来选股或择时，根据指标信号来买入或卖出。指标给出的信号相对来说是滞后的，若在长期的趋势运行中，可能准确率会更高一点儿，但在短线博弈中，信号的闪烁更难以捕捉。新闻分析法正好能弥补这些不足，人们可借助新闻分析来研判大的投资方向，缩小选股的范围，增强信号的稳定性。

A 股虽然具有鲜明的特点，但是也很难做到股价包容消化一切信息，多数时候只是包容了一部分信息，消化的程度就更有限了。股价的波动则更具特色，极少有时期波动是按照趋势方式波动的，很多时候股票的价格波动无规律可循，来回震荡的迹象比较明显一点，涨上去了，慢慢又下来了。就像上证指数一样，2009 年 10 月 16 日收盘 2976.63 点，2019 年 10 月 16 日收盘 2978.71 点，10 年上涨了 2.08 个点。

技术分析的初衷是想让无序的股价波动变得简单点儿，以在不确定性中寻找股价变化的规律。无论从量、价、时、空四个维度中的哪一个维度，都难以找到属于自己的天机。特别在 A 股市场中，技术派的散户投资者为数众多，大家的思维和方式几乎一样，那谁又能赚到谁的钱呢?

三、丰富心理面分析法

心理面分析法是利用心理行为学的研究与分析，重点研究股市参与者的心理行为与股价涨跌的关系。心理行为派认为，绝大多数人的心理情绪会影响决策，从而影响交易行为。这是客观存在的现象。在交易过程中，绝大多数参与者都不是完全理性的人，都会受到价格涨跌的影响，也会受到其他情绪的传染。贪婪与恐惧的情绪，时常会被市场扩大，这就是群体效应。

心理行为的波动会带来股价的波动，但这只是诸多要素之一，并不是主要的因素。参与者的行为不仅会受到自身和大众的心理影响，更会受到来自外界的新闻消息的影响。新闻消息会直接改变参与者的认知和预期，从而改变交易行为。新闻消息的影响范围更广，程度更深，持续更久，波动效应更为直接明显。

对比这两种波动，心理引起的行为波动是小级别的波动，新闻引起的行为波动是大级别的波动。前者更偏向微观、小众，后者更倾向宏观、大众。后者可为前者提供方向指导和更大级别的行情分辨，同时可以屏蔽一些无效的细微波动和杂乱信号。这样可以更大程度地避免陷入情绪的泥潭之中，或被情绪反利用了。

心理行为分析比基本面分析更重视市场波动，比技术面分析更强调参与者的动态心理变化。心理行为分析试图通过利益博弈的视角，挖掘被忽视的超预期，从而找出相对确定的机会与风险。

新闻分析法独特的优势不仅可以提升大局感，而且呈现的信号稳定且较早。新闻分析法既可以独立成系统，也可以与其他分析方法相互兼容。新闻分析法是基本面分析法、技术面分析法和心理面分析法最为有力的补充之法。

四种分析法各有所长，我们可以取其精华，融会贯通，并积极将其运用到实战中去，努力提高投资业绩，这才是唯一的王道。

股市新闻背后的价值无限，是一座无穷的宝藏，每年造就了一批批的翻倍牛股，也成就了一个个股票投资大师和牛人，更为重要的是拓展了散户投资者认知股市的新视野。

第四章 新闻是股市行情的发动机

股市新闻通过报道的事实中所蕴含的利好、概念和逻辑，来影响并改变参与者的认知、态度、情绪和行为，从而使股市的步调逐步趋向一致。随着参与者的认知和行为慢慢形成共振，突破的趋势不断增强，当共振形成过于一致时，趋势将开始加速，直至动力源缺失，跟风盘出现枯竭。原来的一致就会开始减弱，分歧开始加剧，分歧过大时，将会扭转原来的趋势，原来的波动宣告结束，开启新的反方向波动。这就是牛股股价波动的规律，股市新闻是引起波动、加速波动、终结波动的最重要的因素。

一切牛股皆诞生于行情中，大行情出大牛股，小行情出小牛股，没有行情就根本出不了牛股。翻倍牛股更是如此，皆是诞生于行情之中，虽然牛股强于行情走势，却无法脱离行情独立行走。每一种盈利模式，都需要有相对应的行情。短线操作有短线行情，波段操作有波段行情，趋势操作有趋势行情。炒房的秘诀在于“位置，位置，还是位置”，炒股的秘诀在于“行情，行情，还是行情”。没有行情，一切都是妄想。

行情除了盘面氛围的支持之外，更为重要的是驱动因素。驱动因素支撑着行情发生、发展的利好、概念和逻辑。新闻就是短线行情最主要的驱动因素，新闻可以提供行情演绎的动力要素，影响并改变投机者的认知和预期，从而改变投机行为，形成合力，促使行情不断演绎。

可以说，新闻是题材行情的发动机，为题材行情提供源源不断的动力。题材行情是以题材为炒作由头的投机行情，是股市、期市、汇市中十分常见的机会。

不战而屈人之兵，取胜需攻心为上。才气过人的马谡提出：“攻心为上，攻城为下；心战为上，兵战为下。”

常言道，行情的背后是资金，资金的背后是人心，人心的背后是认知、预期和情绪。最容易改变股市参与者的认知、预期和情绪的却是新闻，可以说，新闻是行情驱动和股价波动的最主要的动力源。

新闻对现代社会的影响深邃且久远，影响着军事、政治、经济、文化等社会的方方面面。股市也不例外，新闻影响着股市行情的发生、发展、高潮与结束。那股市新闻又是怎样影响股市行情走势的呢？

影响是指以直接或间接的方式来作用或改变人的思想、行为，从而改变事态的发展进程或性质。新闻是一种非强制性的、潜移默化的、广泛而深刻的影响。影响就是一种作用，指的是通过信息传递、意见交流、观点输出作用产生对散户投资者的认知和情感的影响。新闻影响散户投资者的注意和认知，从而产生宣传引导作用。

股市新闻通过影响行情的参与者从而影响行情的走势。股市新闻通常直接地影响散户投资者的注意和认知、思想和情绪，从而影响散户投资者的态度和行为，最终影响行情的走势。

新闻是题材行情的发动机，是行情发生、发展的最大动力源泉。新闻不断输送着行情发生、发展所需要的利好、概念和逻辑。

注意、认知形成统一度，思想、情绪构成期望值。

第一节　新闻影响行情走势

新闻影响行情的走势，最先影响行情参与者的注意和认知、思想和情绪，从而再改变行情参与者的态度和行为，行情参与者形成的合力改变行情的走势。行情的参与者主要是持筹者和持币者两大群体，持筹者与持币者互为对手盘，他们在分歧与一致之间不断换手交易。因两个群体所处位置不同，注意度和认知力有差异，从而改变态度和行为的节奏和程度也不尽相同。

一、新闻对持筹者的影响

行情中的持筹者，是指已经购买了一定数量股票的持仓者。持筹者可能是在行情启前就有仓位了，也可能是在行情启动后才建仓的。持筹者在一定程度上占有先手优势，影响并决定着那些因为更多注意新闻影响带来的赚钱效应变化。在认知方向方面，持筹者自觉或不自觉地积极解读更多的利好，时常还出现过度解读。在这个过程中，持筹者的自信度不断攀升，态度变得更积极，越来越惜售，形成鲜明的持有想法，当想法得到验证后，更会坚定当下的态度。当持筹者惜售程度不断扩大，那抛压自然就减少了，因此，股价上涨的阻力也减小了很多。

更为激进的持筹者，会继续加仓或满仓买入，坚定看多做多。与之相反，看空的持筹者，就会借机减仓或清仓，其中有部分套牢盘和获利盘。在股价提升的过程中，最不稳定的因素就是刚刚解套的套牢盘和大幅的获利盘，一有风吹草动，持筹者便会撒腿就跑。

解决好持筹者的持股分歧，再形成新的持股一致性统一，是行情走势是否流畅的关键环节。其中，影响程度最大的是最大比例持筹者的态度和行为。

二、新闻对持币者的影响

持币者，是指行情启动前和行情启动时都没有购买股票、完全是空仓持币的交易者。相对来说，持币者失去了先手优势，因是空仓状态，所以新闻影响其注意力就会不断地聚焦于行情的机会之上。注意的过度集中，可能会出现对新闻的过度解读，时而可能也会出现对新闻的片面解读，最终，在认知上出现偏离。

态度更为积极的持币者，可能会采取激进的行为，满仓买入，极力做多。与之相反，态度极为消极的持币者，则没有任何开仓的动作，将继续保持空仓状态。

持币者的态度和行为能否统一到行情发展方向上来，是行情能否持续走下去的关键要素。也就是说，只有持币者的增量资金不断涌入，才能真正说明新闻的影响实效和最终目的。

三、新闻如何影响对手盘

持筹者与持币者在行情启动、发展、高潮和结束过程中互为对手盘，缺一不可。新闻影响持筹者和持币者一致看多并做多，方可推动行情不断向纵深演绎发展。行情启动时，持筹者惜售坚定做多，抛盘少，持币者积极做多，买盘多，卖少买多，股价自然就会被推升起来。

行情发展阶段，持筹者开始有一定的获利，其中有一些是套牢盘被解套了，有一些是新进的获利盘。新闻的影响力开始减弱，持筹者的态度开始动摇了，纷纷开始减仓或清仓离场。其中有些继续看多的持筹者仍然坚定做多，不仅坚定持有股票，还继续买入，提升仓位。与此同时，持币者也出现分化，坚定看多者继续做多，大举买入；不再看多者出现犹豫徘徊，保持观望，没有任何买入动作。

行情在第一次分化后，再度统一了分歧，继续上攻。持筹者和持币者达到高度一致，几乎一致做多，达到行情的第一次高潮。持筹者群体越来越大，几乎都捂盘惜售待涨，继续看多并做多的持币者却越来越少了，跟风的对手盘也在逐渐减少。当持币者不再继续看多并坚定做多，逐步出现接力盘不济时，持筹者继续做多的想法开始动摇，他们纷纷转向做空，减仓或清仓离场。

当持筹者和持币者转向一致性看空并做空时，行情开始走向结束。持筹者看空做空，不断抛盘，越来越多的持筹者清仓离场。持币者看空做空，不再买入或者买入极少，继续保持观望或谨慎。当卖盘远远超过买盘时，股价逐步下挫，行情宣告终结。

持筹者和持币者是天然的对手盘，只有持筹者做空卖出，持币者做多买入，才能形成交易。交易是在分歧中完成的。当持筹者和持币者一致做多或做空时，行情朝着一个方向快速推进，要么加速攻顶，要么加速探底。持筹者和持币者的分歧既是行情发展中的主要矛盾，又是推动行情发展的主要动力。

行情往往诞生于分歧之中，结束于无分歧之时。分歧是行情发展过程中的常态，其程度的变化将是行情发展的标志性信号，分歧逆转、分歧减弱、分歧消失、分歧重现，解决好分歧的程度将决定行情的质量。

> 2019 年 2 月 23 日星期六，央视新闻报道，习近平在中共中央政治局第十三次集体学习时强调，深化金融供给侧结构性改革，增强金融服务实体经济能力。要深化对国际国内金融形势的认识，正确把握金融本质，深化金融供给侧结构性改革，平衡好稳增长和防风险的关系，精准有效处置重点领域风险，深化金融改革开放，增强金融服务实体经济能力，坚决打好防范化解包括金融风险在内的重大风险攻坚战，推动我国金融业健康发展。

新闻播出后，“金融供给侧改革”的概念受到了资本市场的广泛关注。随着新闻不断被转载与解读，其中的利好开始发酵，积极做多的意愿强烈起来。持筹者开始惜售，坚定持有；持币者计划积极建仓做多，市场的供求关系也在悄然发生改变。

2019 年 2 月 25 日星期一，受新闻催化，上证指数大幅跳空高开高走，盘中一路非常强劲，持续攀升，当日大涨 5. 60%收盘。当日，金融科技、银行、证券、信托、保险等大金融板块全线大涨，这些都是金融供给侧改革的直接参与者和受益者。行情从这一天开始延续强势，直到 2019 年 4 月 22 日星期一，长达两个月的行情，都是由这一条新闻所带来的利好驱动上涨的。如图 4-1 所示。

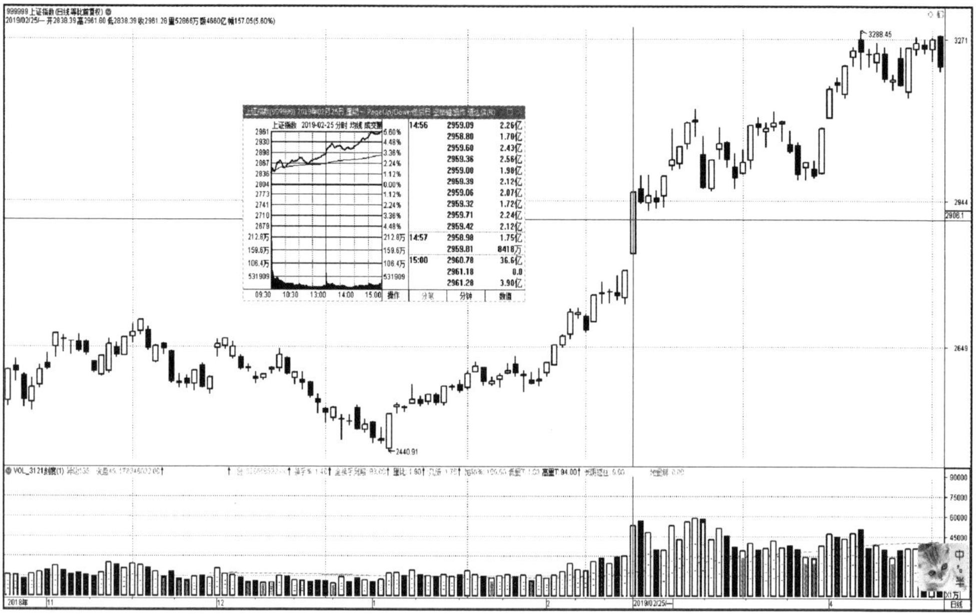

图 4-1　新闻播出后上证指数走势图

第二节　新闻影响交易者

新闻又是如何影响交易者的呢？参与行情的所有散户投资者统称为交易者，它包括已经购买方和准备购买方。

一、影响交易者的注意和认知

股市新闻通过新闻媒体传播，比较重要的新闻事件往往能引起广大交易者的关注。交易者往往会对自己感兴趣的内容展开研究。加上其他新闻媒体或自媒体的不断转载，关注度也越来越高，这都将会不断吸引更多股票交易者的注意力。新闻关注度有聚焦效应，越是有关注度就越会容易引起广大股票交易者的注意。若是不能形成一定关注度的新闻，那很难引起交易者的注意。

认知即认识知晓，包括感知和理解。具体来说，认知就是对信息的接收合成、提取重建、形成概念、做出判断等过程，由此而产生相应的认识知晓。新闻内容作用于交易者的大脑，引起知晓与否的反应、知识增加和知识结构的变化，属于认知层面的影响。由于交易者的认知速度和能力的差异，认知的统一度形成动态曲折的过程。有时，一开始是分歧过大，一致性较差；有时，却是相反，一开始就过于一致，逐步产生分歧。一致与分歧是交易者认知结果的动态变化的两端，在一致中解决分歧，在分歧中形成新的一致。

二、影响交易者的思想和情绪

交易者的思想，是指交易者经过所思、所想形成的对新闻事实的看法和想法，属于认识活动的结果。交易者的情绪，是指交易者在对新闻事实的主观认知后产生的心理和生理状态。最普遍、最常见的股市情绪有喜、怒、惊、恐、悔等。

在大多数情况下，交易者的思想观点有一定的独立性，很少出现随波逐流、应声而变的情况。新闻媒体通过事实性新闻信息和意见性新闻信息来影响交易者"怎么想"，影响交易者的认知，从而形成新的观点。新闻作用于交易者的理性思维，产生思想观点的变化，属于思想层面的影响。交易者的思维方式如辩证思维、机械思维、发散思维、线性思维、抽象思维、形象思维等，同样受到新闻传播的很大影响。

事实性新闻信息和意见性新闻信息作用于交易者的情感，产生情感、情绪的变化，属于情感层面的影响。有的新闻让人激情万丈，有的新闻让人焦恐万分。新闻时常也会推升或放大交易者的恐慌和贪婪等情绪。新闻对交易者情绪方面的影响弹性空间较大，不易明确量化，有时一点儿小火星可以点燃一大片森林，有时也可能出现一阵雨浇灭一团熊熊烈火的情况。

谢金文在《新闻学导论》中指出，新闻媒介是人的延伸，不仅延伸了人的身体和人的神经系统，而且改变人的感知方式和思维交流方式。其中既有帮助作用，也有麻醉和局限作用。

三、影响交易者的态度和行为

交易者的态度是指交易者对新闻事实进行主观评价后所持有的相对稳定

的心理倾向。交易者的行为是指受思想支配而表现出来的外表活动。交易者的行为主要有买入行为、卖出行为、持仓行为、持币行为四大类。买入行为可以分为开仓行为和加仓行为。卖出行为可分为减仓行为和清仓行为。持仓行为指保持原有的仓位不动，不加仓也不减仓。持币行为指继续保持空仓状态，不开仓。

态度是行为的准备状态，对行为有促动、引导、控制、协调作用。影响态度和行为是许多新闻传播的最终目的，尤其是对政策新闻来说更是如此。

新闻先是影响交易者的注意和认知、思想和情绪，从而再改变交易者的态度和行为，产生态度和行为层面的影响。其中有的影响是直接的、明显的，有的却是间接的、深潜的。交易者的态度和行为大都是有意识的，也有许多是下意识的。即使是下意识的态度和行为，为什么是这样而非那样呢？深究起来，往往也是受到了新闻的影响。

新闻是怎么影响交易者的态度和行为的？它是通过哪些中介因素再起作用的呢？这些更深入的问题，对于交易者来说无须再去深究。最后牢牢记住，新闻是一种宣传方式，其最终目的就是改变接受者的态度和行为，并使其熟练掌握并运用新闻影响交易者的作用原理来分析行情的演变及交易行为的变化规律。

第五章　股市牛人坚持在读新闻

股市新闻不仅催生了一批批翻倍牛股，而且也造就了无数股市牛人和投资大师。国际股票投资大师和国内的炒股牛人，无不对新闻情有独钟，也许他们在股市新闻中找到了投资的奥秘，所以成就了自己。

第一节　国际大师一直精读股市新闻

早在 1815 年，英国金融家内森·罗斯柴尔德就深知新闻信息的极端重要性，他通过信鸽提前得知英国在滑铁卢战役中胜利的消息，于是他倾尽全力买入股票，大赚了一笔。在他那个时代，新闻信息是一种稀缺商品，比的是速度有多快。

查尔斯·亨利·道创办了《华尔街日报》，报道有关金融的消息，提供金融新闻服务。1900 年至 1902 年，他还充任编辑，写了许多社论，讨论股票投机的方法，内容包括“科学的投机活动”“读懂市场的方法”“交易的方法”以及市场的总体趋势。

美国投机天王杰西·利弗莫尔，曾经在很长一段时间里每天照例吸食市场“麻醉剂”——财经媒介，其他交易者无出其右。他的角度与金融编辑的角度完全不同，他整理新闻事实并根据事实获取结论，不断拓展新闻的深度与广度，再综合时间因素，不仅分析过去的走势，而且更加重视分析新闻对未来几周行情走势的影响。

利弗莫尔早期最为擅长的是从阅读行情纸带中提炼交易信息，行情纸带信息是实时价格变动情况记录，是一种反映股价变动的记录，也属于股市新闻的一类。他通过阅读纸带来评估怎样交易和何时交易，通过观察行情纸带记录的价格轨迹来判断市场价格走势方向。

在实盘操作中，利弗莫尔认为在当日闭市和次日开市之间出现的重要新闻，通常也和阻力最小的价格路线协调一致。若市场趋势早在新闻发布之前便已经确立，并且在牛市行情下，看空的消息被市场忽略，看多的消息则会被市场放大，反之亦然。在第一次世界大战期间，德国宣告实行无限制潜艇战政策，他充分利用这则消息带来的机会，轧平了所有的空头头寸，卖空了15万张股票。

在利弗莫尔的回忆录中，关于与新闻有关的交易和故事还真不少，有成功的，也有失败的。其中，不少期货的成功案例也是根据新闻来执行操作的。

最著名的做空大师——乔治·索罗斯(George Soros)，着眼于大格局、大趋势、大变化。1992年，在东德和西德统一后，欧洲各主要经济体开始下滑，英国也不例外。经济衰退，英镑贬值，英格兰银行一直全力维护英镑汇率。在这个时候，索罗斯动用了100亿美元，开始大量做空英镑，致使英镑币值一路狂泻，最后退出欧洲汇率体系。索罗斯从中获利6.8亿美元，成为“击垮英格兰银行”事件的大赢家。

在1997年的亚洲金融危机中，索罗斯发现泰国实行的是固定汇率，于是，他大规模做空泰铢，从泰国银行借出泰铢，再换成美元，贬值后，再将美元兑换成泰铢还贷，几次倒手后，固定汇率体系被改成浮动汇率，这次做空，他成功净赚了5亿美元。

2013年，索罗斯从新闻中获知日本首相安倍晋三正使用极端货币宽松政策以刺激日本停滞的经济。量化宽松政策的出台，导致日元快速贬值。索罗斯对日元大规模做空，同时做多日经指数，他在这次交易中获利约10亿美元。

索罗斯的三次成功经典案例，无一不是来自新闻事件，尤其是国际重大事件。

德国“证券教父”安德烈·科斯托拉尼(Andre Kostolany)，在他八十年的投机交易回忆录中详细记载，他每日从不同的报纸上获取新闻信息，最喜欢看的报纸是《国际先驱论坛报》。另外，他还喜欢听收音机，看电视。

科斯托拉尼认为，新闻信息是投机者的工具。他强调，在读报的时候，投机者要养成一种习惯——迅速获取最重要的信息，并且必须找出隐藏在字里行间里的潜在信息。在字里行间，投机者往往可以发现次日的行情机会。

投机者在遇到重要的新闻时，不仅要简单地分出好坏，更为重要的是要预判盘面将对这些消息做何反应。

何谓最重要的新闻？什么是好新闻，什么是坏新闻？在后文中，我将对这些问题进行详细阐述。

科斯托拉尼强调，真正的股市新闻在于人们遗忘所有细节所遗留下的东西。投机者不需要知道一切，而应该理解一切，应该在合适的时机正确解释它们之间的关系，并采取正确的行动。投机者必须像雷达一样捕捉最重要的新闻，同时正确解释新闻与盘面之间的关联，并且自觉地进行思考。

第二节　国内牛人坚持细读股市新闻

曾经的“公募一哥”王亚伟，以擅长投资重组股而闻名江湖，可重组题材却是出翻倍牛股最多的。他时刻都能让自己的内心保持冷静，在充满各种繁杂的市场信息中，他能以敏锐的洞察力和过滤能力抓住核心关键信息，从中找到未来翻倍牛股的方向和线索。

A 股私募股神徐翔，每天研究股市超过 12 小时。晨会研读市场信息，交易时间绝不离开盘面，晚上再复盘和研究股票。这种习惯，他已经持续了 20 多年。

重庆啤酒一役，堪称徐翔的经典案例。2011 年 11 月 25 日，重庆啤酒发布乙肝疫苗临床揭盲结果：被寄予厚望的疫苗居然基本无效。公告一出，股价从 81 元连续一字跌停，10 个跌停后，在跌至 28.34 元的那天，徐翔出手了，一开盘就巨量扫单买入，股价猛烈拉升，三波快速拉升直接冲击涨停。

次日，股价低开-9.62%，2 分钟就跌停了。公司当晚发布停牌公告，这一停牌就是一个多月，直至发布另一份临床结果。结果出来后更是雪上加霜：疫苗再度被证明无效。市场最后的一丝希望也落空了，股价再度下跌，直至 20.27 元。

在股价上涨期间，关于重庆啤酒“乙肝疫苗”事件的报道和传闻铺天盖地，神话被打破，事件被证伪，价值重新回归。主力利用连续的利空消息不断制造恐慌，将浮筹清洗干净后，股价重拾反弹上涨，徐翔在 35 元上方顺利获利了结。

成功的新生代游资和职业操盘手，无一例外，每天都花费大量的时间来研读股市新闻。

赵老哥，江湖人称“八年一万倍”，他更是对股市新闻情有独钟，股市新闻是他的交易系统中核心要素，很多交易决策都离不开股市新闻。如图 5-1 所示，中国银河证券股份有限公司绍兴证券营业部是赵老哥常用的旗舰席位，本图节选了2019年4月18日至2019年4月22日上榜的数据。2019年4月18日买入的红阳能源是当时受新闻催化诞生的主线热点氢能源板块中的强势牛股，当日卖出的美锦能源和全柴动力都是同一板块的翻倍牛股。次日，全柴动力、美锦能源和厚普股份都继续卖出，同日卖出的浙江龙盛也是当时受新闻催化的翻倍牛股。2019年4月22日，赵老哥再次少量买入全柴动力和京城股份，京城股份和厚普股份都是氢能源板块中的强势牛股。

图5-1节选了赵老哥的三天交易，共有10笔交易上榜，其中有9笔交易都与股市新闻有着密切关联，交易金额达6.3亿，并且除浙江龙盛之外，其他的8笔交易都是围绕一个主线热点——氢能源展开的。

中国银河证券股份有限公司绍兴证券营业部

一线游资

营业部上榜历史数据

上榜日期	股票简称	上榜原因	涨跌幅(%)	买入额（万）	卖出额（万）	买卖净额（万）	所属板块
2019-04-22	中国中期	日换手率达20%的证券	0.21	3517.18	3.93	3513.25	交运设备服务
2019-04-22	春兴精工	连续三个交易日内,涨幅偏离值累计达20%的证券	9.98	11499.79	3766.24	7733.55	电子制造
2019-04-22	春兴精工	日涨幅偏离值达7%的证券	9.98	10355.56	1318.54	9037.02	电子制造
2019-04-22	全柴动力	日换手率达20%的证券	0.53	3134.15	0	3134.15	通用设备
2019-04-22	京城股份	日涨幅偏离值达7%的证券	10.05	1252.69	0	1252.69	通用设备
2019-04-19	美锦能源	日换手率达20%的证券;日振幅值达15%的证券	-0.94	319.04	6364.98	-6045.94	煤炭开采加工
2019-04-19	康盛股份	日涨幅偏离值达7%的证券	10.08	842.93	6226.41	-5383.48	白色家电
2019-04-19	厚普股份	连续三个交易日内,涨幅偏离值累计达20%的证券	10.01	1307.38	2429.36	-1121.98	专用设备
2019-04-19	全柴动力	连续三个交易日内,涨幅偏离值累计达20%的证券	10.00	0	10097.16	-10097.16	通用设备
2019-04-19	浙江龙盛	日跌幅偏离值达7%的证券	-8.94	0	25682.75	-25682.75	化学制品

首页 上一页 31 32 33 34 35 下一页 尾页 31/84

图5-1 中国银河证券股份有限公司绍兴证券营业部部分上榜记录

由于篇幅有限，赵老哥的其他上榜数据就不再一一列举，可以自行上网查验。赵老哥的成功，很大程度上依赖于他对股市新闻的理解与运用，他将这种理解和运用用到了炉火纯青的境界。

光大深圳金田路证券营业部以擅长操作热点龙头股妖股而扬名江湖，顺势而为，消息一确认就扫板排板，行情好则锁仓，主要围绕高位板反复操作。如图5-2所示，本图节选了2019年8月19日至26日共6天的8笔交易，其中5笔交易都是买卖九鼎新材。九鼎新材的第二波行情，叠加深圳先行先试的新政刚颁布，是当时盘面最大的新闻热点板块。

光大证券股份有限公司深圳金田路证券营业部

营业部上榜历史数据

上榜日期	股票简称	上榜原因	涨跌幅(%)	买入额（万）	卖出额（万）	买卖净额（万）	所属板块
2019-08-21	九鼎新材	连续三个交易日内,涨幅偏离值累计达20%的证券	9.99	3803.5	3769.17	34.33	化工新材料
2019-08-21	九鼎新材	日涨幅偏离值达7%的证券	9.99	2447.44	1505.17	942.27	化工新材料
2019-08-20	九鼎新材	日涨幅偏离值达7%的证券	10.02	1356.07	2264.01	-907.94	化工新材料
2019-08-19	武汉凡谷	连续三个交易日内,涨幅偏离值累计达20%的证券	9.99	3680.52	22.26	3658.26	通信设备
2019-08-19	武汉凡谷	日涨幅偏离值达7%的证券	9.99	3680.01	22.26	3657.75	通信设备
2019-08-19	九鼎新材	连续三个交易日内,涨幅偏离值累计达20%的证券	10.00	2705.24	696.98	2008.26	化工新材料
2019-08-16	银河磁体	日涨幅偏离值达7%的证券	10.01	1501.43	0	1501.43	新材料
2019-08-09	江龙船艇	日换手率达20%的证券	0.07	466.77	0	466.77	国防军工
2019-08-08	长江通信	日跌幅偏离值达7%的证券	-10.00	0	341.61	-341.61	通信设备
2019-08-07	金力永磁	连续三个交易日内,涨幅偏离值累计达20%的证券	10.00	1434.67	1553.77	-119.1	新材料

首页　上一页　6　7　8　9　10　下一页　尾页　8/61

图 5-2　光大深圳金田路证券营业部部分上榜记录

2019 年 8 月 20 日，九鼎新材四连板，买入 1356.07 万，卖出 2264.01 万，因在前一日已经买入 2705.24 万。8 月 21 日，再次买入 2447.44 万，卖出 1505.17 万，还在继续买入。8 月 22 日，只卖出 1367.77 万，没有买入了，只有卖出。8 月 23 日，再次买入 2680.64 万，卖出 1501.86 万，买卖净额 1325.1 万，继续加量做多。8 月 26 日，买入 5520.32 万，卖出 5754.7 万，买卖金额相当。从上榜数据可以看出，交易紧紧围绕新闻热点的翻倍牛股，卖出九鼎新材，又买入深大通。

如图 5-3 所示，2019 年 8 月 26 日，买入深大通 1389.51 万。之后的 4 天都只交易了深大通。深大通是深圳先行先试热点的换手翻倍大牛股。

从上榜的数据来看，光大深圳金田路对新闻热点的理解与把握已经达到了很高的水准，并且形成了自己独特的交易风格，成为屹立市场的绝密杀手锏。

不论是国际大师，还是国内的炒股牛人，他们都是成功人士，他们或许是率先找到了股市新闻中的奥秘，同时通过坚持不懈地总结提高，最终将其运用到出神入化的境界。他们在充满坎坷的股市之路上，走出了一条康庄大道。想在股市里追求成功的新人和后人，最好的捷径就是沿着成功人士走过的路，努力再学习，求新求变，唯有如此，方可到达彼岸。

光大证券股份有限公司深圳金田路证券营业部

营业部上榜历史数据

上榜日期	股票简称	上榜原因	涨跌幅(%)	买入额（万）	卖出额（万）	买卖净额（万）	所属板块
2019-08-29	深大通	连续三个交易日内,涨幅偏离值累计达20%的证券	9.97	1042.73	0.95	1041.78	传媒
2019-08-28	深大通	日涨幅偏离值达7%的证券;日振幅值达15%的证券	10.04	566.87	0.95	565.92	传媒
2019-08-27	深大通	日换手率达20%的证券;日涨幅偏离值达7%的证券;日振幅值达15%的证券	10.02	3.88	1286.33	-1282.45	传媒
2019-08-26	深大通	日换手率达20%的证券;日振幅值达15%的证券	3.36	1389.51	2.79	1386.72	传媒
2019-08-26	九鼎新材	连续三个交易日内,涨幅偏离值累计达20%的证券	3.61	5520.32	5754.7	-234.38	化工新材料
2019-08-26	九鼎新材	日振幅值达15%的证券	3.61	2680.64	2885.12	-204.48	化工新材料
2019-08-23	九鼎新材	日涨幅偏离值达7%的证券	10.02	2826.96	1501.86	1325.1	化工新材料
2019-08-23	易尚展示	日换手率达20%的证券;日涨幅偏离值达7%的证券	10.00	142.07	2258.98	-2116.91	家用轻工
2019-08-22	九鼎新材	日涨幅偏离值达7%的证券	9.99	12.71	1367.72	-1355.01	化工新材料
2019-08-22	易尚展示	日涨幅偏离值达7%的证券;日振幅值达15%的证券	10.02	2183.3	128.16	2055.14	家用轻工

首页 上一页 6 7 8 9 10 下一页 尾页 7/61

图 5-3 光大深圳金田路证券营业部部分上榜记录

第六章　新闻催生的翻倍牛股

股市新闻催生的牛股比比皆是，鉴于实战学习研究的考量，故选取 2018 年、2019 年这两年内的新生牛股。由于篇幅有限，本书只能选取涨幅超过 1 倍的牛股，故称翻倍牛股。

上涨的方式可能有些不同，有的是慢节奏的，缓慢上涨；有的是快节奏的，急促上涨。所以分为两大类：慢牛和快牛。

第一节　新闻翻倍慢牛

一、5G 之东方通信涨幅 8.4 倍

如图 6-1 所示，东方通信从 2018 年 11 月 26 日开盘价 4.44 元[①]起涨，至 2019 年 3 月 8 日盘中最高价 41.76 元，区间涨幅 8.4 倍，被称为跨年的“第一只近 10 倍的翻倍大牛股”。

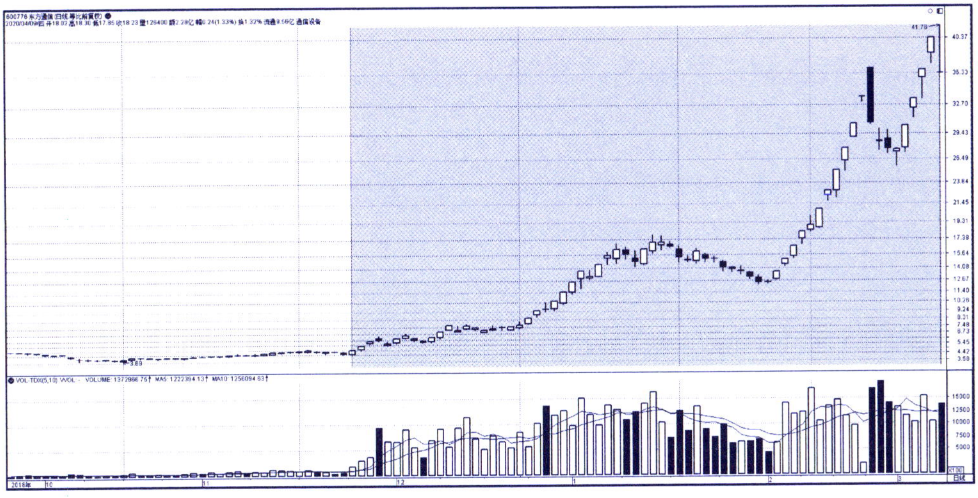

图 6-1　东方通信翻倍走势图

① 凡未注明货币单位的，均为人民币元。

2018年11月25日媒体报道，月内启动5G频谱分配可期。中国工程院院士、FuTURE推进委员会主席邬贺铨在11月27日举行的“2018未来信息通信技术国际研讨会”上表示，中国的5G商用会从6GHz以下频段开始。

邬贺铨院士当时在接受媒体采访时透露，我国2018年年底可能开始发放5G牌照，基站建设现在基本上可以商用化。这一时间点比此前机构预期的2019年上半年发放5G牌照进一步提前了。5G推进不断提速，万亿级的投资将为行业提供巨大的机遇，相关公司有望受益。

受5G频谱分配的消息催化，东方通信以三连板开启翻倍之旅。

东方通信第一波震荡上行，5G的消息源源不断，但是盘面在修复中，交投并不太活跃；第二波上涨更为陡峭一点，5G的利好消息层出不穷，再叠加盘面氛围亢奋；第三波上涨显得更为急促，2019年3月8日止步于盘面利空暴跌导致跌停。

东方通信成为5G概念的毫无争辩的龙头，不仅自身实现了近10倍的涨幅，而且带动了一批同板块的个股实现翻倍。其中，东信和平3.7倍，武汉凡谷3.2倍，春兴精工3倍，都是从2018年11月26日开盘价起算，至涨幅的最高价。其他涨幅1~2倍的个股都不在统计之列，持续数月的主线热点行情，翻倍牛股层出不穷，都离不开新闻的不断催化。新闻中蕴藏着翻倍牛股的投资机会。

二、氢能源之美锦能源涨幅2.6倍

2019年3月15日全国“两会”落下帷幕。《政府工作报告》中有一条政策引起了国人的广泛关注——“推动充电、加氢等设施建设”，氢能源首次写入《政府工作报告》。受政策支持利好催化，3月15日，美锦能源突破左侧平台开始上涨，开盘价5.70元，至4月19日盘中最高价21.54元，区间涨幅2.6倍，如图6-2所示。

2019年3月6日，财政部、工业和信息化部、科技部和国家发展改革委①联合发布了《关于进一步完善新能源汽车推广应用财政补贴政策的通知》，

① 财政部、工业和信息化部、科技部和国家发展改革委分别为中华人民共和国财政部、中华人民共和国工业和信息化部（又可简称为工信部）、中华人民共和国科学技术部、中华人民共和国国家发展和改革委员会的简称。

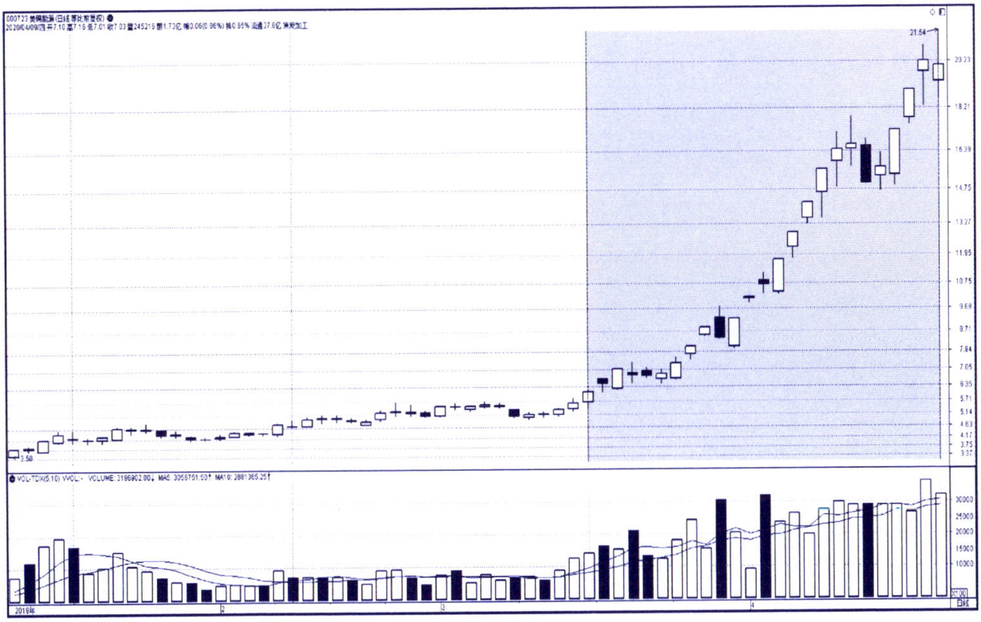

图 6-2　美锦能源翻倍走势图

将购置补贴集中用于支持充电（加氢）等基础设施、“短板”建设和配套运营服务等环节。

受利好消息刺激，氢能源产业投资机会不断涌出。2019 年 1 月至 4 月，全柴动力涨幅达 3.9 倍，雄韬股份涨幅达 2.6 倍，红阳能源、美都能源和力帆股份涨幅都达到了 1.6 倍。

氢能源行情持续时间之长，涨幅之大，标的之广，不论资金规模有多大，都是可以较长时间来参与的，享受投资国家所倡导的新能源新方向的超预期收益。

三、工业大麻之顺灏股份涨幅 4.2 倍

2019 年 1 月 26 日晚，顺灏股份发布公告：公司全资子公司云南绿新生物药业有限公司收到曲靖市公安局沾益分局颁发的《云南省工业大麻种植许可证》。这是第一家上市公司获得工业大麻种植许可证，次日以 3.05 元开盘，至最高价 15.73 元，区间 83 天，53 个交易日，涨幅 4.2 倍，如图 6-3 所示。

工业大麻是一种四氢大麻酚（THC）含量低于 0.3%的大麻，在医药、食品

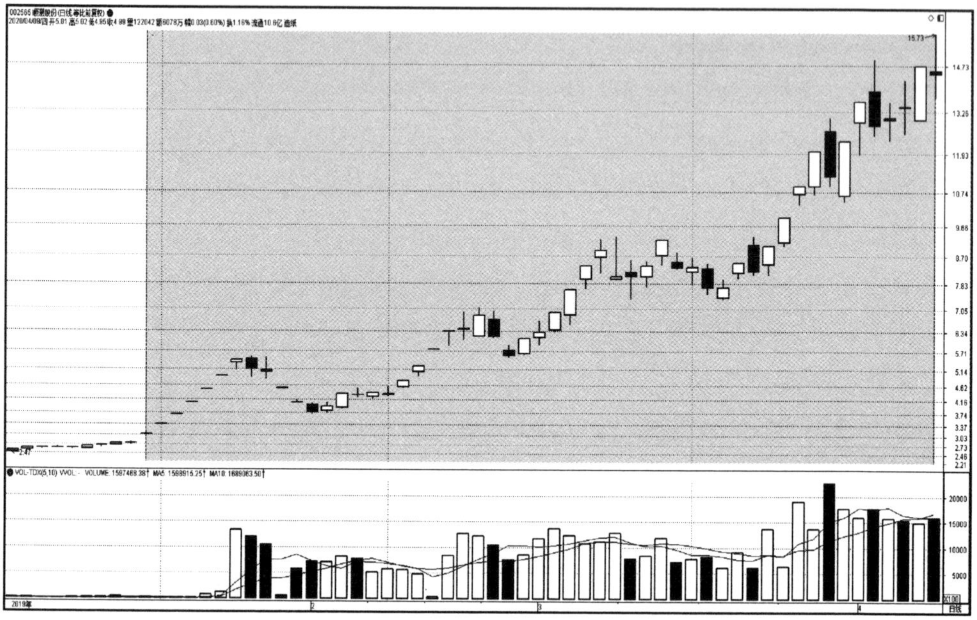

图 6-3 顺灏股份翻倍走势图

保健、农业种植以及饲料中应用广泛。工业大麻有着广泛的市场应用空间，首次开放工业大麻种植，是一个新颖的概念，受到了市场资金的追捧，掀起了一波浩浩荡荡的行情。

板块中涨幅较大的还有：福安药业涨幅 3 倍，龙津药业涨幅 2.9 倍，方盛制药涨幅 2.2 倍，紫鑫药业涨幅 2 倍。

四、猪肉涨价之新五丰涨幅 3 倍

2019 年 1 月之后，我们从农业部（中华人民共和国农业部的简称）发布的非洲猪瘟疫情数据可以看出，发病的数量和死亡的数量不断扩大，直接导致了新鲜猪肉的供应逐步减少，春节期间猪价稳步攀升。全球性的非洲猪瘟致使养猪业陷入危机，生猪养殖上市公司将会是猪肉涨价的最直接受益者。2019 年 2 月 11 日，猪年的首个交易日，当日板块中涨停的个股有 6 只，其中新五丰股价从以 4.05 元开盘开始起涨，至 2019 年 4 月 25 日盘中最高价 16.50 元，区间自然日 74 天，交易日 53 个，涨幅 3 倍，如图 6-4。

猪肉涨价板块中涨幅较大的还有：正邦科技涨幅 2.8 倍，傲农生物涨幅 2.7 倍，唐人神涨幅 2.2 倍，新希望涨幅 1.6 倍，天康生物涨幅 1.5 倍。涨幅

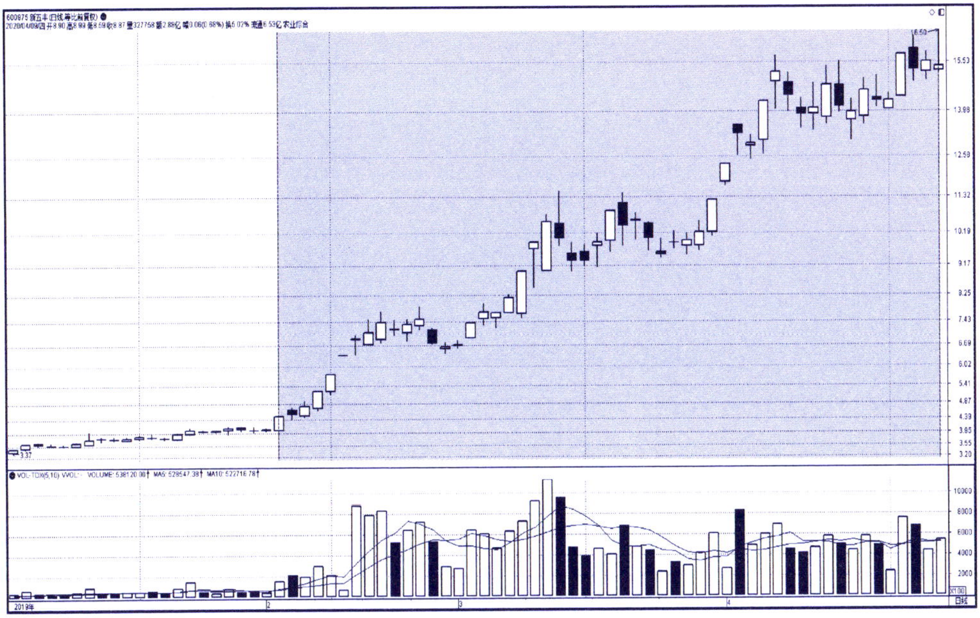

图 6-4　新五丰翻倍走势图

在 1 倍以下的个股未列入统计范围。这是由一起全球性的恶性事件引发的产业供给格局发生改变，事件的新闻源源不断，所带来的投资机会不仅数量较多，而且持续时间较长，可以满足各种规模的资金深度参与。只要真正读懂了新闻背后的奥秘，就不会轻易放过这类商机。

五、科创之市北高新涨幅 4.8 倍

2018 年 11 月 5 日，国家主席习近平在首届中国国际进口博览会开幕式上宣布在上海证券交易所设立科创板，并在该板块内进行注册制试点。设立科创板并试点注册制是提升服务科技创新企业能力、增强市场包容性、强化市场功能的一项资本市场重大改革举措。消息一出，市场资金反响十分强烈，创投板块当日涨停的个股达 21 只。

市北高新当日以 3.53 元开盘起涨，至 2019 年 3 月 13 日最高价 20.23 元，区间自然日 129 天，交易日 86 个，涨幅 4.8 倍，如图 6-5 所示。

市北高新以涨幅之最稳居榜首，板块中翻倍的牛股成群结队。西安旅游涨幅 2.2 倍，鲁信创投涨幅 2.1 倍，华控赛格涨幅 1.9 倍，张江高科涨幅 1.7

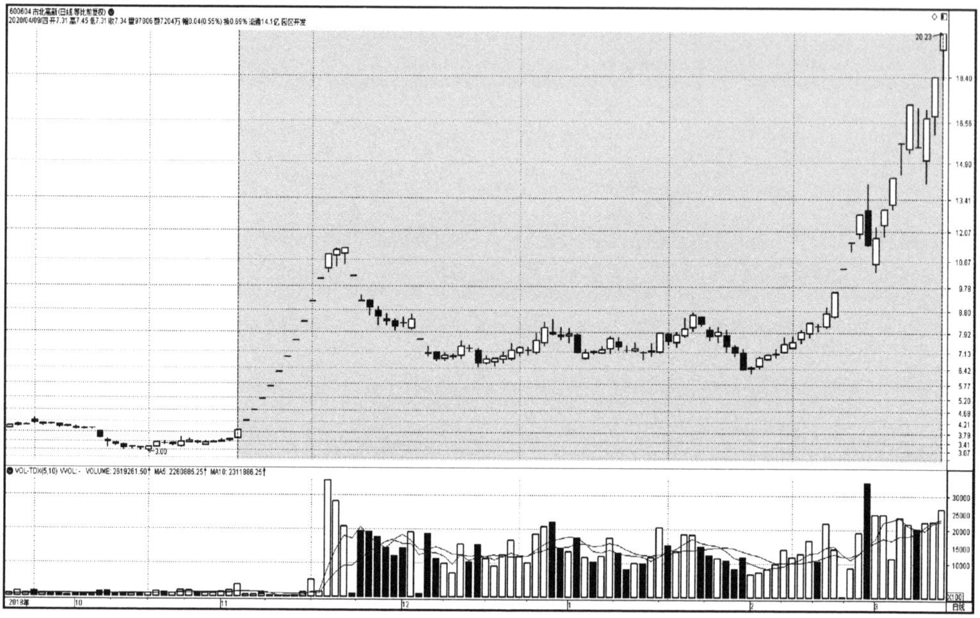

图 6-5　市北高新翻倍走势图

倍，大众公用涨幅 1.5 倍，九鼎投资涨幅 1.3 倍。涨幅在 1 倍以下，或只走了一波行情的强势股就排除在翻倍牛股之列。

翻倍慢牛，数量之多，参与性之强，资金容量之大，都是其无法比拟的优势。从股市新闻中不仅可以挖掘出众多翻倍慢牛，也一样可以挖掘出不少翻倍的快牛。下一节将介绍新闻翻倍快牛的内容。

第二节　新闻翻倍快牛

一、金融改革之大智慧涨幅 2.4 倍

2019 年 2 月 18 日，中共中央、国务院印发的《粤港澳大湾区发展规划纲要》指出，在粤港澳大湾区内或先行先试“理财通”。金融改革预期不断升温，催化板块行情爆发。大智慧当日开盘价 3.94 元，到 2019 年 3 月 13 日最高价 13.78 元，区间自然日 23 天，交易日 17 个，涨幅 2.4 倍，如图 6-6 所示。

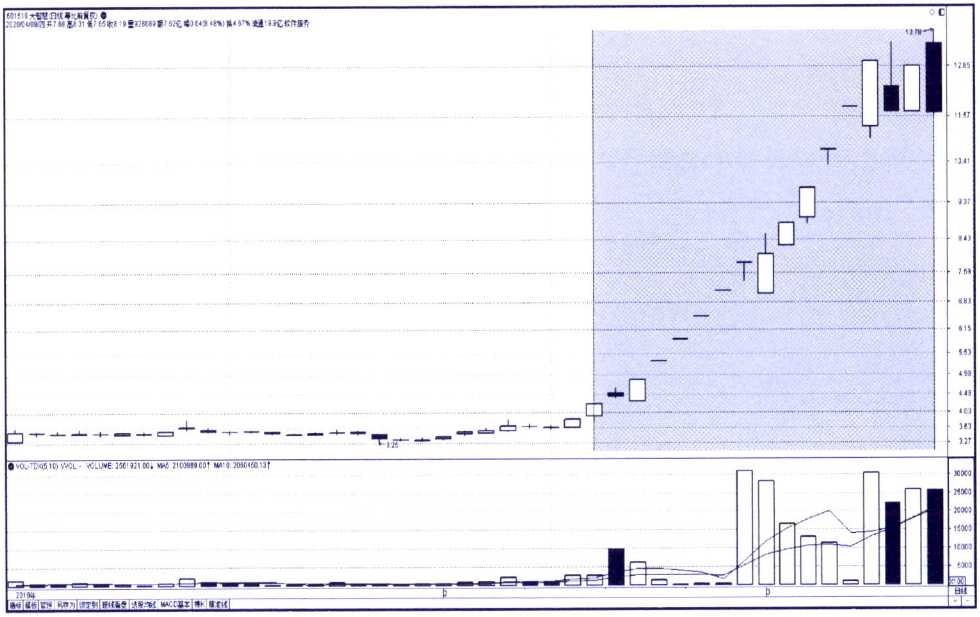

图 6-6　大智慧翻倍走势图

2019 年 2 月 22 日下午，中共中央总书记习近平在中共中央政治局第十三次集体学习时强调：要深化对国际国内金融形势的认识，正确把握金融本质，深化金融供给侧结构性改革，平衡好稳增长和防风险的关系，精准有效处置重点领域风险，深化金融改革开放，增强金融服务实体经济能力，坚决打好防范化解包括金融风险在内的重大风险攻坚战，推动我国金融业健康发展。

金融改革的号角吹响，市场如火如荼，赚钱效应异常火爆，短期快速翻倍的牛股成为市场追捧的主角。先后出现的翻倍快牛，如同花顺涨幅 2 倍，中国人保涨幅 1.2 倍，陕国投 A 涨幅 1.1 倍，安信信托涨幅 1.1 倍，中信建投涨幅 1 倍。

二、垃圾分类之一拖股份涨幅 1 倍

2019 年 6 月，中华人民共和国住房和城乡建设部等 9 部门印发《关于在全国地级及以上城市全面开展生活垃圾分类工作的通知》，决定在 46 个重点城市先行先试的基础上，自 2019 年起在全国地级及以上城市全面启动生活垃圾分类工作。此次通知发布意味着垃圾分类工作在我国的全面展开，这一方面会加快生活垃圾分类投放、分类收集、分类运输的设施系统，另一方面会

加快建立相匹配的分类处理系统，利好餐厨处理、垃圾焚烧发电以及资源回收等固废领域。

2019 年 6 月 17 日，生产垃圾运输车的一拖股份开启上涨，开盘价 5.92 元，至 6 月 26 日盘中最高价 12.18 元，区间自然日 10 天，交易日 8 个，涨幅 1 倍，如图 6-7 所示。

图 6-7　一拖股份翻倍走势图

2019 年 6 月 18 日晚，北京市城市管理委主任孙新军在直播访谈节目中表态，将推动垃圾分类立法，新修订的条例将不光对单位，也将对个人明确垃圾分类责任。“到时候(立法后)，不分类就违法了，上海已经明文规定，混合投放垃圾最高要处以 200 元罚款，北京也不会低于这个数。”次日，垃圾分类板块再次掀起涨停潮，共 9 只收涨停。

垃圾分类板块中涨幅较大的牛股还有盛运环保、绿色动力、中原环保、科融环境、汉宇集团等。

三、油气管网之国际实业涨幅 1.7 倍

2019 年 3 月 5 日，国家发展改革委于十三届全国人大二次会议开幕式上

发布《关于 2018 年国民经济和社会发展计划执行情况与 2019 年国民经济和社会发展计划草案的报告》，报告提出深化石油天然气体制改革，组建国家石油天然气管网公司，推动油气干线管道独立，实现管输和销售分开。根据“十三五”及“十四五”规划，仅天然气管道，我国在 2019—2020 年和 2021—2025 年分别有 2.8 万千米和 5.9 万千米的建设计划，按干线管道投资 1323 万元/千米计算，预计两个阶段我国将分别实现新增天然气干线管道建设投资 3704 亿元和 7806 亿元，合计 11510 亿元。

主营油品批发的国际实业，在 2019 年 3 月 14 日开启上涨，开盘价 5.54 元，至 2019 年 4 月 23 日盘中最高价 15.16 元，区间自然日 41 天，交易日 28 个，涨幅 1.7 倍，其走势如图 6-8 所示。

图 6-8　国际实业翻倍走势图

油气板块随之大涨，位于涨幅榜前列的有：招商南油、石化油服、泰山石油、金洲管道、海默科技、海油工程等。

四、电网混改之风范股份涨幅 3 倍

2018 年 12 月 25 日，国家电网公司发布全面深化改革十大举措，以混合

所有制改革为突破口，着力抓好在特高压直流工程领域引入社会资本，积极推进交易机构股份制改造，加快综合能源服务领域开放合作，深化电动汽车、信息通信、金融等业务混合所有制改革等，在电网业务、产业、金融领域分类分步推进混合所有制改革。

特高压首次开放，国家电网混改提速。次日，特高压板块全面爆发，从事特高压业务的风范股份以 2.82 元开盘，至 2019 年 2 月 26 日盘中最高价 11.32 元，区间自然日 63 天，交易日 38 个，涨幅 3 倍，如图 6-9 所示。

2018 年 12 月 28 日晚，风范股份公告称，预中标国家电网输变电项目 2.4 亿元，其合同的签订和履行对公司 2019 年经营业绩具有积极影响。

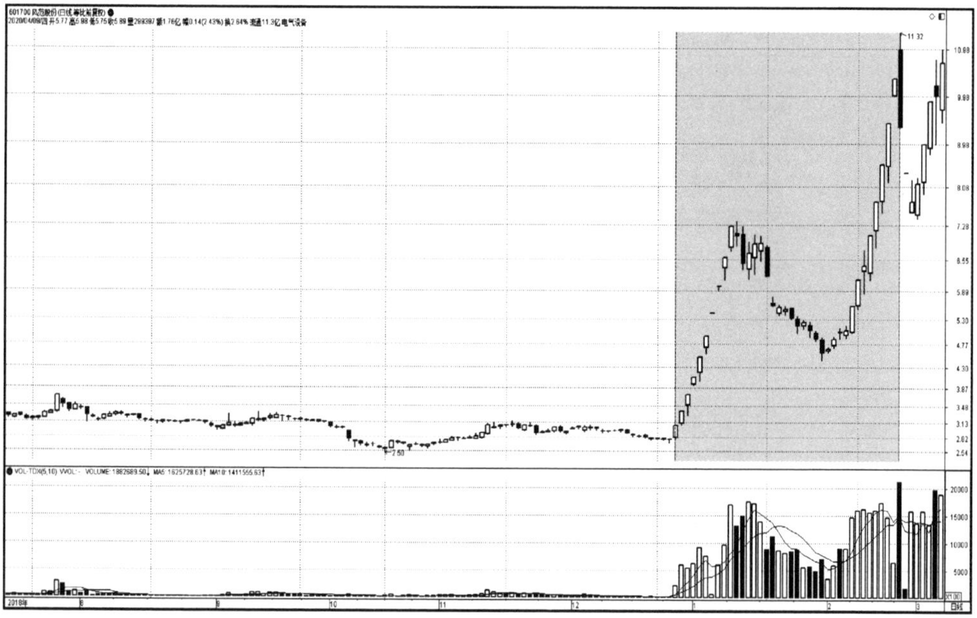

图 6-9　风范股份翻倍走势图

受此利好消息刺激后，特高压概念相关个股受到市场资金追捧，涨幅较大的个股有：国电南自、置信电气、通光线缆、安靠智电、特变电工、华仪电气等。

五、网络游戏之电魂网络涨幅 1 倍

2019 年 6 月 11 日，电魂网络发布公告称，公司与腾讯签订为期三年的独

家代理《我的侠客》游戏协议，标的是由公司自主研发的名为《我的侠客》的一款复古武侠沙盒 RPG① 游戏，合作期限自协议签署之日起至授权产品商业化运营满三年之日止。《我的侠客》游戏与腾讯的合作对公司业绩和估值均有一定的提振作用。

次日，电魂网络以 17.38 元开盘，18 分钟后就涨停，至 6 月 24 日盘中最高 35.87 元，区间自然日 13 天，交易日 9 个，涨幅 1 倍，如图 6-10 所示。

图 6-10　电魂网络翻倍走势图

2019 年 6 月，上海出台促进电子竞技产业健康发展 20 条意见，力争 3 年至 5 年内，全面建成“全球电竞之都”。早盘电子竞技概念股大幅高开，晨鑫科技、电魂网络率先涨停，游族网络、天神娱乐、掌趣科技等多股跟涨。

电魂网络的翻倍走势，先由个股公告利好启动，再叠加区域产业新闻利好，双重利好催生出快速翻倍行情，同时也带动了网络游戏板块个股上涨，其幅度远不及翻倍。

股市新闻每年催生的翻倍牛股数量庞大，由于新闻中的利好的量级不一

① 全称为 Role-playing game，指角色扮演游戏，是游戏类型的一种。

样，利好释放方式不同，出现了慢牛和快牛。利好量级较大，利好在较长时间里多次逐步释放，就容易出现慢牛走势。慢牛上涨速度比较缓慢，但最后其涨幅却很惊人。快牛却与之相反，上涨速度快，涨幅却有限，单波就能翻倍牛股，确实算得上是惊艳的大牛股。

若想第一时间发现这些翻倍牛股，并且及时上车，分享其上涨带来的收益，问题的关键在于读懂股市新闻，依据灵活机动的策略用好股市新闻。

第二部分

教你四步读懂、用好股市新闻

新闻与盘面在一个开放的互动和迭代过程中相互作用、相互反应，催生题材行情，这个过程很容易被完全预测。新闻在盘面的动态系统中发挥作用，看似很复杂，类似人类基因非常复杂，但它只是四个DNA链的多次重复。同理，只要抓住股市新闻的四个价值链，就可以把纷乱繁杂变得简单起来。

股市新闻的四个价值链，第一，利好(bull)，抓住实质利好；第二，概念(concept)，提炼新颖概念；第三，逻辑(logic)，理顺大众逻辑；第四，催化(catalyze)，紧跟有效催化。

简单易行的四步新闻分析法，又称BCLC新闻分析法，前三步是静态价值分析，最后一步是动态效果分析，动静结合，构成一个完整的分析框架。

BCLC新闻分析法，是指将如何读懂股市新闻和如何用好股市新闻一并解决，从而最终真实运用好股市新闻来投机。

第七章　第一步抓住实质利好

实质利好，是让新闻成为股市题材的必要条件。只有抓住新闻中的实质利好，才能深度理解并把握好题材。只有新闻中蕴含一定程度的利好，方可成为二级市场炒作的题材。题材的炒作就是炒作某种利好的预期，可以说题材的实质是将一种利好或多种利好叠加。题材中的利好，会影响并改变股市参与者的认知和预期。从交易的角度给题材下一个定义：题材是一种通过利好来影响并改变股市参与者的认知和预期的媒介和工具。题材的实质是利好，题材是由概念和逻辑构成的。绝大多数的题材都来自新闻报道，可以说，没有新闻，就没有题材。

第一节　选择利好

市场普遍认为：利好消息促使股价上涨，利空消息促使股价下跌。利好，又被称为利多，是促使股价上涨的主要原因或因素。利好的常见具体表现如公司利润增加、股息增加、公司经营状况好转、利率降低等。与之相反的是利空，利空就是指能够促使股价下跌的信息，如股票上市公司经营业绩恶化、银行紧缩、银行利率调高、经济衰退、通货膨胀、天灾人祸，以及其他政治、经济、军事、外交等方面促使股价下跌的不利消息。

鉴于此，欲知股价能否上涨，先分析新闻中是否蕴含一定的利好，所以说利好分析就是题材炒作价值分析，换句话说，没有利好的新闻难有题材炒作价值。为进一步理解并把握好新闻中的利好，我们将从以下不同维度来分析。

一、无实质利好直接略过

首先分析新闻中有无明确的利好，若读不出什么利好来，皆可视为无利好，如果也没有明确的利空，这类新闻就可以略过。区分有无利好，是新闻利好分析的首要问题。

在日常的新闻阅读中，大多数的新闻是没有什么利好的，更是没有什么炒作价值的，请看下面这则新闻。

2019世界无人机大会在深圳召开

6月24日讯，日前，2019世界无人机大会在深圳召开。本届大会以“科技让生活更美好”为主题，围绕无人机在人工智能、智慧交通、灾害救援等方面应用进行深入探讨，致力于推动无人机产业高质量发展。来自全球的400余家无人机研制、生产、服务企业代表参加了会议。

类似这样的新闻比比皆是，没有什么实质性的利好，我们可以直接将其过滤掉，从而可以把注意力放到有利好的新闻分析上来。

二、善待利空消息

利好做多，利空做空，一般的利空也相应做空。我们只是需要区别对待几种不同的新闻利空。

1. 重大利空

不论是宏观重大利空，还是行业的重大利空，我们都要及时做空，并且要毫不犹豫地减仓或清仓离场。重大利空发生的概率和频率都是比较小的，一旦出现了，务必要引起高度重视。

2. 大利好中的利空

在一波大级别的强势行情中，或在重大利好中，市场成交活跃，赚钱效应爆棚，这个时候出现的利空很容易被淹没掉，其影响是微乎其微的。

三、利空走强

按照市场大众的正常逻辑，利空一出，股价相应下降。可是，有时候利空一出，不但股价没下跌，反而大涨，这就是利空走强的超预期的机会。还有就是利空出尽，也就是利好，犹如乐视网连续大幅下挫后，在底部震荡再次翻倍。

有时候针对某一行业是利空，可针对另外一个行业却是利好，这就是利空与利好的转换，利空的行业要做空，利好的行业要做多。虽然利好是主流，但是也不要忽视一些利空带来的机会。

第二节　分辨利好

选择出来的利好，那要对利好进行深度分析，分辨利好的类型、量级、对象范围等变量。

一、政策市场双利好优先

区分出利好的类型，常见的类型有政策利好、市场利好和想象利好。不同类型的利好，将会孕育出不同的行情机会。

1. 政策利好

政策利好，是指由于新政策的颁布并推行带来的利好。政策利好驱动的行情，持续较长、规模较大、机会较多，也是最为常见的一种利好。

下面这则新闻是由证监会发布的。证监会是资本市场的监管者，也是市场规则的制定者。这次松绑创业板重组上市，是一条规则的改变，但却带来了一片生机。券商可以增加业务量，原创业板壳公司可以获利重生，符合国家战略的高新技术产业和战略性新兴产业相关资产很可能获利重组上市。三方都将从中获益，这就是政策利好的巨大力量。

> 6月20日讯，证监会拟修改上市公司重大资产重组管理办法。一是拟取消重组上市认定标准中的“净利润”指标，支持上市公司依托并购重组实现资源整合和产业升级。二是拟将“累计首次原则”的计算期间进一步缩短至36个月，引导收购人及其关联人控制公司后加快注入优质资产。三是促进创业板公司不断转型升级，拟支持符合国家战略的高新技术产业和战略性新兴产业相关资产在创业板重组上市。四是拟恢复重组上市配套融资，多渠道支持上市公司置入资产改善现金流、发挥协同效应，引导社会资金向具有自主创新能力的高科技企业集聚。此外，本次修改将一并明确科创板公司并购重组监管规则衔接安排，简化指定媒体披露要求。

2. 市场利好

市场利好，是指由于市场的变化而带来的利好。这是一项实质性的利好，是真正的利好。只有业绩好才是真好！

常见的市场利好类型主要有产品大幅涨价、批量订单、增量市场、渠道变更等。

下面这则新闻是农业农村部发布的涨价数据，我们可以看到，水果、猪肉和鸡蛋的价格涨幅较大，尤其是猪肉环比月上涨 26.6%，这个涨幅是很惊人的。猪肉贵吃不起的同时，带动了鸡肉涨价。猪肉和鸡肉持续大幅涨价，使得相应上市公司业绩大幅改善，带来了 2019 年年初猪肉板块和鸡肉板块浩浩荡荡的翻倍行情。

> 6 月 24 日讯，农业农村部 24 日数据显示，5 月份中国水果、猪肉、鸡蛋价格同比涨幅较大。农业农村部监测的 6 种水果均价每千克 7.55 元，环比上涨 19.5%。集贸市场猪肉月均价为每千克 24.71 元，同比上涨 26.6%。鸡蛋价格连续两个月小幅上涨，同比上涨 9.1%。

3. 想象利好

想象利好，是指由一类股票股价上涨，而联想到同类股票也是一种利好，股价也会相应追随上涨。其实这时散户投资者并没有见到实质性的利好，这种利好只是一种想象的利好。

下面这则消息称，美股人造肉第一股 Beyond Meat 自上市以来涨超 220%，这是翻倍的赚钱示范效应。由此，打开了资本市场的想象空间，国内从事植物蛋白的上市公司的股价也开始跟风上涨。虽然两者之间没有必然的联系，但是仅凭想象，也会跟风上涨，这就是资本市场的一种特殊现象。

> 5 月 7 日讯，美股人造肉第一股 Beyond Meat 周二逆势上涨，自上市以来涨超 220%。截至发稿，报 81.05 美元，上涨 8.37%，市值达 46 亿美元。

美股人造肉第一股 Beyond Meat 股价翻了两倍，那 A 股的双塔食品受此消息刺激，也不甘示弱，股价在 9 天之内连续暴涨，接近翻倍，如图 7-1 所示。

A 股人造肉概念也遭到热炒，其实国内的上市公司根本没有一家公司从事人造肉业务。从美国的人造肉第一股票上市后股价开始大涨，而联想到中国也可能会开展此项业务，一样也可以会受到市场的欢迎。第一波的上涨，就是通过赚钱示范效应想象出来的利好，跟风大涨；第二波的上涨，才公告有业务合作关系。

图 7-1　双塔食品走势图

二、率先关注重大利好

利好是携带能量的，是有程度、规模大小之分的，所以常被称为利好量级或利好程度。那如何评估新闻的利好程度呢？新闻的利好程度是由新闻报道的事实变化的程度所决定的，事实变化的程度越大，相应的利好程度较大，相反，利好程度较小。利好程度只是一项定性的模糊估值，并没有办法做到精确测量出数值。

1. 重大利好

若新闻报道的是一件历史性、突破性的事实，那其带来的利好程度较大，如设立上海自贸区、设立雄安新区、设立科创板等。类似诞生突破性新生事物的新闻事件其利好程度都是最大量级的，这就是重大利好。当然，其诞生的机会也是翻倍的机会。

2. 中等利好

中等量级的利好，是只做出一些修改，远没有达到突破性的程度，其利好程度次之。比如，创业板重组上市松绑，从禁止到放松，只是做出一些修改，其利好程度中等。比如，拟定新的稀土行业管控措施，也只是做了一些修改的动作，其利好程度中等。中等利好多见于行业或区域新闻中，所诞生的机会也是结构性机会。

3. 一般利好

> 6 月 18 日讯，据财新报道，央行将适当调高大型券商短期融资券最高限额，支持大型券商发行金融债券，并鼓励大行与大型券商作同业交易对手方。

新闻报道的事实变化程度很小，利好程度最小的称为一般利好。以上面这则新闻为例，银监会给头部券商增加短期债券额度。限定词太多了，如"大型券商""短期融资""最高限额""金融债券""大行"等。最为主要的事实是"适当调高大型券商融资券最高限额"，因此，变化程度很小，其利好程度一般。这等级别的利好不足以催生新行情，但是可与其他利好或因素叠加，催生小级别的行情。

三、锁定利好对象

利好对象，说的是利好谁，对谁会有好处。利好的对象有确定性对象和不确定性对象两种。确定性的对象很容易分辨，不确定性的对象的分辨需要费点儿功夫。根据利好对象的规模大小，大致可以分为三大类。

1. 利好全局

利好全局是对所有的上市公司都有好处。比如，减征企业增值税、降准降息，这是利好全局的。以下面这则新闻为例，A 股入富会给整个市场带来增量资金，利好全局。

> 6 月 21 日，A 股纳入富时罗素全球指数启动仪式在深圳证券交易所成功举行，富时罗素宣布将 A 股纳入其全球股票指数体系，并于 2019 年 6 月 24 日开盘时正式生效。

2. 利好局部

利好局部，只是利好某一行业、产业或区域，如农产品涨价利好农业上市公司，5G 牌照发放只是利好相关产业链上市公司，上海自贸区更多利好上海本地上市公司。

下面这则新闻提到上海出台文件赋予浦东更大改革发展自主权，这只利好浦东的相关上市公司，是局部中的一小部分，利好范围更小。

> 6 月 25 日上证报讯，上海出台新一轮支持浦东开发顶层文件，赋予浦东更大改革发展自主权。

3. 利好个别

利好个别，只是利好特定的个别上市公司，也俗称特定利好，如石墨电极涨价更多利好方大炭素，染料涨价更多利好浙江龙盛。东晶电子的公告新闻也只是一条个股利好新闻。

下面这则新闻提到，英雄互娱拟借壳东晶电子市场，这只利好东晶电子，是一种个别特定利好，与其他上市公司无关。利好范围小，对象明确，也是诞生个股行情的动力源泉。

> 证券时报 e 公司讯，东晶电子(002199)6 月 24 日晚间回复深交所重组问询函称，截至目前，英雄互娱在国内正式上线运营的游戏均已取得新闻出版部门的出版文号；除《王牌御史》《巅峰坦克》《群英之战》《战争与征服》4 款游戏外，其余上线的游戏均已取得文化主管部门的备案文号。据重组预案，英雄互娱拟借壳东晶电子上市。

锁定利好对象，全局利好，那很可能会普涨；局部利好，那可能会出现板块行情；个别利好，那只会出现个股行情。聚集深度分析新闻带来的利好所呈现的炒股机会，可以为股市新闻分析取得实效，奠定坚实的基础。

第三节　消化利好

利好的消化通过释放来完成，当利好释放完后，有可能会转化为利空。

一、利好多次释放才能构成主线

利好释放，是指利好的消化和转化方式，主要有一次性释放利好和多次释放利好。利好的释放一次就能完成，那行情也只能走一次，可以说新闻是有时效的，利好也是有时效的，行情更是有时效的，过了这一村就没有这一店了，是不可能再次重演的。一些程度较小的利好，基本上是一次就会释放完毕。

最大量级的利好，一次释放不了，会通过多次来释放，分期、分批来实现。比如，科创板的设立、5G 的商用建设都是需要较长时间逐步释放政策利好和市场利好。可以说，只有利好量级足够大，此外通过多次分期、分批来释放利好，才能成为市场行情的主线热点。利好的量级是成为主线热点的最主要的因素。

二、利好兑现即利空

利好兑现，是指新闻中的利好变成现实。利好兑现的方式不拘一格，常见的主要方式有：第一种，新的政策得到落实推行，实际产生的效益远不及想象那么好。第二种，消息得到证实，也没有新的增量新消息，价格也不再上涨。第三种，利好被股价吸收，该涨的涨了，暂时还没有更大的利好支持股价上扬。

利好兑现后，一般来说，行情即将转向，股价难以继续上攻。此时，要么横盘震荡，要么掉头向下。在交易操作中，务必注意利好兑现的节点，短线客及时撤离，中长线也可以及时减仓。

6 月 18 日讯，据财新报道，央行将适当调高大型券商短期融资券最高限额。

6 月 24 日讯，中国银河：中国人民银行核定公司待偿还短期融资券的最高余额 368 亿元。

招商证券：短期融资券待偿还余额上限核定为 316 亿元。

中信建投：待偿还短期融资券余额上限为 209 亿元。

这两个事件之间只间隔了 5 天，其中还一个周末两天，只有 3 个交易日，板块龙头华林证券连走了四连板，最后一个板未成功封住，如图 7-2 所示。

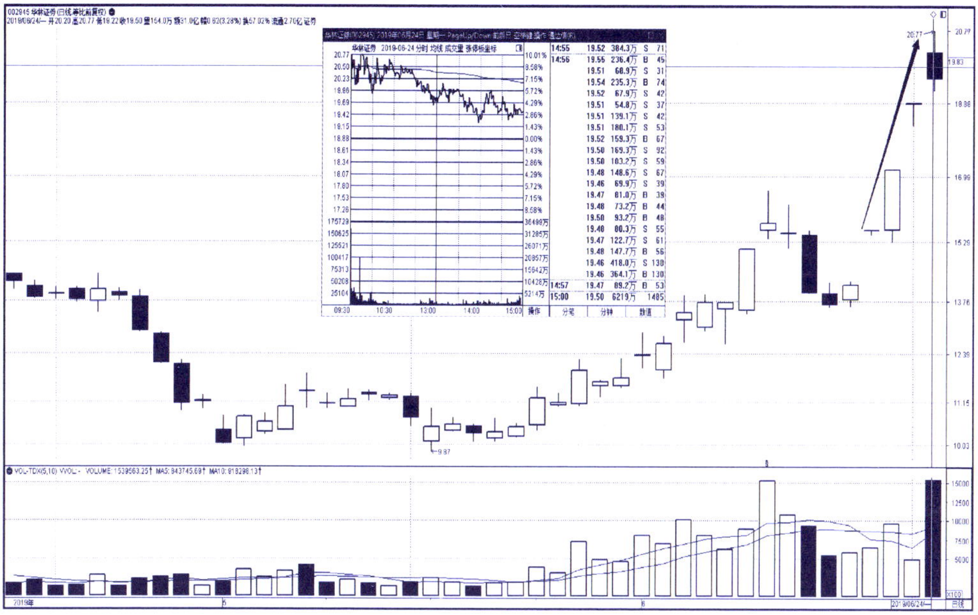

图 7-2 华林证券走势图

2019 年 6 月 6 日，中国工信部正式向中国电信、中国移动、中国联通、中国广电发放 5G 牌照。

这条新闻是在开盘前播发的，开盘后，5G 板块大幅下挫，出现跌停潮，长达数月的 5G 行情宣告结束。因之前 5G 主要炒作 5G 牌照的发放，当牌照一发放，变成现实了，炒作的概念被证实，利好被兑现，原有的炒作逻辑不再被市场接受，持筹者皆弃之而去，纷纷夺路而逃。

这些案例给我们的启发是：区分利好与利空，分辨利好的类型、量级和对象，针对不同的利好释放方式，选择有重大实质的利好，结合市场消化利好的情况，采取相应的操作策略，为下一步提炼新颖概念做好充分准备。

第八章　第二步提炼新颖概念

饱含利好的新闻经过第一步的筛选，再进行第二步概念提炼。利好的传播并不是赤裸裸地进行利益分发，而是借助概念来告诉股市的参与者，因为概念更容易让散户投资者理解和接受。

概念是区分题材的最主要的指标之一。在日常中，对题材的表述一般是“炒作什么概念”。比如，“南北船合并”概念、“科创板主营对标”概念、“垃圾分类”概念等等。概念是股市参与者在认识过程中，从新闻素材的感性认识到题材的理性认识，把其中所传达的利好的共同本质特征加以提炼而形成的一种概括式表达。概念是进行题材分析最基本的思维单元，也是对题材认识的结果和产物。概念是题材的内核，不存在没有概念的题材，可以说，题材一定需要通过某一概念来表述其鲜明的特征。所以，概念的提炼是新闻题材分析的关键环节。

概念不是客观实在的，而是想象的、理性认识的产物。用概念进行思考，用概念展示其本质。概念既有确定内容，也有一定的模糊性，表达一定的内容，同时又留有一定的想象空间。这个特征非常适合股市题材的炒作。

要深度理解概念，我们需要进一步理清概念的内涵和外延。概念的内涵是这个概念的含义，如“科创板主营对标”中的“对标”。概念的外延就是指这个概念所反映的事物对象的范围。例如，“科创板主营对标”，科创板新上市的标的沃尔德，与其主营对标的是三超新材，它们都主营生产超高精密和高精密超硬刀具及超硬材料制品。与天准科技主营对标的有赛腾股份，等等。这些对标个股皆是对象范围。

学习并掌握好概念的定义、内涵和外延、功用等，都是为了进一步更好地提炼新颖概念，唯此方为正道。

第一节　排除陈旧概念

利好量级不高的陈旧概念，最容易扰乱市场，以为又是一次良机，其实不然。排除历史反复炒作的陈旧概念，是必不可少的环节。

一、没有明确概念的新闻可降级处置

有不少新闻包含一定的利好，可是传递的概念不明确，或者模糊不清，经过深入分析后，仍然没有办法准确提炼出明确的概念，我们可将此类新闻进行降级处置或直接过滤掉。区分有没有明确的概念，仍然是概念提炼的首要问题，不得马虎。

> 据商务部网站 2019 年 7 月 10 日消息，美国政府周二表示，将免除从医疗设备到关键电容器等 110 种中国产品的高额关税，这让一些曾表示这些关税损害了它们利润的美国公司得到了缓解。

我们可以从这则新闻中获知“美国政府将免除 110 种中国产品的高额关税”，免除高额关税后的中国产品有利于扩大美国市场，这是明显的利好，可是却无法从中提炼出什么概念来。这是一则有利好无概念的新闻，只能对其进行降级处置，将其列为观察学习的范围，无法将其列入实盘操作。

这类的新闻还是比较常见的，只要无法提炼出新颖概念，就可以直接过滤掉。

二、特别小心陈旧概念陷阱

喜新厌旧的偏好，是人性使然，不仅对新闻如此，对股市中炒作的概念也是一样。陈旧的概念很容易被无情抛弃，在极少的情况下，才能再有一次像样的行情。尤其是在盘面氛围不佳时，陈旧概念的板块异动，弱一点的股票冲高就回落了，当日追高也得亏钱，强一点的股票封住涨停了，次日勉强小幅冲高，如果不及时出手，也得亏损手续费了。

陈旧概念板块的异动，其中陷阱多，机会少，也是一日游行情爆发的重灾区。

熟记近些年来炒作过的概念及相应的行情，避免因生疏而上错车，从而导致频繁出错，还应注意区分陈旧概念与主线热点的反复活跃。近十年来，最活跃的主线热点就是新能源汽车，先后出现过很多概念，如锂电池涨价、充电桩布局、无人驾驶、车联网、氢能源电池等，这些概念现在看来都变得如此陈旧，即便再有新内容，也不容易再炒作起来。

对陈旧概念的炒作，最好保持谨慎的策略，千万不要幻想和意淫。农业类的概念更是如此，多数时候都是一日游。

表 8-1 节选了 2020 年 2 月 17 日至 2 月 21 日的概念板块周期表。表中记录了每日涨幅前 10 名的概念板块，如 2 月 17 日走强的草地贪夜蛾防治、草甘膦、玉米等概念，周二立即走弱；周二走强的概念又换成了光刻胶、蓝宝石和集成电路概念；周三又换成了养鸡、钛白粉和氢氟酸概念；周四和周五走强的概念还在不断轮换。这些不停轮换的概念全都是陈旧概念，表中的其他概念也多是陈旧概念。

对陈旧概念的识别，需要靠我们日积月累，功夫到位了就很容易掌握。目前很多行情软件中都有概念分类，这些概念几乎都是陈旧的概念。我们只有知道哪些是陈旧的概念，才能更好地理解新颖概念，可以说，对陈旧概念的积累是题材概念分析的基础。

表 8-1　板块周期表

板块周期表				
02 月 21 日	02 月 20 日	02 月 19 日	02 月 18 日	02 月 17 日
云办公	证券	养鸡	光刻胶	草地贪夜蛾防治
量子通信	MINILED	钛白粉	蓝宝石	草甘膦
网络安全	保险及其他	氢氟酸	集成电路概念	玉米
国产操作系统	期货概念	景点及旅游	氟化工	国防军工
视听器材	公交	猪肉	云办公	大飞机
智能音箱	景点及旅游	保险及其他	HIT 电池	通用航空
数字中国	视听器材	酒店及餐饮	OLED	空铁 WIFI
计算机应用	蓝宝石	养殖业	华为海思概念股	国产航母
语音技术	外资券商影子股	黑洞概念	新材料	农业种植
国产软件	白酒概念	机场航运	光学光电子	转基因

第二节　三个维度提炼新概念

新颖概念直接影响并决定传递利好的有效性及持续性，也正迎合了市场参与者喜新厌旧的偏好。我们可以从三个不同的维度来提炼新颖概念：内容、角度、观点。

一、内容全新的概念是重中之重

提炼出内容全新概念的新颖概念，这是重中之重。只有这样，才能让市场产生新的兴奋点。喜新厌旧是人性之偏好，也是秉承新闻之特性。内容全新的概念，容易引起广大散户投资者的兴趣和注意，而且关注度达到一定程度后就会产生聚集效应。内容全新的概念，便于传播，口口相传，易产生叠加效应，放大其实。内容全新的概念，其实大家都还没有深度了解，只有这样，才能打开大家的想象空间，不受条条框框所限。

根据 A 股 20 多年的题材统计分析，以下四类容易引起市场的广泛关注：科技新突破、政策新颁行、事件新进展、价格新飙升。

1. 科技新突破

科技是人类社会进步最伟大的推动力之一，科技不仅可以改变生活、生产，还可以将很多梦想变成现实。尤其每一项科技的新突破，都会带来一片新天地。例如，互联网的广泛应用、手机的普及。

下面这则新闻提到了中国移动在北京 5G 试验网上成功打通了第一个 5G 电话，这是一个巨大的突破，是一项新技术迈向商用最关键的一步。5G 电话的成功，不仅仅是科技上的新突破，更是一场商业模式的变革，将会改变未来生活的方方面面。这类科技新突破的概念，是资本市场最为关注的焦点，受到各路资金的追捧，5G 概念也不例外。

北京 5G 试验网成功打通第一个 5G 电话

记者从中国移动北京公司了解到，中国移动 12 日在北京 5G 试验网上成功打通了第一个 5G 电话。

本次通话使用 4G 现网升级的 NSA 核心网以及 IMS 网络，实现了不换卡不换号场景下 5G 手机间的通话，通话音质清澈。

中国移动北京公司相关负责人介绍，中国移动北京公司 9 日晚完成了核心网设备 NSA 版本的升级，升级后核心网及 IMS 网络具备 5G 功能，完全支持 5G 终端的接入。

2018 年 12 月，工业和信息化部正式批复了三大运营商 5G 试验频段，中国移动获批 2.6GHz 和 4.9GHz 试验频段，快速推动包括网络、终端在内两个频段的产业成熟。此次中国移动在北京通过2.6GHz频段5G网络实现了端到端的5G手机通话，标志着中国移动在北京的5G业务应用水平迈上了一个新台阶。

此前，中国移动北京公司就已经完成首个国内5G自动驾驶示范区、全球首场5G+真4K体育赛事直播，以及基于5G网络无人机视频演示业务。

科技的新突破带来好处，概念简单明了，广大散户投资者也很容易接受。科技是第一生产力的论断深入人心，科技革新驱动上市公司进步，相应出现的炒作行情不胜枚举，就连当年重庆啤酒要研制乙肝病毒疫苗也走出了一波像样的行情。

近些来年，A股科技类概念有精准医疗、基因测序、虚拟现实、石墨烯、量子通信、4G、5G、人工智能、工业4.0、无人驾驶、物联网、新能源汽车等。

2. 政策新颁行

新政策的颁布与推行，给原来的行业或产业带来了新的政策支持，同时，优化了整个产业的发展环境，提供了更多的扶持优惠鼓励措施。新政的炒作逻辑被广泛接受，每年的炒作机会都不少，密切关注此类新闻机会的散户投资者也很多。

下面这则新闻指出，证监会拟修改上市公司重大资产重组管理办法，支持符合国家战略的高新技术产业和战略性新兴产业相关资产在创业板重组上市。报道中提到，拟从4个方面做出修改。这些细则的调整，进一步放宽了资产重组的条件，从而使更多的公司可以参与进来。新政策的出台，激活了一片新市场，更多参与者从中受益。所以说，新政策题材行情是最为重要的驱动力之一。

证监会：拟支持符合国家战略的高新技术产业和战略性新兴产业相关资产在创业板重组上市

6月20日讯，证监会拟修改上市公司重大资产重组管理办法。一是拟取消重组上市认定标准中的“净利润”指标，支持上市公司依托并购重组实现资源整合和产业升级。二是拟将“累计首次原则”的计算期间进一步缩短至36个月，引导收购人及其关联人控制公司后加快注入优质资产。三是促进创业板公司不断转型升级，拟支持符合国家战略的高新技术产业和战略性新兴产业相关资产在创业板重组上市。四是拟恢复重组上市配套融资，多渠道支持上市公司置入资产改善现金流、发挥协同效应，引导社会资金向具有自主创新能力的高科技企业集聚。此外，本次修改将一并明确科创板公司并购重组监管规则衔接安排，简化指定媒体披露要求。

新政一般有以下两类。一是战略性国策，多由国家元首宣布，其次由全国“两会”和中央工作会议公告，如一带一路、雄安新区设立、科创板设立和注册制试点等。这类的机会比较少，一旦出现了就是大机会，属于战略性满仓的大机会。二是行业新政，多由国务院和各部委颁布，如人工智能、全面二胎、沪港通、降息降准等。这类的机会相对多一些，几乎年年都会有，密切关注的话也是一定可以把握住的。

3. 事件新进展

影响产业经济发展进程和格局，影响百姓民生和社会进步的重大社会事件，有时会改变市场的供求关系，带来一些新机遇，这个机遇就会给市场带来想象，从而最终成为一个概念被股市广泛接受。

新华社6月18日电 国家主席习近平应约同美国总统特朗普通电话。特朗普表示，我期待着同习近平主席在二十国集团领导人大阪峰会期间再次会晤，就双边关系和我们共同关心的问题进行深入沟通。美方重视美中经贸合作，希望双方工作团队能展开沟通，尽早找到解决当前分歧的办法。相信全世界都希望看到美中达成协议。

中美贸易谈判紧张态势被打破，重启对话谈判，给全球经济发展带来了希望，全球股市随之全面大涨。散户投资者应密切关注此类新闻，因为每次新进展都有可能诞生一次行情机会。

此类机会多属突发事件衍生出来的，突发事件有时是恶性事件，恶性事件导致市场供应短缺，而原有的市场需求并没有减少，供不应求直接促使价格暴涨，相应的上市公司会受益。或者调整供应渠道，新的渠道也相应会受益。

> 7月1日，日本突然宣布，自7月4日起，氟聚酰亚胺、半导体制造中的核心材料光刻胶和高纯度氟化氢三种材料出口到韩国时不再给予优惠待遇，而且每次出货时，出口商都必须获得许可，拿到许可大约需要90天时间。

随后，7月10日韩国宣布将从中国采购氟材，中国的氟材上市公司可能会因此受益。

此类机会绝大部分情况是一次性完成的，只有在形成概念热点时才有操作的可能。一旦过气了，再度聚集形成概念热点的可能性就极小了。谨记，千万别幻想再来第二波。

4. 价格新飙升

价格短期大幅飙升，使上市公司直接受益，利润大涨，相应市值也大涨，股价涨个不停，翻倍上涨。这样的例子几乎年年都有，除了近期刚讲过的浙江龙盛短期翻倍之外，还有2017年的方大炭素，3个月涨了3倍多。

下面这则新闻提到爆炸事故直接导致了间苯二胺的供应短缺和价格上涨，进而带动了下游分散染料的价格飙涨。行业龙头浙江龙盛受此事件刺激，股价短期翻倍。

> 2019年3月21日，位于江苏省盐城市响水县生态化工园区的天嘉宜化工有限公司发生爆炸。由于发生特别重大爆炸事故的江苏天嘉宜化工有限公司拥有间苯二胺(染料中间体)产能1.7万吨/年，是行业内第二大核心生产厂，本次爆炸事故直接导致间苯二胺供应短缺、价格上涨，进而带动下游分散染料价格飙涨。此次爆炸事件将影响间苯二胺约25%的市场容量，直接导致供应短缺、价格上涨。分散染料价格再次被推高!

次日，浙江龙盛直接跳空一字板开盘，短暂炸开后，继续保持强势，连续12个交易日涨幅达113%，如图8-1所示。这个社会事件，导致整个产业原材料供货格局发生了巨变，价格猛涨，相应的企业也从中直接受益。

价格新飙升导致股价大涨的逻辑简单粗暴，几乎被认定二级市场炒作的永恒真理。一有机会，绝不放过。

以上四类都是内容新颖的概念，在分析过程中尤其要着重关注具有“第一

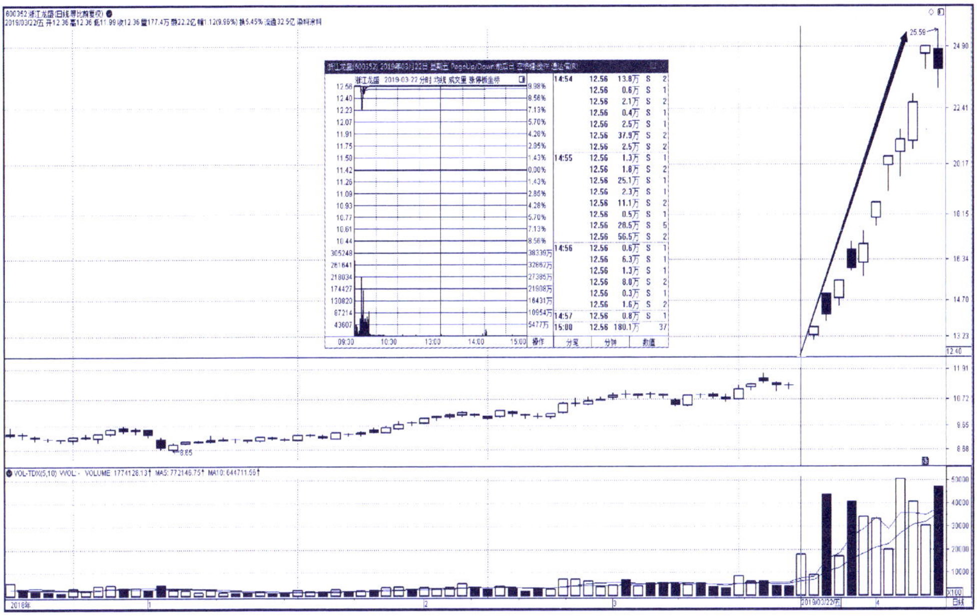

图 8-1　浙江龙盛走势图

次”“首次”“全球领先”“历史新突破”等描述。如“人造肉”概念，虽然诞生在美股市场中，但是在 A 股市场也一样受到追捧。这类新生的概念都具有一定的新颖性，都需要进一步深入研究，从而为下一次分析做好准备。

二、角度新颖的概念尚可接受

有些利好新闻的概念内容并不新颖，但是角度却很新颖，这类新闻也值得深入分析一番，进行新的提炼。这些利好新闻的概念时常出现在重大概念中，如设立雄安新区的消息一出，2017 年 4 月便走出第一波超一致的行情，经过大调整后，冀东装备和创业环保走出第二波。雄安新区要大搞新建设，那肯定要用水泥，而直接受益的是当地的上市公司——冀东装备。雄安新区提出建设宜居城市需要环境治理，于是走出来了创业环保翻倍行情。

雄安新区要建设一座新城，围绕“新建”，还有哪些工作要做呢？首先第一角度，新建新城需要规划设计。2017 年 7 月 19 日晚澎湃新闻报道：相关单位证实，同济联合体入围雄安规划设计，8 月 20 日将提交雄安新区起点区域城市设计方案。

留给市场充分炒作的时间有一个月。如图 8-2 所示，受利好消息刺激，同济科技走出了翻倍的行情，引发了市场资金炒作雄安规划设计，启迪设计和建科院也有大幅上涨。

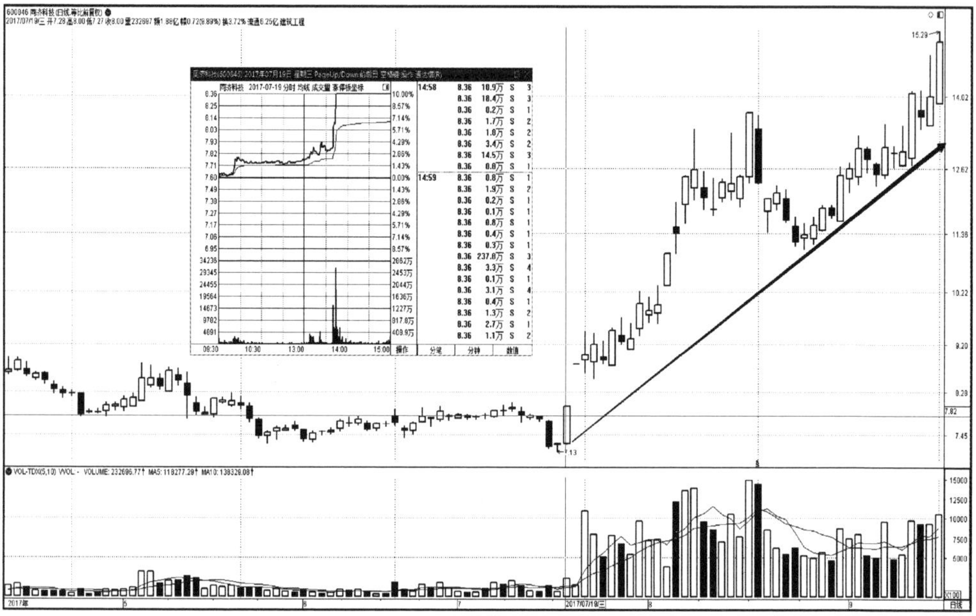

图 8-2　同济科技走势图

其次，第二角度，装配式建筑。雄安新区的建设有什么新意吗？有消息称，未来雄安新区 90%都将是装配式建筑。装配式建筑成为雄安新区建设概念的新角度。

2017 年 8 月 10 日，河北大型国企建筑企业河北建工集团总经理张天平考察富煌钢构。张天平表示，政府鼓励雄安新区发展装配式住宅，装配化率将达到 90%，对企业来说，市场潜力巨大。另一方面，富煌作为钢结构行业中的翘楚，智能制造车间着实令人感到震撼。希望双方通过强强联合，利用富煌钢构强大的综合实力和装配式建筑两大优势，一起开拓雄安新区及京津冀市场，共同发展，实现双赢。

2017 年 9 月 12 日，河北装备式建筑博览会召开。

如图 8-3 所示，富煌钢构受消息刺激，逆势大涨 40%，带动了太空板业、恒通科技、嘉寓股份、银龙股份、北新建材等个股大涨，形成了明显的板块行情。

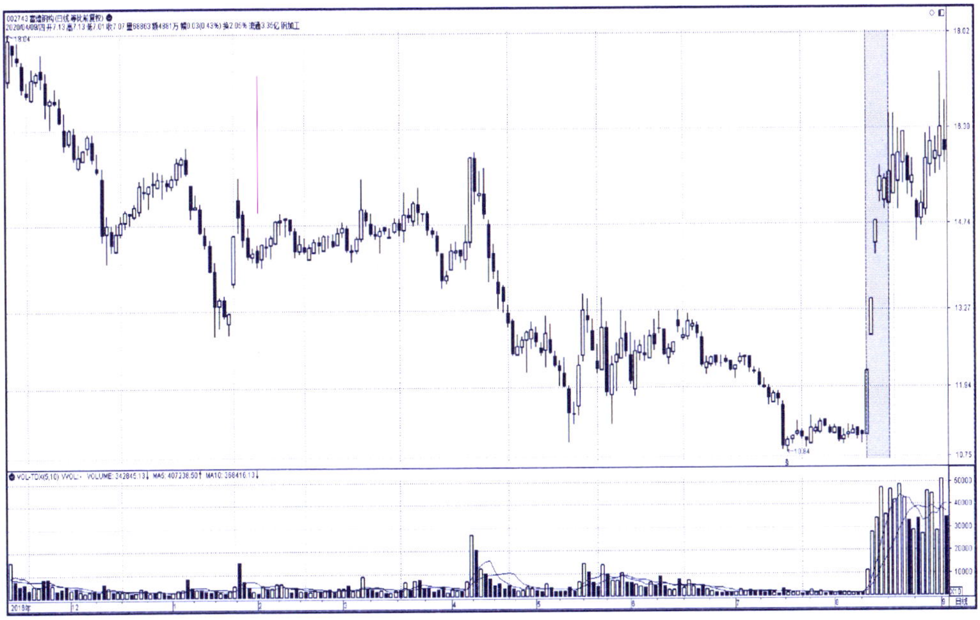

图 8-3　富煌钢构走势图

最后，第三个角度，地下管廊。地下综合管廊是“城市地下管线综合体”，被称作城市的“血管”和“神经”，担负着输送介质、能量和传输信息的功能，是城市的“生命线”。

相比其他城市，雄安新区从无到有，没有历史包袱，铺设地下管廊的成本更低、阻力更小。2017 年 6 月 7 日，据京津冀协同发展咨询委员会组长徐匡迪透露：雄安新区规划方案或 6 月底上报，将构建 21 世纪地下管廊式基础设施。

地下管廊概念个股，多数叠加污水治理，于是，青龙管业和韩建河山都先后走出了像样的行情。2018 年 2 月 22 日，雄安新区首条地下综合管廊主体结构全面完工，受此新闻刺激，韩建河山走了出将近翻倍的行情，如图 8-4 所示。

对于长线大级别的概念题材，散户投资者需要不断切换新的角度，这个角度也是来自新闻，从新闻中来提炼概念的新角度。新闻的生命力在于新，散户投资者也会有审美疲劳，老炒旧概念，动力会不断下降，所以也要切换新的角度来炒作。此类机会，散户投资者需要及时咬住新闻播发时点，力争抢占先手。

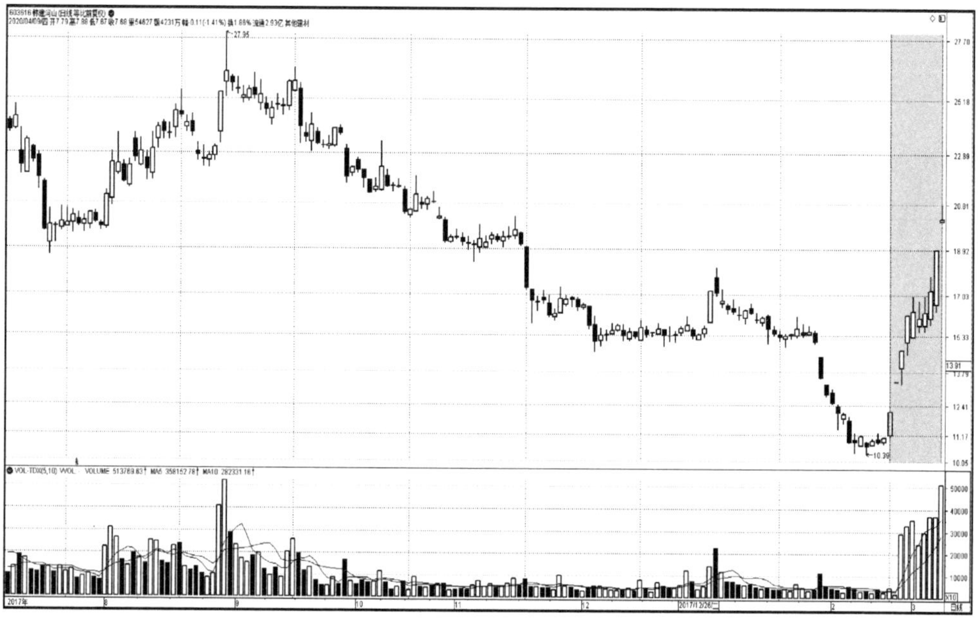

图 8-4　韩建河山走势图

三、观点新颖的概念仍需关注

新闻多数是事实，有时新颖的观点也一样是新闻，特别是在重大事件中，关键人物的观点，将会直接影响并决定事态的发展方向。这类观点一样可以提炼出新颖的概念，成为市场炒作的由头。

在下面这两则新闻中，我们可以看出，国务院副总理刘鹤鼓励地方政府帮助公司纾解股权质押困难，由于其身份特殊，影响力极大。他的一句鼓励，也就诞生了一个新概念“纾困”。他的明确观点和态度，点燃了股市积极做多的熊熊烈火。

2018 年 10 月 19 日：刘鹤副总理在答记者问时表示，鼓励地方政府管理的基金、私募股权基金帮助有发展前景的公司纾解股权质押困难。

> 2018年10月31日中共中央政治局会议对资本市场提出32字表态——“围绕资本市场改革，加强制度建设，激发市场活力，促进资本市场长期健康发展”。

在刘副总理提出鼓励地方政府帮助企业纾困时，深圳市政府已经开始行动了，并且二级市场也炒过了一波了。刘副总理的观点非常明确新颖，“鼓励纾困”概念受到市场的响应，掀起了一波浩浩荡荡的大级别的行情。中央的表态更加强了市场的信心，积极激活市场活力，促进资本市场长期健康发展。

提炼的概念一定要根据新闻中的事实和观点而形成，既不能杜撰，也不能主观臆想。若独自炮制一个新概念，可能更多的是意淫，市场并不一定会认同的。

新颖的概念成为题材的内核，用来引领市场的认知和预期。概念在市场上能否受到欢迎，还得看这个新颖的概念背后的逻辑。

第九章　第三步理顺大众逻辑

第一步分析了利好，抓住实质利好；第二步分析了概念，提炼新颖概念；第三步分析逻辑，理顺大众逻辑。利好通过概念来表达，概念被大众所接受，则需要借助一个逻辑，一个大众普遍可以接受的逻辑，并且影响其积极做多的行为。没有这个大众逻辑，再新颖的概念都无法传达其利好。如果新闻传递的逻辑与散户投资者头脑中的逻辑高度吻合，那么对手盘毫无抗拒地就会接受这个逻辑，并且愿意花钱买入股票。

这里所讲的逻辑，其实就是股市参与者所使用的思维规律，他们认为顺理成章的事情就符合逻辑。常用的逻辑有因果逻辑、归纳逻辑与演绎逻辑。

适合题材炒作的逻辑常见的有涨价的逻辑、销量的逻辑、重估的逻辑，还有题材炒作的终极逻辑。

第一节　业绩增长的逻辑

市场大众普遍认为公司业绩增长，相应股价也会上涨，这个逻辑根深蒂固。只要出现产品涨价、市场容量倍增，就很容易联想到业绩增长，受益的公司股价也会相应上涨。

一、产品涨价公司受益

涨价的逻辑，深入散户投资者之骨髓。大多数散户投资者认为，上市公司的产品价格大幅上涨，销量保持原有水平，那利润相应就会大幅增长，利润上涨了，那股价也相应要大涨，这就是炒作涨价概念的背后逻辑。

1. 需求剧增引发价格暴涨

政策的调整引发市场需求大增，出现供不应求的状况，产品价格随即大涨。

国务院再度重申严格清理地条钢，2017 年 6 月 30 日为全国地条钢大限，采取一刀切的方式出清产能。1.2亿吨地条钢的出清不仅带来钢铁供给的短缺，同时也导致废钢供给的过剩，短流程电弧炉废钢炼钢利润丰厚，激发各大企业上马或者重启电弧炉，引起石墨电极的爆发性需求提升，前期有关报告中反复提到由中频炉转电弧炉导致的需求缺口达到20%以上，导致石墨电极短期供应难以缓解。

如图9-1所示，方大炭素在2017年6月26日至9月12日，股价从7.55元，在55个交易日后涨至24.66元，区间涨幅308.95%，翻了3倍。驱动因素就是石墨电极供不应求，价格暴涨，带动了股价飙升。

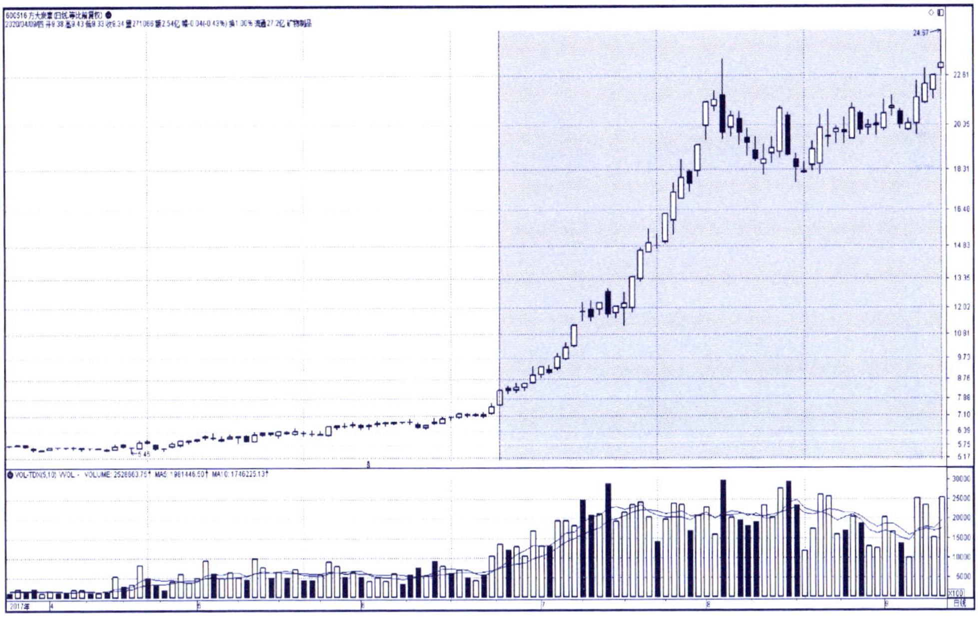

图9-1　方大炭素走势图

石墨电极价格暴涨，使得方大炭素的股价连涨3倍，其中的概念和逻辑都是来自价格的涨价。间二苯的价格大幅涨价，同样使得浙江龙盛的股价翻倍，其炒作的概念和逻辑也是涨价。这样的例子，在A股的历史中数不胜数，在未来的日子里，也应该还有很多，一旦出现，千万别放过。

2. 供应短缺引发价格暴涨

在2019年的稀土行情中，有一段时间就是炒作涨价的逻辑。据中新网报道，商务部新闻发言人高峰23日在北京称，中国对稀土除现行的出口许可证管理外，没有其他贸易管理措施。

有券商指出，短期内稀土进口限制对行业的影响较大，其中从缅甸进口受限预测将影响国内约 30%～50%的重稀土消费，这也是近期稀土价格暴涨的原因。对于稀土板块近期的行情表现，有市场人士认为，主要是受短期供需结构变动导致的稀土价格上涨带动。

如图 9-2 所示，受涨价等多重利好叠加，2019 年 5 月 23 日金力永磁率先反包成功，取代英洛华，成为稀土永磁概念的新龙头，一口气走出了 7 连板的翻倍行情。

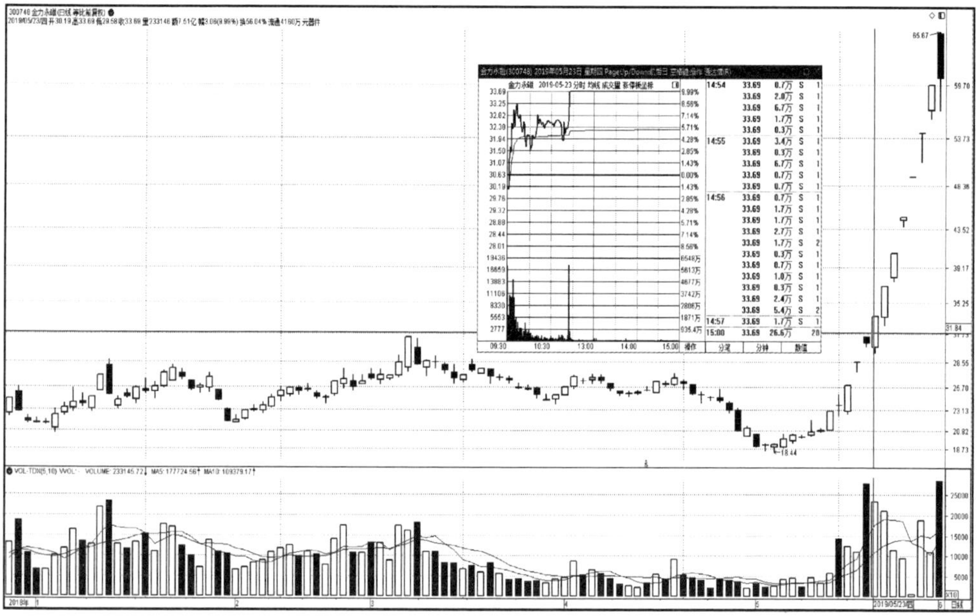

图 9-2　金力永磁 8 连板走势图

这次稀土价格的大幅上涨，受到了缅甸稀土出口受限的影响，虽公司有所不同，可结果是一样的，就是产品价格上涨，相应上市公司的股价也该涨涨，就是这个逻辑，简单管用。

引起产品价格暴涨的原因千差万别，不论是意外事故造成的供应短缺，还是政策的调整引发的需求大增，都是无差别的因。散户投资者应着重把握由因引起的果——产品价格暴涨。只要出现这个果，大众就容易接受其逻辑。产品价格暴涨是果，又将会转化成为因，引发股价上涨的因，从而产生一对新的因果逻辑链，诞生相应的涨价概念。

涨价的逻辑，经久不衰，绵绵不息，只要股市的规则不变，无论参与者怎么变，这个逻辑的游戏还是会继续下去的。涨价的逻辑，有时候是单独炒作的，也有时候是与其他炒作逻辑叠加在一起的。

二、增量市场带来业绩剧增

销量的逻辑，指的是由于新政的推行、市场格局的变化、新增市场带来的需求量的大增，原来的产品价格并未上涨，只是订单增多了，因订单多了，上市公司利益增加了，股价也相应会上涨。这个逻辑也是市场大众所熟知的，与涨价逻辑的不同之处在于产品价格并未上涨，只是增加了订单。

1. 新政的推行引发增量市场

2019 年 6 月 25 日，固体废物污染环境防治法修订草案初次提请全国人大常委会审议。垃圾分类进入强制时代，北京、上海、广州、深圳相继立法。

2. 市场格局的变化出现增量市场

2019 年 6 月 6 日上午，工信部正式对中国电信、中国联通、中国移动以及中国广电等四家公司发布 5G 商用牌照。

3. 供应渠道的变化出现增量市场

韩国公司开始测试中国产氟化氢、替代日本份额机遇大

据媒体报道，韩国 LG 显示首席技术官 Kang In-byeong 表示，由于日本的半导体和显示材料出口限制，该公司目前正在测试中国的氟化氢。除了 LG 显示之外，三星电子和 SK 海力士也正在寻求从中国购买更多材料的机会。

需求量大增引发的原因不尽相同，但也足以能够引起市场的想象，想象需求量大增带来的益处。其实，需求量大增只是一个想象利好，实质利好是因此获得订单的上市公司。只有这些上市公司能被真实地分到一块蛋糕，才会变成真实的销量。有了订单，上市公司业绩也会相应增加，股价也会上涨。这就是炒作订单的逻辑。

第二节　重新估值的逻辑

每当市场规则发生变化，市场生态就会焕然一新。这是重新估值的新基础，更是一个崭新的开端。

一、重估就是新的开始

价值的重估就是一个崭新的开始，价值提升，股价相随而涨。尼采指出，要重估一切价值，这是一项哲学命题。在A股里，这一命题也有很强的借鉴意义。今天，我们所处的时代是一个不寻常的变革时代，种种价值错位需要我们去重新评估一切价值。

1. 生态发生了革命性变化

新的政策出台，原来被禁的事由又重新开放，解禁之后带来了新机会，对于原本被低估的事物，需要我们对其进行重新估值。

> 财联社6月20日讯，今日晚间，证监会出台重磅政策，优化有关借壳上市规定。具体包括以下几个要点：
>
> 拟取消重组上市认定标准中的“净利润”指标，支持上市公司依托并购重组实现资源整合和产业升级。
>
> 拟将“累计首次原则”的计算期间进一步缩短至36个月，引导收购人及其关联人控制公司后加快注入优质资产。
>
> 促进创业板公司不断转型升级，拟支持符合国家战略的高新技术产业和战略性新兴产业相关资产在创业板重组上市。
>
> 拟恢复重组上市配套融资，多渠道支持上市公司置入资产改善现金流、发挥协同效应，引导社会资金向具有自主创新能力的高科技企业集聚。
>
> 本次修改将一并明确科创板公司并购重组监管规则衔接安排，简化指定媒体披露要求。

如图9-3所示，宝德股份，主营从事自动化及融资租赁业务。一口气走出六连板，其启动的价格为6.00元，总市值20亿，在创业板也是相对较小的。创业板中还有汇中股份、森远股份、盛运环保都走出了5连板，天翔环境的涨幅也超过了 50%。涨幅 20% 以上的个股还有久吾高科、吉峰科技、瑞丰高材、神雾环保、永福股份、中环环保、迪威迅等，其他个股股价都有不同程度的上涨。

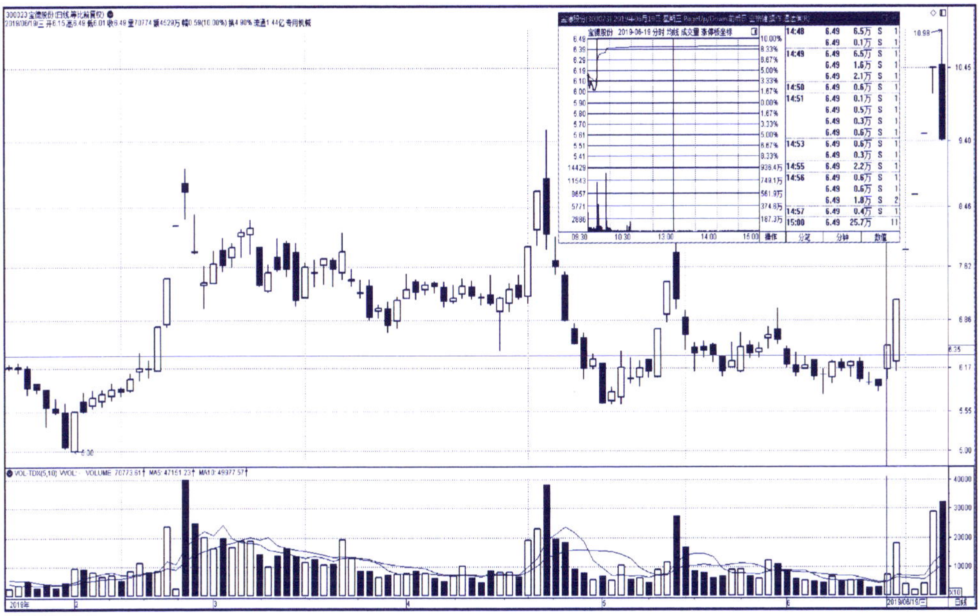

图 9-3　宝德股份走势图

创业板可以借壳上市。生态变化了，快被市场抛弃的 ST 个股，其价值需要重估，故其连续受到资金的追捧。

2. 标杆示范效应

当市场出现标杆个股时，比价效应就会出现。科创板计划 2019 年 7 月 22 日举行上市仪式，新上科创板的个股成为新的标杆，随之，与其主营相同的主板个股，就会出现比价效应。

2019 年 7 月 9 日科创板主营对标板块有 8 只涨停，如表 9-1 所示。

三超新材走出四连板，对标科创板新上市公司沃尔德，其招股书披露公司是同行业可比公司之一。这就是标杆带来的比价效应。市值相关过远的个股，就会采取价格补涨的方式来拉近差距。

表 9-1　科创板对标板块涨幅榜

股票代码	股票简称	现价(元)	涨跌幅(%)	涨停2019.07.09	所属概念	涨停原因类别2019.07.09
300097.SZ	智云股份	11.06	10.05	涨停	东北亚经贸中心;大连自贸区;机器人概念;智能物流;工业机器人;工业4.0;锂电制造;锂电池;OLED显示模组;OLED;柔性屏;华为概念;超清视频;科创板对标	科创板主营对标
603283.SH	赛腾股份	26.84	10.00	涨停	工业4.0;苹果概念;沪股通;芯片封装测试;芯片概念;科创板对标	科创板主营对标
300554.SZ	三超新材	20.55	10.01	涨停	创业板重组松绑;科创板对标	科创板主营对标
300273.SZ	和佳股份	5.54	9.92	涨停	中以自贸区;抗癌;纳米;细胞免疫治疗;融资融券;健康中国;转融券标的;互联网+;互联网医疗;医疗器械概念;科创板对标	科创板主营对标
300691.SZ	联合光电	21.30	10.02	涨停	智慧城市;无人机;智能家居;安防;华为概念;超清视频;送转填权;科创板对标	科创板主营对标
600110.SH	诺德股份	4.76	9.93	涨停	稀土永磁;涉矿;中朝贸易区;参股保险;融资融券;转融券标的;小金属概念;锂电池;宁德时代概念;中科院系;科创板对标	科创板主营对标
002296.SZ	辉煌科技	6.92	10.02	涨停	高铁;铁路基建;工业用地;地震;空铁WIFI;工业互联网;轨道交通;壳资源;河南自贸区;新基建;卫星导航;区块链;科创板对标;半年报预增	科创板主营对标
300700.SZ	岱勒新材	22.54	10.01	涨停	太阳能;新材料概念;蓝宝石;创业板重组松绑;科创板对标	科创板主营对标

第三节　大众的终极逻辑

参与股市的普罗大众，不论是投资，还是投机，最直接的目的就是想赚钱。可以说，赚钱才是大众投资股市永恒的终极逻辑，最高逻辑。如果不赚钱，那一切将会显得苍白无力。

雄安新区概念的第一波，市场过于一致，看好的个股几乎都是一字板走完，能参与的个股机会并不多，赚钱难度还是比较大。第一波行情是随着巨幅的亏钱效应而结束的，经过深度调整后，才走出了冀东装备和创业环保的翻倍行情，出现了结构性的赚钱效应。之后的第三波、第四波行情都出现了明显的结构性赚钱效应。

科创板概念的第一波就形成了明显的赚钱效应。消息公布后，龙头弘业股份连收 8 个涨停板，一周就翻倍了。同时，一大批强势个股都有机会参与，出现 30%~50% 的涨幅，如西安旅游、德美化工、鲁信创投、张江高科、民丰特纸、九鼎投资、绿庭投资、上海三毛等，参与的程度还是很高。第二波、第三波都出现了明显的、较大程度的赚钱效应。

给散户投资者提供参与的机会，并让散户投资者赚到钱的题材，才是好题材。不然的话，再大的利好和概念，再硬的逻辑，都会被市场抛弃。赚钱效应，是分析新闻题材的利好、概念和逻辑，最后的核心逻辑，是判断其是否具有实战价值的最主要指标。

第十章　第四步紧跟有效催化

受金融大师索罗斯独特的哲学理论——反身性原理的启发，新闻与盘面不具有完全的独立性，二者之间不但相互作用，而且相互决定，不存在任何对称或对应关系。两大变量不可能一成不变，方向一致时，彼此加强；方向相反时，相互减弱。

新闻不仅传播利好和概念，同时还是题材的催化剂，催化题材的利好和概念成为热点，形成了热点才有实战价值。题材犹如一颗种子，种子要生根、发芽、开花、结果，不仅需要土壤和水分，还需要阳光和肥料。题材需要新闻的催化和资金的发酵，需要借助良好的盘面做多氛围，需要相对宽松的监控环境，从而形成人气较旺的板块效应，产生持续的赚钱效应。

这就是热点。热点需要利用题材的利好和概念来聚集人气，形成一定的赚钱效应，随之逐步培养跟风盘，在分歧和统一中不断进行博弈，博取其中的价差来牟取利润。热点最开始多是一飞冲天，最后也是一地鸡毛，从哪里来，还得回哪里去。游戏就是这样，一直在不断重复上演。

读懂新闻，是为了更好地理解题材；用好新闻，是为了更好地紧跟热点操作。新闻催化题材成为热点，在股市中将起到至关重要的作用。下面就分析在热点的各个阶段，新闻的有效催化的情况。

第一节　催化行情爆发

新闻作为行情的催化剂，与盘面发生反应，产生的第一种情况就是催化行情的爆发。当一个新概念冒出来后，参与者只停留在认知层面，并没有与盘面发生直接的关系。这个时候，新闻就要发挥巨大的催化作用，从而影响并改变参与者的认知和预期，形成明确的方向，做出相应的交易行为。交易行为聚集的规模程度，直接决定催化行情爆发的程度。

一、催化行情强爆发

什么是强爆发？“强”并没有一个绝对的数值来描述，只是一个相对的概念。可以从以下几个方面来验证其是否真的强。一是有几个一字板，如果一个也没有，那肯定算不上强的；二是涨停的家数是不是越来越多，越多越强；三是出现明显的板块效应，绝大多数是高开高走，形成较好的赚钱效应。

2019 年 5 月 16 日星期四，当日崛起的稀土永磁板块就是强爆发，共收 16 只股票涨停，板块涨幅 7.18%，如表 10-1 所示。稀土永磁板块在这一天的集体性强爆发，是由多重利好叠加催化而成的。

表 10-1 稀土永磁板块涨幅榜

序号	股票代码	股票简称	现价（元）	涨跌幅（%）	涨停2019.06.20	所属概念	涨停原因类别2019.06.20
1	002057.SZ	中钢天源	7.09	10.03	涨停	元器件;安徽自贸区;铀矿;稀土永磁;央企控股;金属锰;小金属概念;锂电池;新能源汽车;创投;燃料电池;央企国资改革;债转股;军工;深股通	稀土永磁
2	000795.SZ	英洛华	5.16	9.98	涨停	新材料概念;新能源;苹果概念;新能源汽车;小金属概念;稀土永磁;军工;深股通;富时罗素概念股	稀土永磁
3	600366.SH	宁波韵升	6.02	10.06	涨停	低碳;新材料概念;再生金属;磁悬浮;融资融券;沪股通;转融券标的;特斯拉;小金属概念;苹果概念;稀土永磁;创投;富时罗素概念股;标普道琼斯A股;无线耳机	稀土永磁
4	000758.SZ	中色股份	4.52	10.11	涨停	稀有金属;铌;东盟自贸区;稀缺资源;央企控股;涉矿;再生金属;融资融券;深股通;锌;转融券标的;中非合作;小金属概念;稀土永磁;有色铝;富时罗素概念股;央企国资改革;标普道琼斯A股;钴;铜	稀土永磁
5	002056.SZ	横店东磁	10.59	10.06	涨停	PM2.5;空气净化;新能源;军工;永磁高铁;新材料概念;磷酸铁锂;融资融券;深股通;正极材料;光伏概念;苹果概念;锂电池;转融券标的;固态电池;小金属概念;特斯拉;稀土永磁;无线充电;富时罗素概念股;华为概念;期货概念;工业互联网;标普道琼斯A股	稀土永磁
6	600980.SH	北矿科技	12.40	10.03	涨停	央企控股;永磁高铁;3D打印;稀缺资源;新材料概念;小金属概念;稀土永磁;央企国资改革	稀土永磁
7	000612.SZ	焦作万方	3.73	10.00	涨停	中原经济区;稀缺资源;有色铝;稀土永磁;融资融券;转融券标的	稀土永磁
8	000831.SZ	五矿稀土	10.23	10.02	涨停	稀土整合;电子商务;深股通;小金属概念;稀土永磁;富时罗素概念股;央企国资改革;标普道琼斯A股	稀土永磁
9	300127.SZ	银河磁体	15.15	10.00	涨停	永磁高铁;成渝特区;特斯拉;超级高铁;稀土永磁	稀土永磁
10	600392.SH	盛和资源	7.26	10.03	涨停	参股保险;低碳;融资融券;钛;转融券标的;沪股通;小金属概念;海南自贸区;稀土永磁;富时罗素概念股;央企国资改革;标普道琼斯A股;MSCI概念	稀土永磁
11	300748.SZ	金力永磁	31.78	10.00	涨停	稀土永磁;新能源汽车;风电;深股通;富时罗素概念股	稀土永磁
12	600058.SH	五矿发展	6.98	10.00	涨停	外贸;涉矿;央企控股;互联网钢铁;稀土整合;电子商务;融资融券;铬铁;铁矿石;转融券标的;国改双百行动;小金属概念;央企国资改革;证金持股	稀土永磁
13	600111.SH	北方稀土	9.08	10.01	涨停	参股新三板;稀缺资源;稀土整合;再生金属;MSCI概念;稀有金属;融资融券;沪股通;新材料概念;转融券标的;小金属概念;稀土永磁;富时罗素概念股;地方国资改革;标普道琼斯A股	稀土永磁
14	600259.SH	广晟有色	29.30	10.01	涨停	再生金属;新材料概念;稀土整合;东盟北部湾;融资融券;钨;转融券标的;稀缺资源;稀有金属;小金属概念;稀土永磁;地方国资改革;广东国资改革	稀土永磁
15	600549.SH	厦门钨业	11.60	10.02	涨停	再生金属;新材料概念;海峡西岸;稀土整合;稀缺资源;电动自行车;融资融券;镍氢电池;钨;沪股通;钼;正极材料;转融券标的;稀有金属;钴;小金属概念;锂电池;稀土永磁;富时罗素概念股;地方国资改革;标普道琼斯A股;MSCI概念;动力电池回收	稀土永磁
16	603650.SH	彤程新材	15.72	10.00	涨停	新材料概念;石墨烯;沪股通;稀土永磁;富时罗素概念股;上海自贸区;标普道琼斯A股	稀土永磁

首先，主要的催化剂是稀土不在美国的征收关税清单中，这个概念与当时自主可控的主线热点相吻合。稀土是否会成为中国反制美国的武器，这样

可能打开了市场的联想。

其次，2019 年 5 月 15 日起，云南腾冲海关将重新全面禁止缅甸稀土矿出口中国，全面禁止将导致中重离子型稀土矿供给收缩，供给端的减少导致稀土价格上涨在所难免。稀土价格强势上涨，将导致稀土公司盈利能力反转，引发市场对稀土公司的价值重估。

最后，盘面非常火爆，保持较好的赚钱效应，做多氛围和接力人气都处于积极状态，交投十分活跃。催化出强爆发，除与题材本身的利好程度有关，更为重要的就是盘面的支撑与配合。早盘表现强势，高开高走，涨停股基本上都是上午封上涨停板，仅科恒股份一只尾盘上板，没有出现其他下午跟风涨停的个股。

从新闻的盘面催化效果来看，这属于题材热点的强爆发。这反映了市场资金高度认同稀土自主可控的概念、逻辑和利好；正因为如此，才会有那么多的资金同时积极做多。新闻催化热点强爆发所诞生的行情十分常见，其中的机会比较多，参与的程度也比较深。只要踏准节奏，散户投资者还是可以吃上大肉的。

二、催化行情弱爆发

弱爆发，是相对强爆发而言的。以下情况可以被视为弱爆发，第一，概念板块中没有股票一字板涨停，或是只剩下一只股票一字板；第二，涨停家数并没有增多；第三，没有出现明显的板块效应，不少股票高开低走，出现当日的亏钱效应。

2019 年 6 月 19 日星期三，当日爆发的券商行情算是弱爆发，只有一只股票涨停，最后才封住了，其他个股几乎都高开低走，出现日内亏钱效应。

催化剂是央行证监会出台大行支持非银方案，头部券商成为流动性供给桥梁。央行与证监会召集 6 家大行和业内部分头部券商开会，鼓励大行扩大向大型券商融资，支持大型券商扩大向中小非银机构融资，以维护同业业务的稳定，安抚市场情绪，打消部分金融机构的顾虑。为头部券商扩大融资额度，为市场提供流动性，是一项实质性利好，但是利好程度一般，概念不够新颖，逻辑倒是简单明了。

受益的板块是券商，早盘只有华林证券顶了一字板，中信建投大幅高开 9.2%，其他券商股几乎也大幅高开。从开盘数据来看，强度较弱。当日盘面也比较弱，赚钱效应并不是太好。在成交量方面，大盘一上午的量能就比昨天一天的还要大，这说明有资金进场，只是指数高开太多，目前还是弱势行情。这种大幅高开只能引发场内获利筹码的撤离，最终导致大盘回落。

催化行情弱爆发，除了受题材本身的利好程度低的限制，还受到弱势盘面的影响。盘面做多氛围较差，赚钱效应不佳，接力人气不旺，这些都会降低催化行情的爆发程度。弱爆发的行情，走出来的行情的级别也比较小，机会主要集中在龙头上，龙二龙三的肉也不多。

弱爆发的行情，若再叠加新的概念催化，还是有继续加强的可能的。弱爆发的案例也是比较多的，比如，2019 年 5 月 29 日的空港股份，催化剂是国务院发文积极支持符合条件的国家级经开区开发建设主体申请首次公开发行股票并上市。其利好程度一般，盘面也一般，多数个股涨停开盘，后多炸板，只留下空港股份，后连续上涨 40%。

新闻催化的行情爆发有强有弱，散户投资者应先要分析其利好程度，然后综合分析概念和逻辑，最后再结合盘面强弱情况进行分析。催化爆发会出现增加或减弱的情形，盘面强，利好一般的题材，也会催化出较强的爆发。反之亦然，盘面弱，利好中等的题材，也会催化出较弱的爆发。

第二节　催化行情变化

受新闻催化诞生的新行情，再遇到新的消息催化，将会促进行情走强、高潮和走弱。

一、催化行情走强

行情爆发后，在新出的新闻催化之下，行情不断走强，龙头连板高度不断升高，涨停家数增多，板块联动效应十分明显，赚钱效应明显增强，综合以上特征，我们将其称为新闻催化行情走强。

2019 年 6 月 19 日星期三，大盘否极泰来，垃圾分类概念成为当日次强的板块，涨停有 6 只，板块涨幅 3. 45%，如表 10-2 所示。

新闻再度催化走强——“北京将立法明确垃圾分类个人责任”，2019 年 6 月 18 日晚，北京市城市管理委主任孙新军直播访谈节目中就垃圾分类相关内容做了表态。6 月 19 日，各大主要媒体再将新闻转载，经过发酵之后，6 月

20 日垃圾分类概念板块再度走强，涨停家达到 22 家，出现明显板块赚钱效应，成为当日最强的板块，如表 10-3 所示。

表 10-2　垃圾分类板块涨幅榜

序号	股票代码	股票简称	现价（元）	涨跌幅（%）	涨停2019.06.20	所属概念	涨停原因类别2019.06.19
1	601330.SH	绿色动力	10.75	10.03	涨停	沪股通;北京国资改革;地方国资改革;垃圾发电;节能环保;固废处理	环保
2	300779.SZ	惠城环保	42.85	10.01	涨停	新股与次新股;稀土永磁;固废处理;高送转预期	环保
3	002645.SZ	华宏科技	8.03	10.00	涨停	废品回收;再生金属;危废处理;固废处理;美丽中国;节能环保	环保
4	601200.SH	上海环境	11.61	10.05	涨停	垃圾发电;污水处理;沪股通;地方国资改革;PPP概念;固废处理;节能环保;上海国资改革	环保
5	000035.SZ	中国天楹	5.19	9.96	涨停	深股通;垃圾发电;节能环保;固废处理	环保
6	603686.SH	龙马环卫	16.53	9.98	涨停	厕所革命;节能环保;PPP概念;迪士尼;沪股通;富时罗素概念股	环保
7	300090.SZ	盛运环保	1.83	10.24	涨停	一带一路;PPP概念;废气处理;污水处理;生物质能;垃圾发电;固废处理;节能环保;一元股	环保
8	300385.SZ	雪浪环境	21.23	10.00	涨停	废气处理;危废处理;脱硫脱硝;村镇银行;固废处理;节能环保;高送转	环保

表 10-3　垃圾分类板块高潮涨幅榜

序号	股票代码	股票简称	现价（元）	涨跌幅（%）	涨停2019.06.20	所属概念	涨停原因类别2019.06.20
1	601038.SH	一拖股份	8.92	9.99	涨停	一号文件;新型城镇化;融资融券;沪股通;转融券标的;债转股;乡村振兴;农机;央企国资改革;富时罗素概念股;数字乡村;机构重仓	环卫车辆+农机
2	002645.SZ	华宏科技	8.83	9.96	涨停	再生金属;危废处理;固废处理;废品回收;美丽中国;节能环保;垃圾分类	固废处理
3	300090.SZ	盛运环保	2.01	9.84	涨停	PPP概念;污水处理;废气处理;一带一路;垃圾发电;生物质能;固废处理;节能环保;垃圾分类	固废处理
4	601330.SH	绿色动力	11.83	10.05	涨停	沪股通;北京国资改革;地方国资改革;垃圾发电;节能环保;固废处理;垃圾分类	固废处理
5	603686.SH	龙马环卫	18.18	9.98	涨停	厕所革命;节能环保;PPP概念;迪士尼;沪股通;富时罗素概念股;垃圾分类	固废处理
6	300779.SZ	惠城环保	47.14	10.01	涨停	新股与次新股;稀土永磁;固废处理;高送转预期	固废处理
7	000544.SZ	中原环保	6.29	9.97	涨停	中原经济区;秸秆综合利用;污水处理;国改双百行动;河南国资改革;地方国资改革;PPP概念;节能环保;固废处理;富时罗素概念股	固废处理
8	000711.SZ	京蓝科技	5.91	10.06	涨停	污水处理;智能建筑;余热发电;智慧城市;工业4.0;智能医疗;美丽中国;节水灌溉;物联网应用层;土壤修复;大数据;PPP概念;物联网;雄安新区;雄安环保;边缘计算;园林开发;黑龙江自贸区	固废处理
9	000826.SZ	启迪桑德	11.81	9.96	涨停	地下管网;新能源;低碳;土壤修复;危废处理;MSCI概念;再生水;新型城镇化;循环经济;融资融券;农村环境治理;深股通;转融券标的;乡村振兴;生物质能;垃圾发电;污水处理;美丽中国;高校;锂电池;地方国资改革;兜底增持;PPP概念;雄安环保;雄安新区;节能环保;固废处理;富时罗素概念股;垃圾分类	固废处理
10	002009.SZ	天奇股份	9.39	9.95	涨停	智能物流;废品回收;仪电仪表;尾气治理;机器人概念;锂电池;工业4.0;工业机器人;风电;动力电池回收;年报预增	固废处理
11	300187.SZ	永清环保	5.50	10.00	涨停	脱硫脱硝;矿山生态修复;污水处理;海岛整治修复;新能源;废气处理;PM2.5;光伏概念;PPP概念;洞庭湖生态经济区;低碳;重金属治理;风电;节能环保;垃圾发电;雄安环保;土壤修复;雄安新区;国资驰援;固废处	固废处理
12	300190.SZ	维尔利	7.67	10.04	涨停	危废处理;低碳;美丽中国;污水处理;PPP概念;土壤修复;节能环保;固废处理;年报预增;垃圾分类	固废处理
13	300197.SZ	铁汉生态	3.76	9.94	涨停	长江防护林;新型城镇化;土壤修复;风沙治理;矿山生态修复;海岛整治修复;深股通;美丽中国;乡村振兴;PPP概念;特色小镇;国资驰援;雄安环保;雄安新区;园林开发;海绵城市;垃圾分类	固废处理
14	300266.SZ	兴源环境	4.46	10.12	涨停	深股通;PPP概念;污水处理;美丽中国;国资驰援;节能环保	固废处理
15	300362.SZ	天翔环境	3.26	10.14	涨停	PPP概念;污水处理;节能环保;固废处理	固废处理
16	600217.SH	中再资环	7.29	9.96	涨停	固废处理;供销社;垃圾分类	固废处理
17	600983.SH	惠而浦	5.86	9.94	涨停	太阳能热水器;家用电器;证金持股;垃圾分类	固废处理
18	601200.SH	上海环境	12.77	9.99	涨停	垃圾发电;污水处理;沪股通;地方国资改革;PPP概念;固废处理;节能环保;上海国资改革;垃圾分类	固废处理
19	603177.SH	德创环保	12.47	9.97	涨停	PM2.5;脱硫脱硝	固废处理
20	603588.SH	高能环境	10.70	9.97	涨停	一带一路;美丽中国;铟;沪股通;土壤修复;垃圾发电;污水处理;固废处理;节能环保;PPP概念;年报预增;富时罗素概念股	固废处理
21	603817.SH	海峡环保	7.32	10.08	涨停	污水处理;PPP概念;地方国资改革	固废处理
22	600501.SH	航天晨光	9.08	10.06	涨停	卫星导航;航天军工;嫦娥概念;军工改制;阅兵;大飞机;航天系;航空航天;军工;太空互联网;垃圾分类	垃圾收转设备+军工

如表 10-3 所示，板块龙头一拖股份四连板，华宏科技三连板，龙马环卫、盛运环保、上海环境、中再资环、惠城环保、绿色动力二连板，新增一板的有 14 家，板块增强效果十分明显。

新闻催化板块走强，还离不开盘面的大力支持。2019 年 6 月 20 日，电魂网络强势七连板，继续坐稳市场龙头的宝座。四连板有 4 只，三连板有 3 只，二连板有 10 只，强势股的梯队阵容非常豪华。当日早盘权重股爆发，券商、保险等大金融板块大幅拉升，环保、白酒等板块也不断走高，成功推动指数上行，上证指数尝试挑战 3000 点。

新闻催化行情走强，除了叠加盘面氛围较好，更重要的是新闻发布的频率，以及作为催化剂的质与量。新闻的质地好、量级高，其催化行情走强的程度也相应较高，两者的关系是呈正相关波动。

二、催化行情高潮

前面提到了垃圾分类概念，在新闻的催化之下，行情明显走强，达到了第一次高潮。这里所讲的催化行情高潮，是特指最后一次高潮，也是这一波行情的终点，拍完集体照就散伙。

2019 年 6 月 7 日星期五(当日休市)，习近平出席圣彼得堡国际经济论坛全会并致辞。习近平强调，中国愿同各国分享包括 5G 技术在内的最新科研成果，共同培育新的核心竞争力。2019 年 6 月 6 日星期四下午收盘后，国家发展改革委发文：鼓励积极推进 5G 手机商业应用；鼓励 5G 手机研制和上市销售；加强人工智能、生物信息、新型显示、虚拟现实等新一代信息技术在手机上的融合应用；推动办公、娱乐等应用软件研发，增强手机产品应用服务功能。

在两则新闻的叠加催化之下，2019 年 6 月 10 日星期一，5G 概念再度走强，共收 19 只涨停。如表 10-4 所示，板块龙头欣天科技五连板，京泉华三连板，天泽信息二连板，其余的 16 只个股都是首板。5G 概念成为当日最强的板块。

5G 商用概念是 2018 年至 2019 年持续时间最长的主线热点，6 月 6 日工信部正式发放 5G 商用牌照，原炒作的“5G 商用”概念的利好已经兑现，行情宣告结束，当日 5G 板块就出现批量跌停。较长时间的炒作，并且涨幅较大，尤其是在见顶之后再度出现板块高潮，继续走强的概率会很小，不适合再参与，散户投资者应及时兑现利润离场。

表 10-4　5G 概念再度走强涨幅榜

序号	股票代码	股票简称	现价（元）	涨跌幅（%）	涨停2019.06.10	所属概念	涨停原因类别 2019.06.10
1	300615.SZ	欣天科技	31.09	10.01	5连板	基站射频;移动射频;5G;新基建	5G
2	002093.SZ	国脉科技	10.89	10.00	涨停	TMT;电子信息;海峡西岸;职业教育;融资融券;深股通;5G;转融券标的;物联网平台层;云计算;物联网;数字中国;富时罗素概念股	5G
3	002725.SZ	跃岭股份	11.92	9.96	涨停	汽车制造概念;芯片制造;光通信设备;芯片概念;独角兽概念;年报预增;5G	5G
4	002881.SZ	美格智能	20.89	10.01	涨停	5G;物联网感知层;物联网;电力物联网;华为概念;华为海思概念股	5G
5	300209.SZ	天泽信息	14.17	10.02	涨停	涉矿;汽车电子;智能医疗;车联网;网约车;智能交通;智能汽车;物联网;物联网应用层;电子商务;跨境电商;无人驾驶;5G;柔性屏;国产软件	5G
6	300299.SZ	富春股份	7.40	9.96	涨停	互联网平台;网络游戏;数字中国;5G;IP概念;大数据;手机游戏;影视娱乐;新基建;文化传媒;郭台铭概念	5G
7	300312.SZ	邦讯技术	7.63	9.94	涨停	移动入口;互联网保险;智能家居;智能穿戴;物联网传输层;电信业整合;手机游戏;5G;物联网;互联网金融	5G
8	300560.SZ	中富通	20.77	10.01	涨停	军工;5G;数字中国	5G
9	300565.SZ	科信技术	15.04	10.02	涨停	5G;5G主设备;光通信设备	5G
10	300578.SZ	会畅通讯	24.20	10.00	涨停	5G;大数据;电子政务;云计算;华为概念	5G
11	300602.SZ	飞荣达	25.41	10.00	涨停	基站天线;Facebook概念;华为概念;深股通;5G;华为海思概念股;送转填权	5G
12	300711.SZ	广哈通信	21.56	10.00	涨停	专网通信;军民融合;5G	5G
13	300726.SZ	宏达电子	22.57	9.99	涨停	航空航天;大飞机;芯片概念;深股通;5G;军民融合;陶瓷电容;军工;华为海思概念股;华为概念	5G
14	603042.SH	华脉科技	17.34	10.03	涨停	军工;光纤光缆;光通信设备;5G	5G
15	603738.SH	泰晶科技	16.80	10.02	涨停	华为海思概念股;华为概念	5G
16	603803.SH	瑞斯康达	13.02	9.97	涨停	智能电网;沪股通;物联网;5G;光通信设备;工业互联网;边缘计算	5G
17	300555.SZ	路通视信	11.02	9.98	涨停	农村电商;乡村振兴	5G
18	300739.SZ	明阳电路	18.92	10.00	涨停	人民币贬值受益;送转填权	5G
19	002885.SZ	京泉华	19.95	9.98	涨停	充电桩;光伏概念;富士康概念;OLED设备制造;OLED;无线充电;小米概念;华为概念;5G;送转填权	5G

区分板块是第一次高潮还是最后一次高潮，认真对比，综合研判，从以下维度来考量。①题材的级别过小，加上盘面比较弱，可能第一次就是最后一次高潮，直接谢幕离场。②倒金字塔启动模式，个股利好先启动，推进过程中再叠加板块利好，带动效应之下，出现板块高潮，若盘面资金量不足，很可能成为最后一次高潮。③催化剂的质没有新意，量级较大，一次就释放完成。在实战中丰富完善分辨热点概念的最后一次高潮，这对散户投资者及时兑现利润，防止回撤的意义十分重大。

三、催化行情走弱

新闻催化之后，行情却开始走弱，这是为何呢？又应该如何应对呢？主要有以下三种情况。

1. 本身题材级别过小

题材级别过小，是由于其利好过小，又无新颖的概念，市场认同度较低。

在这种情况下，爆发时的板块效应就不强，新闻再度催化走弱的概率较大。

2019 年 7 月 16 日星期三，由于日韩摩擦升级，中国有望接棒氟化工产品替代日本供应韩国。如表 10-5 所示，氟化工概念有 4 只涨停，中欣氟材三连板，新增首板有 3 只。

表 10-5 氟化工板块涨幅榜

序号	股票代码	股票简称	现价（元）	涨跌幅（%）	涨停2019.07.16	所属概念	涨停原因类别2019.07.16
1	002741.SZ	光华科技	12.58	9.97	涨停	正极材料;集成电路概念;动力电池回收;新能源汽车;锂电池;台湾概念股;富时罗素概念股;氢氟酸	氟化工
2	002915.SZ	中欣氟材	33.37	9.99	涨停	氢氟酸;氟化工	氟化工
3	601678.SH	滨化股份	7.41	9.94	涨停	绿色建筑;制冷剂;军民融合;股权转让;小额贷款;融资融券;参股保险;沪股通;转融券标的;液氯;环氧丙烷;烧碱;燃料电池;氢能源;煤化工;氢氟酸;富时罗素概念股;氟化工	氟化工
4	002442.SZ	龙星化工	6.02	10.06	涨停	新能源;储能;绿色轮胎;光伏概念;京津冀一体化;明星参股概念;炭素;充电桩;脱硫脱硝;白炭黑;股权转让;新能源汽车;炭黑;煤化工;氟化工	氟化工

2019 年 7 月 17 日星期四，日本共同社消息称日本将拒绝韩国方面针对进出口限制展开谈判的请求。经这则新闻催化后，板块开始走弱，板块龙头中欣氟材没有继续连板，全天在震荡。滨化股份也高开低走，出现日内的亏钱效应。最后只留下龙星化工和光华科技继续封板。

2. 盘面较弱，无力支撑

盘面较弱无力支撑新闻催化，盘面做多氛围很差，亏钱效应十分明显，接力人气几乎达到冰点。新闻催化的效果也不会太好，走弱的概率很高。

2019 年 6 月 28 日星期五，当日早盘沪深两市股指集体小幅低开，开盘之后单边下跌，三大股指盘中一度下跌超过 1%，强势股集体大跌，黄金板块逆市走强。随着市场持续性的低迷调整，两市的强势股越来越稀少，领涨股的高度也越来越低。

当日盘中 14:18 发布消息：江西省有关部门正积极研究出台促进江西省稀土产业高质量发展意见。江西将继续打造引领全国稀土产业创新发展的平台，把稀土功能材料创新中心、泰斯特新材料测试评价中心等平台建设好。同时，在后端应用上下功夫，不断扩大稀土功能材料及器件等新材料在行业中的应用。

受此新闻催化后，正海磁材分两波拉升封板成功，如图 10-1 所示。

如表 10-6 所示，当日稀土永磁板块共收 4 只涨停，正海磁材强势领涨。前期活跃的个股宁波韵升、中钢天源、金力永磁、银河磁体、三川智慧、章源钨业、北矿科技、五矿稀土、英洛华皆冲高回落，出现日内的亏钱效应。

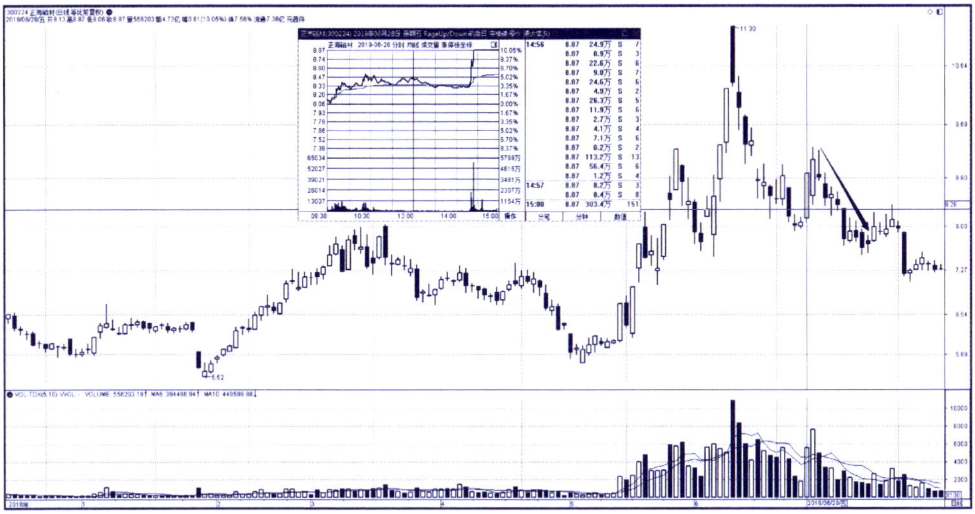

图 10-1　正海磁材分时走势图

表 10-6　稀土永磁板块涨幅榜

序号	股票代码	股票简称	现价（元）	涨跌幅（%）	涨停2019.06.28	所属概念	涨停原因类别 2019.06.28
1	300224.SZ	正海磁材	8.87	10.05	涨停	新材料概念;再生金属;永磁高铁;电机电控;新能源汽车;超级高铁;小金属概念;稀土永磁;富时罗素概念股	稀土永磁
2	300631.SZ	久吾高科	22.32	10.01	涨停	盐湖提锂;锂电原料;燃料乙醇;锂电池;稀土永磁;创业板重组松绑;垃圾分类	稀土永磁
3	300779.SZ	惠城环保	52.04	10.00	涨停	新股与次新股;稀土永磁;固废处理;高送转预期	稀土永磁
4	000993.SZ	闽东电力	8.47	10.00	涨停	涉矿;锂电池;电力改革;海上风电;小额贷款;钼;稀土永磁;地方国资改革;小金属概念;债转股;风电;宁德时代概念;智能电网;创投;福建自贸区	稀土永磁+电力改革

从板块的强度来看，新闻催化受盘面弱势影响明显，只是一次异动，次日都出现了明显的亏钱效应。

3. 毫无新意，审美疲劳

与题材概念相关的新闻频繁迭出。从新闻本身来看，内容和概念上都没有新意，行情参与者出现审美疲劳，催化的效果一波比一波弱。类似的情况在主线热点中比较常见，如 5G、垃圾分类。

山东：加快垃圾分类立法，避免“垃圾分、混装运”

2019 年 7 月 15 日上午，山东省住房城乡建设厅组织召开城乡生活垃圾分类工作通气会。从会上获悉，山东将通过构建全程分类体系，加大政策支持保障，加快垃圾分类立法，编制专项规划和标准规范，强化工作督导考评，深入开展宣传教育等举措，推动城乡生活垃圾分类，最终实现生活垃圾减量化、资源化和无害化。

受此新闻催化后，在垃圾分类板块中，雪浪环境率先开始拉升，三波上板，华宏科技午后再跟涨拉升上板。其他个股跟涨不明显，整个板块仅收2只涨停。

2019年7月4日，深圳推行垃圾分类激励机制：每年总奖金近亿元，个人最高可获1000元。7月11日，广州市全面推进生活垃圾强制分类。7月11日，海南省住建厅提出八条措施整改垃圾治理问题。新闻频繁发布，盘面反应强度越来越弱。

类似的情况，在5G板块中也是常见的，这里就不再逐一列举了。

新闻催化带来的爆发、走强、高潮、走弱，这些情形是盘面给予了反应的，说明催化是有效果的，我们可以将这些称为有效催化。新闻的有效催化，是指新闻作用于盘面，盘面又反作用于新闻，新闻与盘面相互作用，相互影响。新闻不能脱离盘面，盘面也离不开新闻，两者缺一不可，互为补充。

除了有效催化之外，还有无效催化。无效催化产生的风险是很大的，如果我们认真分辨是可以防范其中风险的。题材就是种子，新闻就是携带种子的风，风刮到哪里，哪里就会起波浪，波浪过后就会慢慢恢复平静与安宁。

种子需要生根、发芽、开花和结果，这个过程始终离不开土壤、水分、阳光和肥料的滋养。盘面做多氛围好比题材的土壤，土壤千差万别，会给种子带来不同的命运。同理，题材催化也是如此。资金好比题材的水分，没有水分，种子在好土壤里也没有办法发芽、开花和结果。市场没有充裕的资金，好题材也未必能结出好果来。监管好比题材炒作的阳光。植物的生长需要阳光，植物从中吸收热量和能量。如果在昏暗的环境题材炒作，也是无法展开的，因为题材炒作照样需要阳光。人气好比题材的肥料。题材的炒作要有良好的接力人气，若无人气，题材也难以走出高度和持续性来。

土壤、水分、阳光和肥料，都是种子成长的条件，都将影响并决定种子最后的果实的质与量。新闻与盘面也是同理，两者相互作用，相互影响，互动共进。

第三部分

股市新闻实战运用精讲

王阳明先生有云：“知是行之始，行是知之成。”学以致用，知行合一，活学活用，方可大成。

灵活运用，是用好股市新闻的孜孜追求，制胜之道。股市新闻解读四步分析法，不仅是一个完整的分析模型，而且是很强的实战体系。

此法源于实践，用于实战。故采取2019年的实战案例。中美贸易谈判事件所带来的机会，有三条炒作路线：农业板块、稀土永磁和自主可控。尽管是事后的解剖分析，但是对提高事前分析、事中判断都具有积极的实战意义。

弱势存量博弈市场，生存之道，借势！

关键是借谁的势？

大盘、板块、消息(政策或事件)之势，若三者皆有，可开六成仓，竞价开三成，盘中确认再加三成。少一项减两成仓。当日板块效应明显，确认为龙头，次日再加仓。

若大盘指数没有系统性风险，可借短线情绪之势，重点借板块之势，再结合消息的节点，进行进出或加减仓。

借板块之势，板块中有两只股以上一字板或涨停，并且是主线热点，场外有消息配合，这就有势可借。越近越安全，越远越危险。

当大盘指数反复弱震荡并且向下寻底，无势可借时，若有板块和消息，可以试仓，大泰来或分化后也可试仓。

个股集中攻击龙头，最好不参与非龙头。

下面介绍三条题材行情。

第一条，农业板块行情。贸易摩擦升级(农业)——人造肉——乡村振兴——种业，主要代表的牛股有丰乐种业、双塔食品、金健米业、敦煌种业等。

第二条，国产芯片板块行情。华为海思——芯片——国产软件，主要代表的牛股有康强电子、实达集团、诚迈科技、新亚制程等。

第三条，稀土永磁板块行情。贸易摩擦反制、禁止进口——涨价——行业新规——稀土产业高质量发展，三波的龙头分别是英洛华——金力永磁——银河磁体。

三条题材行情清晰可见，参与性极高，富有典型意义，值得我们深入研究学习。

书稿成型后，喜遇深圳“先行先试”的新政颁布，一时市场资金蜂拥而至，赚钱效应爆棚，最后九鼎新材、深大通和深赛格胜出，这些都具有典型的学习研究价值，故收录于后，以做补充。

第十一章　稀土行情走出三只大牛股

稀土永磁行情先后走出了三波行情，以金力永磁为代表，它一口气走出了7连板的翻倍行情，是2019年稀土行情涨幅最大的龙头。如图11-1所示，金力永磁从2019年5月16日至6月3日，共13个交易日收10个涨停，股价从20.89元涨至65.67元，区间涨幅3.1倍。其中，5月23日至5月31日，7天7连板。

图11-1　金力永磁走势图

除了金力永磁涨幅大，板块行情中有没有什么机会呢？以此为例，行情启动时有什么信号吗？与新闻有什么关系吗？在上涨过程中又与新闻有什么互动呢？走势结束又与新闻有关联吗？接下来的篇幅将逐一详尽分析。

金力永磁并不是稀土永磁行情的第一波的龙头，那第一波的龙头又是谁呢？它又是什么样的情况呢？

第一节　稀土第一波龙头——英洛华

2019 年稀土永磁行情的第一波的龙头是英洛华，如图 11-2 所示，它走出了 5 连板，第 5 板尾盘炸开。从 2019 年 5 月 16 日至 5 月 22 日，共 5 个交易日，区间涨幅 52.75%。

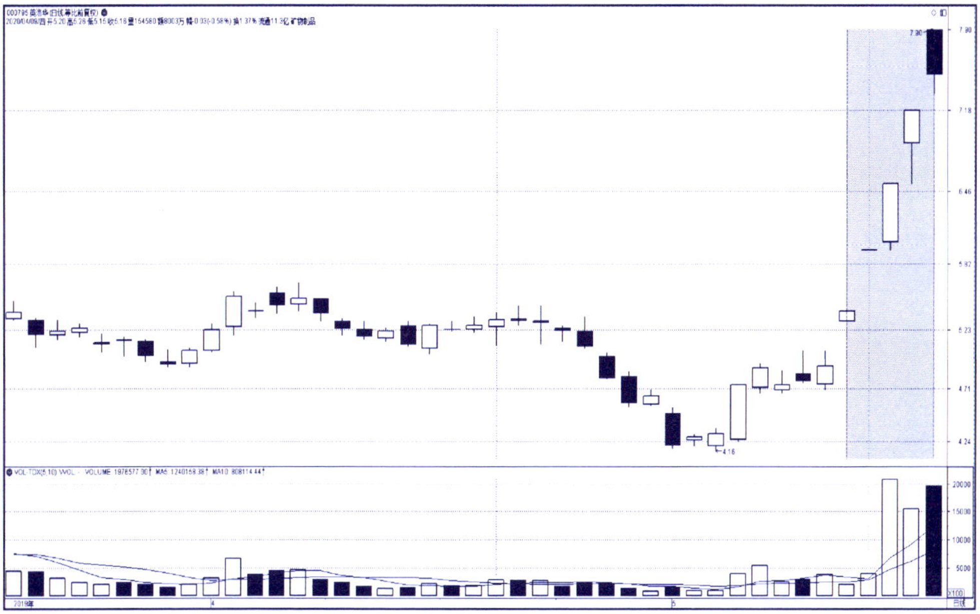

图 11-2　英洛华走势图

行情又是怎么启动的呢？当时的盘面怎么样？此标的当时的辨识度如何？能否很容易就被发现然后及时上车呢？除此机会之外，还有什么其他的机会吗？

一、新闻催化行情爆发

1. 催化板块行情强爆发

稀土行情第 1 天，2019 年 5 月 16 日星期四，稀土永磁板块集体大爆发。

(1) 板块行情爆发催化剂之一

2019 年 5 月 15 日，美国公布加征关税清单，稀土、稀土永磁未列其中。当时受中美贸易谈判中断的影响，美国进一步加征中国商品的关税，自主可控成为当时最为核心的主线热点。中美贸易谈判是世界两大经济体之间的重大事件，其进展与结果都会对中国甚至世界产生重大的影响。因为中国是全球最主要的稀土原产国，稀土又是高科技产品必需的原材料，所以稀土有可能成为中国反制美国的武器。

(2)板块行情爆发催化剂之二

云南腾冲海关 2019 年 5 月 15 日起将重新全面禁止缅甸稀土矿出口中国，全面禁止将导致中重离子型稀土矿供给收缩。供需端的减少导致稀土价格上涨在所难免。供应渠道的减少，引发价格上涨。稀土价格的强势上涨，将导致稀土公司盈利能力反转，从而引发市场对稀土公司的价值重估。涨价的逻辑得到了市场的高度认可。

在双重利好的叠加之下，稀土反制的概念成为自主可控的主线热点新的方向。当时盘面做多氛围还是比较好的，热点题材种业板块的持续性保持较好，9 天 8 板的丰乐种业成功淘汰掉大港股份，顺利成为市场的绝对龙头，打出了市场龙头的新高度。上证指数全天震荡上行，仍处于反弹格局，两市总成交金额 5222 亿，量能健康，交投还是比较活跃。连板的赚钱效应仍然维持在较好的水平区间，接力人气仍然旺盛。

稀土反制的概念和涨价的逻辑都得到了市场高度认同，受市场资金推崇的影响，板块全面爆发，共收涨停 15 只。与以往不同的是，稀土板块的涨停股基本都在上午封上涨停板，仅科恒股份一只尾盘上板。早盘的强势高开高走表明了资金对稀土板块炒作路径的认同一致度极高。

如表 11-1 所示，稀土永磁板块当日涨幅 7. 18%，涨幅位居榜首。英洛华、金力永磁、广晟有色、宁波韵升、盛和资源、中钢天源、厦门钨业等超 16 只个股涨停，威华股份、包钢股份、安泰科技冲击涨停板。没有一字板，秒板的有中钢天源和英洛华。

稀土永磁概念股上演涨停潮，中钢天源表现最为强势，英洛华表现其次。从辨识度来看，在集合竞价时就可以发现这两只表现强势，中钢天源高开 9. 96%，开盘价 10. 07 元，离涨停价只差 0. 04 元；英洛华高开 9. 83%，开盘价 5. 31 元，离涨停价只差 0. 07 元。等集合竞价生成后，再下单也是可以成交的，在开盘后再下单，若金额过大，全部成交会有点困难。

表 11-1　稀土永磁板块涨幅榜

序号	股票代码	股票简称	现价（元）	涨跌幅（%）	涨停2019.05.16	所属概念	涨停原因类别2019.05.16
1	002057.SZ	中钢天源	7.09	10.03	涨停	元器件;安徽自贸区;铀矿;稀土永磁;央企控股;金属锰;小金属概念;锂电池;新能源汽车;创投;燃料电池;央企国资改革;债转股;军工;深股通	稀土永磁
2	000795.SZ	英洛华	5.16	9.98	涨停	新材料概念;新能源;苹果概念;新能源汽车;小金属概念;稀土永磁;军工;深股通;富时罗素概念股	稀土永磁
3	600366.SH	宁波韵升	6.02	10.06	涨停	低碳;新材料概念;再生金属;磁悬浮;融资融券;沪股通;转融券标的;特斯拉;小金属概念;苹果概念;稀土永磁;创投;富时罗素概念股;标普道琼斯A股;无线耳机	稀土永磁
4	000758.SZ	中色股份	4.52	10.11	涨停	稀有金属;铌;东盟自贸区;稀缺资源;央企控股;涉矿;再生金属;融资融券;深股通;锌;转融券标的;中非合作;小金属概念;稀土永磁;有色铝;富时罗素概念股;央企国资改革;标普道琼斯A股;钴;铜	稀土永磁
5	002056.SZ	横店东磁	10.59	10.06	涨停	PM2.5;空气净化;新能源;军工;永磁高铁;新材料概念;磷酸铁锂;融资融券;深股通;正极材料;光伏概念;苹果概念;锂电池;转融券标的;固态电池;小金属概念;特斯拉;稀土永磁;无线充电;富时罗素概念股;华为概念;期货概念;工业互联网;标普道琼斯A股	稀土永磁
6	600980.SH	北矿科技	12.40	10.03	涨停	央企控股;永磁高铁;3D打印;稀缺资源;新材料概念;小金属概念;稀土永磁;央企国资改革	稀土永磁
7	000612.SZ	焦作万方	3.73	10.00	涨停	中原经济区;稀缺资源;有色铝;稀土永磁;融资融券;转融券标的	稀土永磁
8	000831.SZ	五矿稀土	10.23	10.02	涨停	稀土整合;电子商务;深股通;小金属概念;稀土永磁;富时罗素概念股;央企国资改革;标普道琼斯A股	稀土永磁
9	300127.SZ	银河磁体	15.15	10.00	涨停	永磁高铁;成渝特区;特斯拉;超级高铁;稀土永磁	稀土永磁
10	600392.SH	盛和资源	7.26	10.03	涨停	参股保险;低碳;融资融券;钛;转融券标的;沪股通;小金属概念;海南自贸区;稀土永磁;富时罗素概念股;央企国资改革;标普道琼斯A股;MSCI概念	稀土永磁
11	300748.SZ	金力永磁	31.78	10.00	涨停	稀土永磁;新能源汽车;风电;深股通;富时罗素概念股	稀土永磁
12	600058.SH	五矿发展	6.98	10.00	涨停	外贸;涉矿;央企控股;互联网钢铁;稀土整合;电子商务;融资融券;铬铁;铁矿石;转融券标的;国改双百行动;小金属概念;央企国资改革;证金持股	稀土永磁
13	600111.SH	北方稀土	9.08	10.01	涨停	参股新三板;稀缺资源;稀土整合;再生金属;MSCI概念;稀有金属;融资融券;沪股通;新材料概念;转融券标的;小金属概念;稀土永磁;富时罗素概念股;地方国资改革;标普道琼斯A股	稀土永磁
14	600259.SH	广晟有色	29.30	10.01	涨停	再生金属;新材料概念;稀土整合;东盟北部湾;融资融券;钨;转融券标的;稀缺资源;稀有金属;小金属概念;稀土永磁;地方国资改革;广东国资改革	稀土永磁
15	600549.SH	厦门钨业	11.60	10.02	涨停	再生金属;新材料概念;海峡西岸;稀土整合;稀缺资源;电动自行车;融资融券;镍氢电池;钨;沪股通;钼;正极材料;转融券标的;稀有金属;钴;小金属概念;锂电池;稀土永磁;富时罗素概念股;地方国资改革;标普道琼斯A股;MSCI概念;动力电池回收	稀土永磁
16	603650.SH	彤程新材	15.72	10.00	涨停	新材料概念;石墨烯;沪股通;稀土永磁;富时罗素概念股;上海自贸区;标普道琼斯A股	稀土永磁

从股性来看，如图 11-3 所示，中钢天源 5 月 15 日就涨停了，并且是板块中唯一的涨停板，5 月 10 日就启动涨停，5 月 13 日再次涨停，5 月 14 日未涨停，出现 4 天 3 板，其在位差方面遥遥领先，抢占优势。5 月 15 日之前的涨停，主要是受到了燃料电池的利好驱动上涨的影响。在 4 月 22 日至 5 月 13 日，共 14 个交易日，出现跌停 3 次，涨停 5 次，区间换手率 260.08%，换手充分，交投活跃。

如图 11-4 所示，英洛华除早盘竞价高开幅度较大外，前一日只收了一个涨幅 2.94%的小锤子 K 线。5 月 9 日止跌反弹以涨停板启动，一个多月以前有过二连板。从形态上来看，目前股价仍处于低位，个股也未见有利好消息发布。

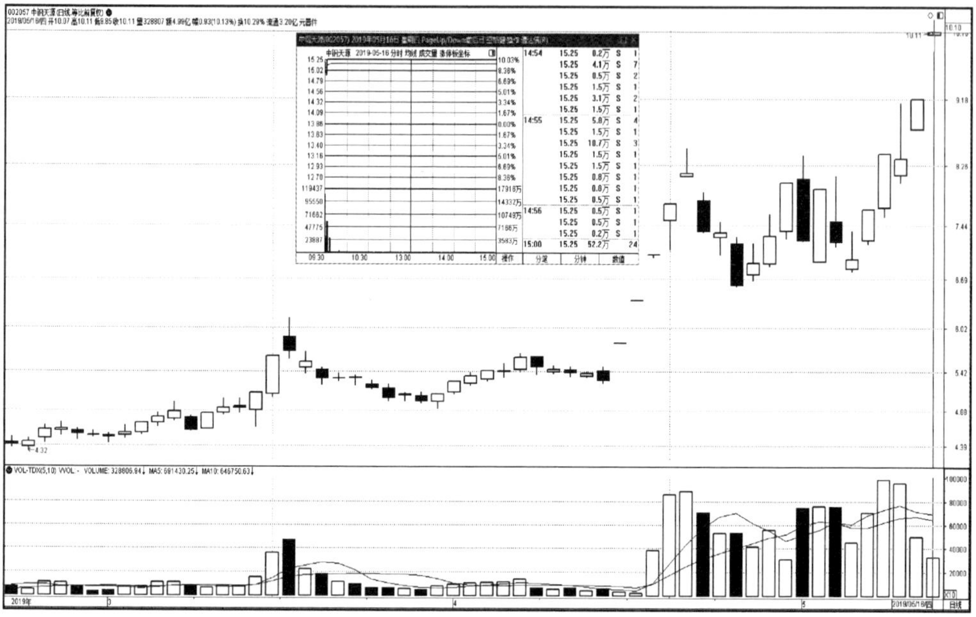

图 11-3　中钢天源起涨图

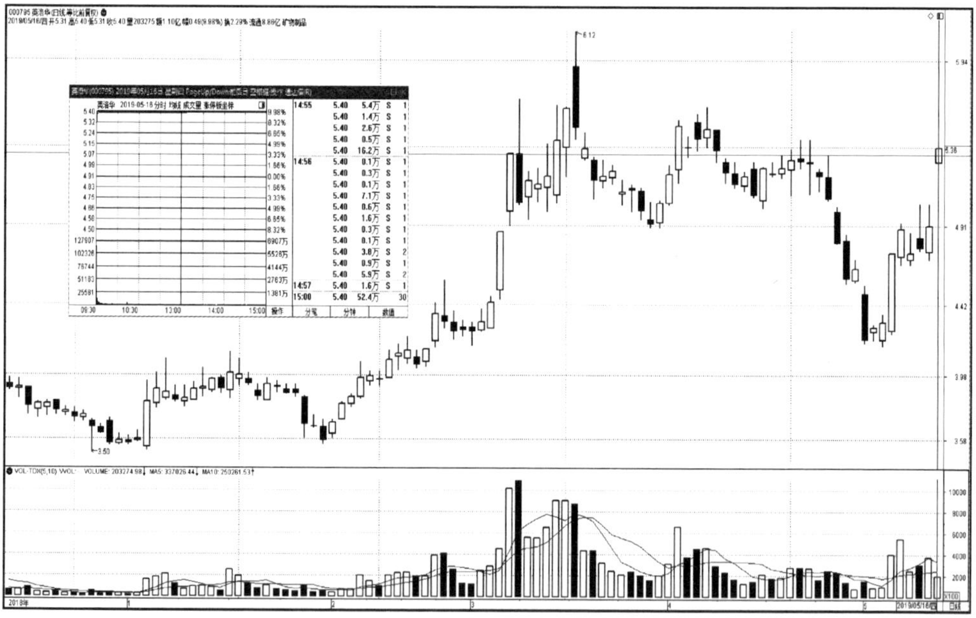

图 11-4　英洛华起涨图

中钢天源与英洛华来比较，看好前者的更多，人气明显强了很多倍。唯一不足之处就是短线涨幅过大，继续大幅上涨难以为继。若风格激进者，买入哪一个都是可以的。因为新概念题材集体强爆发时，孰强孰弱，其分辨难度极高。风格稳健者，可以先保持观望，待决胜出龙头后再上也不迟。

从利好对象来看，全面禁止缅甸稀土矿出口中国，将诱发中重离子型稀土矿石涨价，受益的对象有广晟有色，它是我国中重稀土龙头企业，实际控制广东省内仅有的 4 张稀土采矿权证。广东省是我国最重要的中重稀土产地，公司将按照国家稀土产业规划要求，实施对广东省内外稀土矿山和冶炼分离企业的整合。五矿稀土，是国内最大的南方离子型稀土分离加工企业之一，两宗探矿权办理探转采正在推动中。

整个板块的机会还是很多的，但是辨识度都不太高，因整个市场都在抢筹，只能采取追涨买入法。

2. 板块遭遇强分化

稀土行情第 2 天，2019 年 5 月 17 日星期五，受盘面拖累，稀土板块遭遇强分化。

板块集体强爆发，若无巨额的增量资金来接力，那必将遭遇分化。市场处于反弹中，上方套牢盘较多，容易遭受较大的抛压。

A 股三大指数全天单边杀跌，多头毫无抵抗，创业板指尾盘一度大跌近 4%，两市逾 30 只跌停。前期老热点燃料电池、工业大麻、知识产权、次新股成杀跌主力军，仅农业股一枝独秀。市场防御心态较重，市场情绪再陷冰点。截至收盘，上证指数跌 2.48%，报收 2882.30 点；中小板指跌 2.92%，报收 5546.33 点；创业板指跌 3.58%，报收 1478.75 点。两市总成交 5737 亿，比前一日增加了 515 亿，增幅约 10%。沪股通净流出 32 亿，深股通净流出 19.5 亿。

农业板块逆势大涨，属于结构性的板块行情机会，龙头丰乐种业收五连板，农发种业三连板，中农立华二连板，苏垦农发、新农开发、芭田股份涨停。此外，芯片股也表现活跃，诚迈科技、紫光国微等超 10 股涨停。燃料电池板块大跌 6%，工业大麻、券商、知识产权、多元金融等板块跌幅均接近 5%。

市场连板只有 10 只，高度板有所上升，但是梯队不够完整。连板的赚钱效应在下降，亏钱效应进一步扩散与蔓延，亏钱数值到达-4.76%，处于近期极值区间。

受大盘指数调整，稀土板块高开低走，跌幅达3%；表现强势的中钢天源高开9.5%，午后也炸板了；只剩下英洛华牢牢顶住了一字板；还有早盘秒板的三川智慧，盘中炸开了几次，但是最后还是顶住了。整个稀土板块只剩下2只涨停，不过没有出现跌停的个股。

3. 再出新的催化剂

稀土行情第3天，2019年5月20日星期一，大盘否极泰来，稀土板块回暖，强势个股反包，英洛华再次涨停，三连板。

开盘数据显示，标杆个股丰乐种业高开5.92%，保持了较好的赚钱效应。大盘涨跌比1.06，上证指数低开-0.26%，中小板低开-0.05%，创业板低开-0.04%，皆是小幅低开。连板开盘涨幅4.69%，红盘比70%；昨日涨停开盘涨幅5.10%，红盘比77.50%。亏钱效应开盘跌幅-2.10%，红盘比22.97%。亏钱效应并没有进一步扩散，得到了有效收敛，连板和昨日涨停的赚钱效应都明显回升。从数据判断：昨日只是一个大盘否极点，板块强分化点，整体风险释放程度较大；今日是大盘泰来点，可以开工干活。

稀土板块顺势低开，不过没有出现跌停个股，小幅低开的个股较多。昨日二连板的英洛华继续高开+1.35%，昨日首板的三川智慧高开+7.32%。从集合竞价的强弱程度来看，三川智慧显得比英洛华更强一些。三川智慧启动晚一天，并且昨日的强度稍差一点儿。若稀土板块借大盘泰来之势实现弱转强，英洛华成为板块龙头的概率会更高一点儿，不仅是其领涨一个板，而且是其在巨大分歧的环境之下的一致性没有被打破，并且选择继续上涨，这就是强者的宣言。风格激进者，在竞价时就可以试仓。

开盘后，稀土永磁板块第一个上涨的是三川智慧。它继续保持强势，开盘不足1分钟就涨停了。巨单封住涨停，二连板，成为卡位龙头。因为叠加芯片概念(公司与中科龙芯合作共同开发国产芯片)，公司参股中稀天马新材料股份有限公司。此公司是一家稀土氧化物回收生产商，主要从事回收处理钕铁硼废料的稀土资源综合利用业务，主要生产氧化镨钕、氧化镝、氧化铽、氧化钆等稀土氧化物，具备年加工处理钕铁硼废料10000吨的能力。

三川智慧引领板块中的宁波韵升、英洛华、金力永磁、中科三环、银河磁体等个股快速拉升。当日板块中第二个上板的是宁波韵升，在9:59就封上涨停，早盘低开-3%，开盘后快速拉升，第一波到+4.31%，回踩+1%。从

9:37—9:57 震荡 20 分钟，开始第二波拉升，直接从+2.88%到+10.06%，巨量封死涨停，整天都没有打开过涨停，成为当日第一个率先反包强势个股。同时，板块中涨停个股增加到 2 只。

几乎同时，英洛华也大幅拉升冲击涨停，10:03 上板，随后打开涨停，高位震荡。当日二进三的英洛华，高开高走，9:34 开始从+2.19%拉升至+8.08%，耗时 4 分钟，之后开始震荡，回踩低点+3.03%。9:56 开始第二波拉升，从+3.37%到涨停+9.93%，10:03 上板，耗时 7 分钟，第一次上板，并没有封住。10:06 第一次回封，5 分钟之后打开涨停，持续震荡到 13:12 才封住涨停，耗时 90 分钟，换手十分充分，放出巨量，单日成交量达到 13.2 亿，两年之内的巨量，说明有不少大资金介入了。

如图 11-5 所示，英洛华高开高走，拉升意图十分明显，第一波拉升至+8.08%后开始震荡，从 9:37 至 9:59 震荡 22 分钟后，继续拉升第二波冲击涨停，10:03 第一次上板，之后反复打开，到 13:12 最后封死涨停至收盘。其中烂板时间持续 99 分钟，可以从容开仓，当日成交总金额是 13.2 亿，换手率 23.52%。

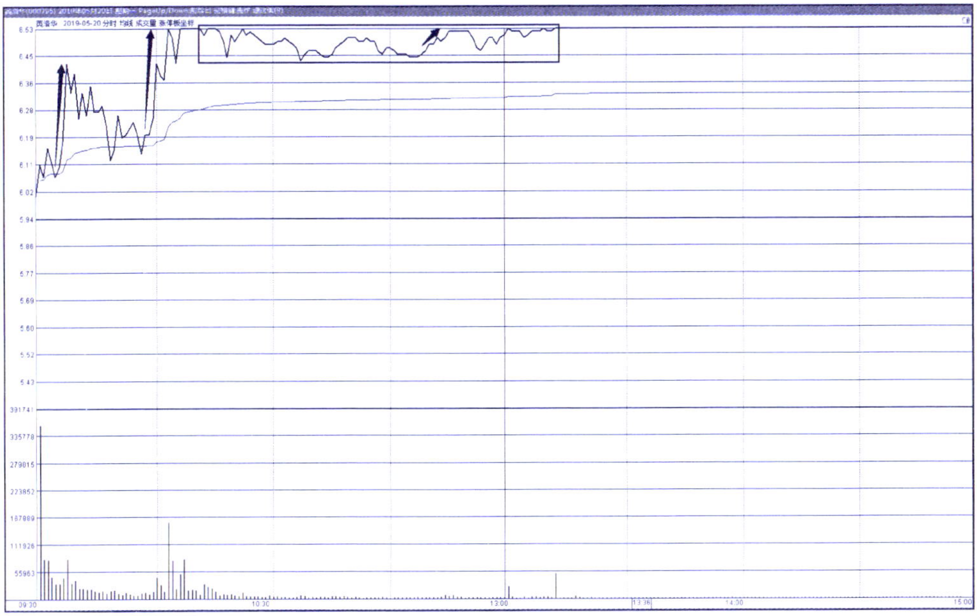

图 11-5 英洛华三板分时图

英洛华的辨识度极高，英洛华是稀土板块中唯一的最高板，前一日顶一字板表现最为强势，早盘继续高开高走，盘中拉升动作十分明显。美中不足的地方是在大盘强势大涨的环境下，还反复打开涨停，用烂板解决分歧，将一部分不坚定的获利盘赶下车。

前两日表现强势的中钢天源开始走弱，低开-6.37%，震荡 9 分钟后开始跳水，一波直接就按跌停了。在跌停板上震荡 6 分钟后，开始加拉，抛压仍然很重，获利丰厚的筹码涌出。其上涨主要驱动因素还是燃料电池概念，它没有成功切换到稀土概念中来，在竞争中被淘汰了。还有一种可能，因此标的近期涨幅翻倍，获利盘较多，加上市场过分看好，场内资金借机出货，导致分歧过大，从而最终走弱。

上午收盘，稀土永磁板块只有三川智慧和宁波韵升这两只个股涨停，英洛华还是没有封住涨停，相比当日的盘面显得有点弱。但相对华为和国产芯片板块来说，强度差得很远。下午开盘后 12 分钟，在盘面强有力的支撑之下，英洛华封住涨停。

午后，新的催化剂出现了。14:00 央视新闻播报：习近平总书记 20 日赴江西考察调研。他首先考察了位于赣州市的江西金力永磁科技股份有限公司，了解企业生产经营和赣州市稀土产业发展情况。

新闻播出后，如图 11-6 所示，盘中 14:02 金力永磁股价从 24.45 元起涨，涨幅 3.64%，耗时 1 分钟拉升至涨停，股价 25.96 元，涨幅 10.00%。同时，它带动了稀土永磁板块中个股的拉升，如正海磁材、北矿科技、银河磁体、中科三环先后涨停，共收 8 只涨停。在强有力的新闻催化之下，新增 5 个涨停助攻，确立了英洛华的板块龙头的地位。

这一则新闻，并没有新的概念，也没有明确的利好，初步可以认定它只是一副催化剂，是一个强有力的催化剂。因为国家领导人就是最大的能量源，一旦他与当下主线热点结合，就是一针最强的超能量剂。

沪深两市延续弱势，三大指数小幅收跌，农业板块多只股跌停，在芯片和稀土等板块带动下，分时图走出了小 V 形的走势，市场成交量持续萎缩，两市成交额不足 5000 亿元，短期大盘的弱势震荡行情或将持续。北上资金连续三个交易日净流出，沪股通净流出 12 亿元，深股通净流出 7.9 亿元。

当日市场题材热点赚钱效应非常火爆，稀土永磁板块的强度远不及国产芯片板块，板块强度只排到第三位。稀土永磁板块收 8 只涨停，赚钱效应具

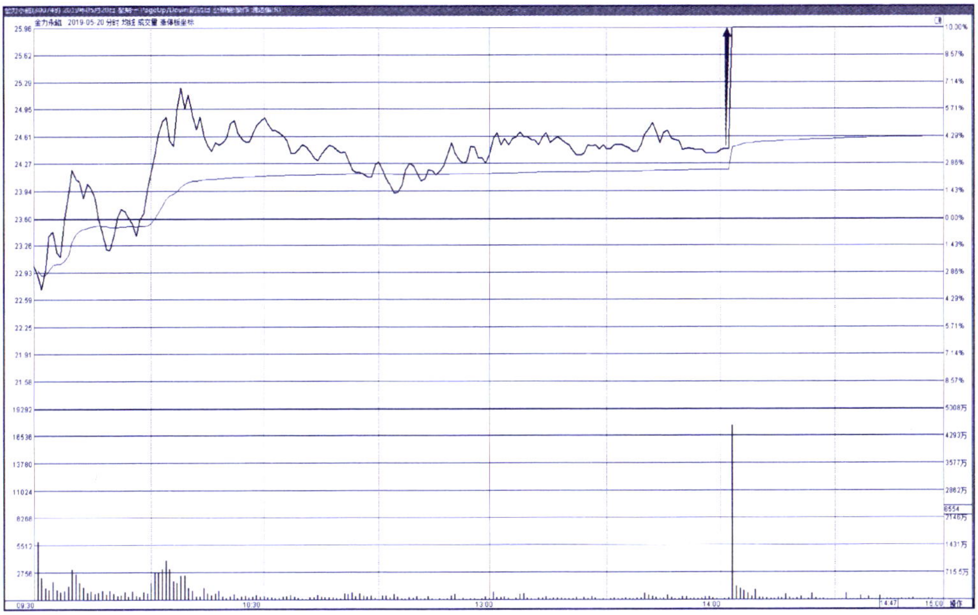

图 11-6　金力永磁分时走势图

有明显的持续性；英洛华成为板块龙头；稀土永磁成为新的主线热点之一。稀土永磁板块的弱转强，强势的盘面功不可没，新闻的催化锦上添花。

当日出现的机会还是非常多的，不论资金规模多大，风格多么不同，都可以参与。玩低吸、半路、打板、连板的散户投资者，皆可各显神通。

二、板块出现第一次高潮

1. 新催化剂催化稀土板块高潮

稀土行情第 4 天，2019 年 5 月 21 日星期二，前一日总书记考察金力永磁的新闻进一步发酵，稀土永磁板块延续昨日强势，港股和 A 股两地市场继续热炒稀土概念。

资金追逐稀土股，港股中国稀土暴涨 108%。在港股市场上，中国稀土以 0.42 港元跳空高开持续上扬，创 2018 年 1 月以来新高，股价一路上涨并在下午时段一度涨至了最高的 0.87 港元，随后以 0.77 港元报收，全天上涨 108.11%，成交额放量至 5.99 亿港元。

港股中国稀土暴涨的消息再次催化，A 股市场上，英洛华高开+5.67%，一波下杀后至+2.60%，9:36 开始拉升，9:40 封上涨停，开盘后

10 分钟就涨停了，一直封死至收盘。英洛华收四连板，进一步巩固了龙头的地位。英洛华可以继续加仓，激进者可以至满仓。

当日盘面整体赚钱效应较好，普涨的格局，指数也很给力，上证指数涨 1.23%，报收2905 点。做多氛围好，接力人气更旺。如表 11-2 所示，在港股中国稀土的暴涨带动下，国内稀土永磁板块出现这一波行情的第一次高潮，三川智慧、金力永磁、宁波韵升、五矿稀土、北方稀土、北矿科技、领益智造等 18 只个股涨停。当日稀土永磁板块指数上涨 6.78%。

表 11-2　稀土永磁板块第一次高潮涨停汇总表

序号	股票代码	股票简称	现价（元）	涨跌幅（%）	涨停2019.05.21	所属概念	涨停原因类别2019.05.21
1	000612.SZ	焦作万方	5.20	9.94	涨停	天然气;中原经济区;稀缺资源;油气开采;贸易战影响股;有色铝;稀土永磁	稀土永磁
2	000758.SZ	中色股份	5.39	10.00	涨停	稀有金属;铌;东盟自贸区;稀缺资源;央企控股;涉矿;再生金属;融资融券;深股通;锌;转融券标的;中非合作;小金属概念;稀土永磁;有色铝;央企国资改革	稀土永磁
3	000795.SZ	英洛华	7.18	9.95	涨停	新材料概念;新能源;苹果概念;新能源汽车;小金属概念;稀土永磁	稀土永磁
4	000831.SZ	五矿稀土	15.91	10.03	涨停	稀土整合;电子商务;深股通;小金属概念;稀土永磁;央企国资改革;年报预增	稀土永磁
5	002057.SZ	中钢天源	18.08	9.98	涨停	债转股;元器件;安徽自贸区;铀矿;稀土永磁;央企控股;金属锰;小金属概念;央企国资改革;锂电池;新能源汽车;创投;燃料电池;高送转	稀土永磁
6	002600.SZ	领益智造	6.49	10.00	涨停	永磁高铁;触摸屏;电子信息;新材料概念;小额再贷款;小额贷款;电动汽车;苹果概念;智能终端;深股通;富士康概念;无线充电;OLED面板;OLED;小金属概念;稀土永磁;小米概念;消费电子;柔性屏;科创板预期;融资融券;转融券标的	稀土永磁
7	300066.SZ	三川智慧	5.87	9.93	涨停	智能表;物联网应用层;芯片概念;物联网;参股新三板;新基建;稀土永磁;华为概念	稀土永磁
8	300127.SZ	银河磁体	15.94	10.01	涨停	永磁高铁;成渝特区;特斯拉;超级高铁;稀土永磁	稀土永磁
9	300224.SZ	正海磁材	7.70	10.00	涨停	新材料概念;再生金属;永磁高铁;深股通;电机电控;新能源汽车;超级高铁;小金属概念;稀土永磁	稀土永磁
10	300283.SZ	温州宏丰	5.23	10.11	涨停	智能电网;股权转让;年报预增;稀土永磁	稀土永磁
11	300748.SZ	金力永磁	28.56	10.02	涨停	稀土永磁;新股与次新股;新能源汽车	稀土永磁
12	600111.SH	北方稀土	12.76	10.00	涨停	参股新三板;稀缺资源;稀土整合;再生金属;MSCI概念;稀有金属;融资融券;沪股通;新材料概念;转融券标的;地方国资改革;小金属概念;稀土永磁	稀土永磁
13	600259.SH	广晟有色	43.56	10.00	涨停	再生金属;新材料概念;稀土整合;东盟北部湾;融资融券;钨;转融券标的;稀缺资源;稀有金属;广东国资改革;地方国资改革;小金属概念;稀土永磁	稀土永磁
14	600366.SH	宁波韵升	9.38	9.97	涨停	低碳;新材料概念;再生金属;磁悬浮;融资融券;沪股通;转融券标的;特斯拉;小金属概念;苹果概念;稀土永磁;创投	稀土永磁
15	600392.SH	盛和资源	12.40	10.03	涨停	参股保险;低碳;融资融券;钛;转融券标的;沪股通;小金属概念;海南自贸区;稀土永磁;央企国资改革;MSCI预期	稀土永磁
16	600531.SH	豫光金铅	4.68	10.12	涨停	涉矿;铅;再生金属;固废处理;稀缺资源;白银;沪股通;地方国资改革;黄金概念;小金属概念;稀土永磁	稀土永磁
17	600980.SH	北矿科技	15.80	10.03	涨停	央企控股;永磁高铁;3D打印;稀缺资源;新材料概念;小金属概念;稀土永磁;央企国资改革	稀土永磁
18	603701.SH	德宏股份	14.30	10.00	涨停	节能环保;农机;乡村振兴;汽车电子;参股新三板;新能源汽车;稀土永磁	稀土永磁

在新的消息催化之下，板块赚钱效应保持非常好，出现的机会很多，是一个非常不错的加仓点。

2. 板块高潮之后分化

稀土行情第 5 天，2019 年 5 月 22 日星期三，稀土永磁板块在第一次高潮之后出现明显分化。

市场没有明显的增量资金进场，整个稀土板块全部接力继续拉升将很困难，大概率出现前排个股强者更强，后排个股弱者越弱的情况。前排个股英洛华、三川智慧、金力永磁顶一字板开盘，后排的银河磁体、中钢天源、焦作万方、广晟有色等纷纷低开，这就意味着昨日打板买入的后排个股就出现不同程度的亏钱了。开盘后，第一波拉升还没有持续到 10 分钟，跟风接力不足，就开始持续回落，场内的获利盘也纷纷兑现利润离场，前排个股也出现烂板激烈换手的情况。

如图 11-7 所示，板块龙头英洛华早盘直接顶一字板，没有办法再继续参与了，9:57 第一次打开涨停，10:15 回封上了，尾盘 14:52 炸开，报收 +4. 32%。全天成交 15. 4 亿元，换手 22. 30%。

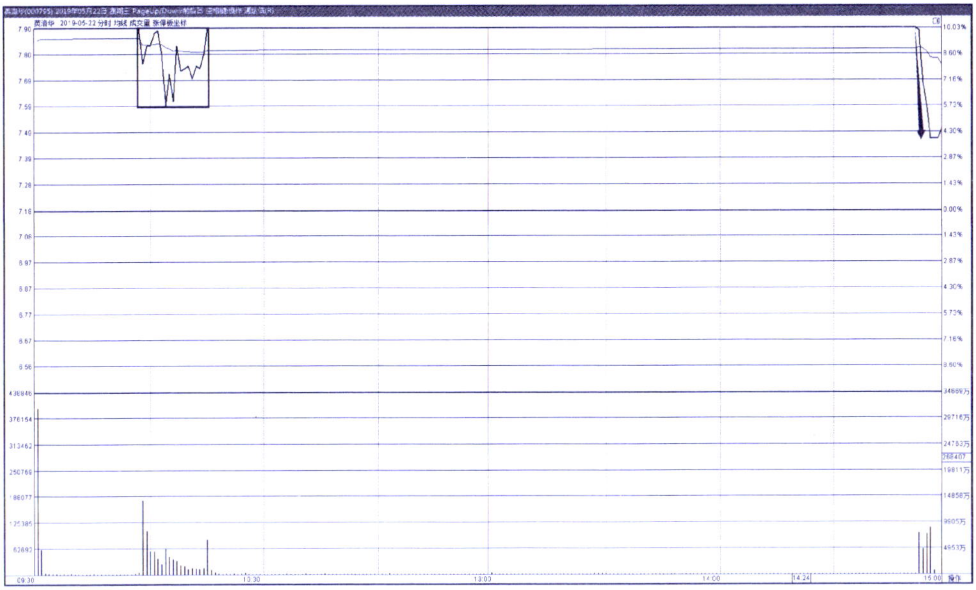

图 11-7　板块龙头英洛华见顶分时图

14:53 金力永磁尾盘炸开一字板，收+7. 16%，比英洛华稍强。当日表现分歧也是比较大的，上午反复打开涨停 1 小时，放出巨量，全天成交 8. 71 亿元，换手 67%。

14:55 三川智慧炸开一字板，一杆直接到跌停，后回拉收涨 2. 21%。全天成交 5. 04 亿元，换手 8. 12%。

板块中出现部分亏钱效应，大多数都在-3%~-7%，五矿稀土涨 0. 63%，北方稀土跌 0. 24%，这两只板块中均没有出现大幅的亏钱效应，稳定整个板块的人气起到了至关重要的作用。

综合盘面的情况，沪深两市再度走弱，个股现普跌格局，板块大幅分化，热点轮动加快，稀土永磁板块高开低走，几乎全线杀跌。当板块的亏钱效应传到前排强势个股时，就可以分批减仓，保守者可以清仓离场，激进者持有前排个股可留一部分底仓。当爆发亏钱效应时，兑现利润是首要的任务。行情能走到哪里，怎么走，其实是很难预测的。只要见到信号，按照交易规则来执行交易，确保执行到位，结果自然就不会差。

从盘面来看，稀土板块整体走弱，龙头英洛华尾盘炸板了，板块中没有一个涨停板了，可以说第一波行情已经宣告结束了。能否走出第二波行情，还需要有新的催化剂催化或者新的概念加持。

第二节 稀土第二波龙头——金力永磁

第一波的稀土行情中涨幅最大的是英洛华，第二波的龙头是金力永磁，它直接打开了上涨的高度空间。

如图 11-8 所示，金力永磁从 5 月 23 日至 5 月 31 日，7 天 7 板，它是怎样走出这惊天的翻倍行情来的呢？

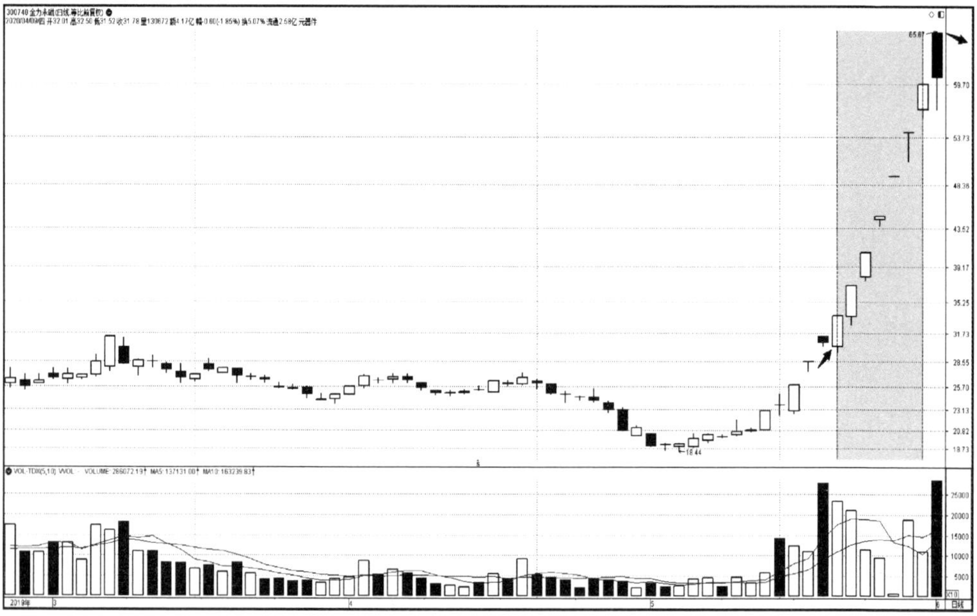

图 11-8 金力永磁 7 天 7 板走势图

一、新增概念开启第二波行情

稀土行情第 6 天，2019 年 5 月 23 日星期四，英洛华和金力永磁炸板反包，正式开启第二波行情。

1. 新增概念“稀土行业新规”

前一日收盘后，也就是 5 月 22 日 16:00，工信部网站消息称，5 月 21 日，工信部原材料工业司组织召开了稀土行业运行情况座谈会。与会领导听取了重点企业和行业协会关于上半年行业运行情况的汇报，分析了存在的主要问题，提出了下一步的工作建议。此外，与会领导要求有关单位要在习近平新时代中国特色社会主义思想指导下，以习近平总书记视察江西稀土企业为契机，扎实推进稀土行业平稳运行。

这则新闻是一则增量信息，新增稀土行业主管部门用实际行动为出台行业新规做准备，是属于政策性利好，激起对颁行稀土行业新规的畅想，有可能变成现实。新增概念“稀土行业新规”，逻辑就是规范稀土的开采和深加工，一些效率低的开采企业会被取缔，供给端会进一步被压缩，需求端并没有减少，商品价格随之会上涨，相应的稀土企业会直接受益。这一则新闻为稀土行情添加了新的能量，打开了新的想象空间。

5 月 22 日晚，新华社发布了习近平总书记考察江西金力永磁科技股价有限公司的新闻。习近平总书记在考察时强调，技术创新是企业的命根子。拥有自主知识产权和核心技术，才能生产具有核心竞争力的产品，才能在激烈的竞争中立于不败之地。要紧紧抓住技术创新这个战略基点，掌握更多关键核心技术，抢占行业发展制高点。稀土是重要的战略资源，也是不可再生资源。要加大科技创新工作力度，不断提高开发利用的技术水平，延伸产业链，提高附加值，加强项目环境保护，实现绿色发展、可持续发展。

新华社在这个时点发布这则新闻，为这波行情起到了十分重要的作用，在国家层面上表明了对稀土的态度，指明了稀土行业发展的方向。

新闻报道使金力永磁提高了知名度，为其进一步聚集人气创造了条件，同时也将其推向了稀土行情的风口，使其成为新阶段行情的风向标。

当日大盘氛围一点儿都不好，开盘数据还稍好一点儿，午后数据更差，能否走出行情来，其实大家心里都没有底，市场分歧非常大。

稀土能否继续再走一波行情，关键看金力永磁，若它都不能走出来，那其他个股将更难以引领行情。如图 11-9 所示，金力永磁早盘低开-1.73%，第一波分三段拉升至+7.74%，然后震荡，回踩+3.00%，10:52 从+5.55%拉升至+9.99%，一封涨停板到收盘没动。当日形成强势反包板，成为板块中第一个涨停的。从开盘 9:30 到 10:55 封住涨停，中间共有 85 分钟，还是可以从容开仓或试仓的。

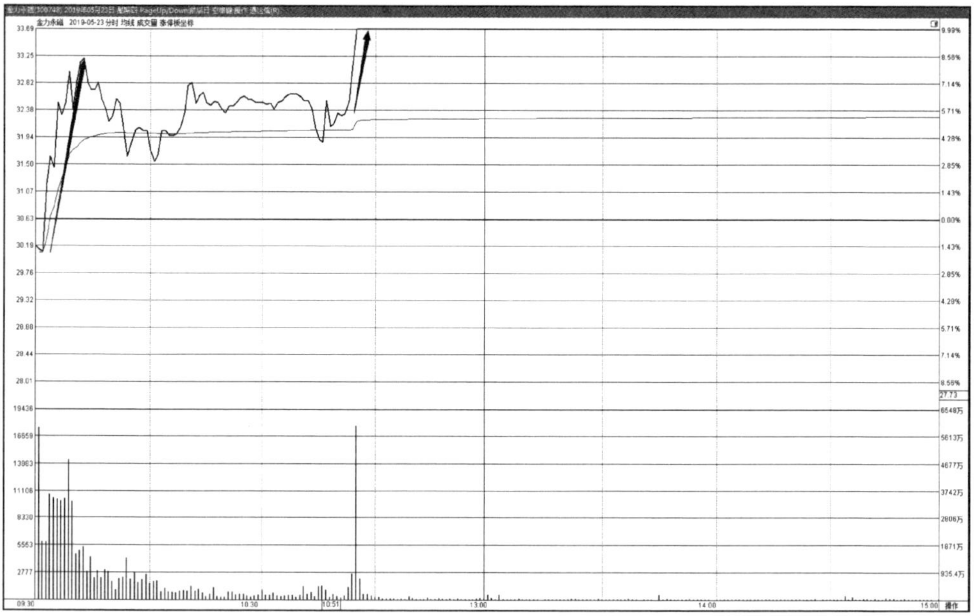

图 11-9　金力永磁反包分时图

买入的信号有：①前一日有两条重磅新闻，并且有新增的利好和概念；②盘口可以确认主力的拉升意图十分明显；③盘面较弱，逆势走强，强势反包。

综合以上三点，还是值得尝试一把的。

当日市场盘面不佳，沪深两市持续走弱，创业板指盘中再创调整新低，板块指数全线尽墨，市场呈现普跌格局。亏钱效应还在扩散，市场挺迷茫的，市场最强的热点还是芯片板块，而农业板块全线大跌。稀土板块勉强收 3 只涨停，英洛华 9:39 就上板，后反复打开，至 14:30 才封住；北矿科技尾盘也封住涨停；板块中其他个股有不同程度下跌。

当日盘面上的机会并不多，风格保守者可以先保持观望，只能边走边看。风格激进者，可以试仓前排强势个股。相关稀土标的受益于供给端收缩双重利好，股价提振明显，但后续板块表现持续性还有待观察。

2. 确立了板块新龙头地位

稀土行情第 7 天，2019 年 5 月 24 日星期五，市场否极之日，金力永磁再次强势涨停，确立为稀土板块的新龙头。

开盘数据显示盘面氛围很差，近期热点开始补跌。市场出现板块轮流上涨与补跌现象，强势的板块将要下跌，弱势的板块受到消息刺激继续上涨，交替进行。在存量博弈结构性行情中，这种现象是很常见的。

稀土板块早盘大幅低开后，一度强势拉升反弹，因做多氛围不理想，接力人气不佳，拉升行情未能延续，最终重新进入回落状态。如图 11-10 所示，金力永磁早盘微低开-0.31%，开盘后快速拉升，9:41 封上涨停，中午前后炸开过一下，很快又给封上了。

图 11-10 金力永磁逆势拉升分时图

板块中近期涨幅较大的个股开始补跌，低位个股 4 只补涨。国泰集团顶一字板，德宏股份开盘后就拉升，9:43 封上涨停。焦作万方开盘后直接拉升，9:44 封上涨停，临近中午炸开。太化股份一杆拉升，10:04 封上涨停。板块分化后，仍然保持了一定的热度。由此，确立金力永磁为稀土永磁板块新一波行情的龙头。

金力永磁当日最好的买点就是集合竞价，大胆买入。金力永磁已经创出历史新高，成为稀土永磁板块龙头，还发散到次新板块，带动 7 只个股涨停，如表 11-3 所示。金力永磁已经从简单的稀土永磁属性走出来了，也成为次新板块的标杆。

表 11-3　次新板块涨停榜

序号	股票代码	股票简称	现价（元）	涨跌幅（%）	涨停2019.05.24	所属概念	涨停原因类别2019.05.24
1	300748.SZ	金力永磁	37.06	10.00	涨停	稀土永磁;新股与次新股;新能源汽车	稀土永磁+次新
2	002947.SZ	恒铭达	40.80	10.00	涨停	新股与次新股;苹果概念	次新
3	300749.SZ	顶固集创	16.06	10.00	涨停	全屋定制;新股与次新股;智能家居;送转填权	次新+高送转填权
4	300694.SZ	蠡湖股份	20.36	10.00	涨停	新股与次新股;燃料电池	次新
5	300772.SZ	运达股份	17.89	10.03	涨停	地方国资改革;新股与次新股;浙江国资改革;风电	次新
6	601860.SH	紫金银行	6.77	10.08	涨停	新股与次新股	次新+银行
7	603121.SH	华培动力	22.58	9.99	涨停	新股与次新股;长三角一体化	次新

金力永磁虽然有五连板，但真正代表次新股的只有今日一个板，加上昨日的一个板，也只有两个板，这样的高度是不够的。如果从次新的视角来理解金力永磁，再添加新的驱动元素，那么，次新股能否继续表现强势，这是值得关注的。

上证指数全天难改弱势，继续在零轴附近盘整，创业板指再创调整新低，近期热点华为海思、芯片、稀土等板块大幅补跌，市场情绪再现冰点。

盘面机会并不多，方显勇气和胆量，胆大还得心细，精选强势个股，虎口夺食。

3. 借势盘面泰来

稀土行情的第 8 天，5 月 27 日星期一，盘面否极泰来，金力永磁继续强势涨停，可以满仓买入或持有龙头的时候到来了。

早盘数据显示，盘面否极泰来的迹象明显，可以大胆介入。上证指数早盘一度创下调整新低，在券商、芯片等科技股的带动下强势反弹，个股呈现普涨走势。5G、芯片两大科技股板块早盘最先拉升，午后双双持续走强，但芯片概念成为这一天的领涨板块，绝对的市场核心。券商板块在上午临收盘前强势拉升，午后继续走高，引导了这一天整个市场的反弹行情。稀土板块全天震荡走强，延续着前期强势的走势。

稀土板块龙头金力永磁开盘后，继续强势拉升，9:36 后就封上涨停，10 分钟之后又打开涨停，换手 8 分钟后就回封至收盘。如表 11-4 所示，稀土永磁板块只有 4 只涨停，显得有点儿弱。

当日盘面非常不错，赚钱效应火爆，非常适合交易。国产芯片板块收 31 只涨停，比爆发的时候多出了一倍，很多个股出现涨停反包形态，板块龙头康强电子 7 天 6 板。稀土永磁龙头金力永磁 8 天 6 板，次新板块也收 4 只涨停。两个六连板股成为强势股中的第一梯队，并未决出谁是市场的总龙头，呈现并驾齐驱的格局。

表 11-4　稀土永磁板块涨停榜

序号	股票代码	股票简称	现价（元）	涨跌幅（%）	涨停2019.05.27	所属概念	涨停原因类别2019.05.27
1	300748.SZ	金力永磁	40.77	10.01	涨停	稀土永磁;新股与次新股;新能源汽车	稀土+次新股
2	300224.SZ	正海磁材	8.03	10.00	涨停	再生金属;新材料概念;永磁高铁;深股通;电机电控;新能源汽车;超级高铁;小金属概念;稀土永磁	稀土永磁
3	600206.SH	有研新材	10.43	10.02	涨停	多晶硅;OLED;央企控股;4D打印;钌催化剂;新材料概念;融资融券;硅晶圆;沪股通;芯片概念;芯片材料;转融券标的;靶材;军工;砷化镓;OLED材料;小金属概念;稀土永磁;央企国资改革;年报预增;科创板IPO	稀土永磁
4	600980.SH	北矿科技	17.90	10.02	涨停	央企控股;永磁高铁;3D打印;稀缺资源;新材料概念;小金属概念;稀土永磁;央企国资改革	稀土永磁

4. 超预期创新高

稀土行情第 9 天，2019 年 5 月 28 日星期二，盘面强者恒强、金力永磁再创新高，继续强势连板，走出 9 天 7 板的惊天行情。

开盘数据显示十分强劲，是一个强者恒强加速点，开盘涨停 17 家，连板 9 家，昨日连板和涨停赚钱效应十分火爆，主线热点芯片和稀土继续延续强势。

稀土永磁龙头金力永磁高开 9.15%，开盘后 1 分钟就涨停了，尽管盘中有抛盘，但是也没有砸开涨停，一直严实封到收盘。这么强势，还没有出现卖出的信号，顺势继续持有。芯片的龙头康强电子也继续连板涨停。

稀土永磁板块收 4 只涨停，前龙头英洛华涨停，新增有研新材和彤程新材。

早盘在权重股带领下一路走高，午后券商等权重股板块跳水，拖累三大指数走低，热点板块也出现不同程度的跳水。临近收盘，北上资金尾盘大幅异动，一度流入超 110 亿元，截至 A 股收盘，净流入近 75 亿元，MSCI 纳 A 因子首次扩容，今日收盘后落地。

晚上，金力永磁发布交易异常波动公告称，公司不存在应披露而未披露的重大事项，公司目前的经营情况及内外部经营环境未发生重大变化。这是一则常规公告，中性，对股价运行影响不大。

5.“稀土反制”的新概念掀起第二次涨停潮

稀土行情第 10 天，5 月 29 日星期三，受新的消息再次催化，稀土永磁板块掀起第二次高潮。

2019 年 5 月 28 日下午，国家发展改革委有关负责人在回应稀土是否可能成为中国对美反制的重要筹码时表示：你提出稀土是否会成为中国反制美方无端打压的反制武器，我可以告诉你的是，如果有谁想利用我们出口稀土所制造的产品，反用于遏制打压中国的发展，那么我想赣南原中央苏区人民、中国人民都会不高兴的。这是一个明确的官方态度，从前期的猜想到明朗态度，更能激发市场的想象，从而使散户投资者认为稀土反制变得极有可能。稀土反制的概念，被再度催化，进一步加强了行情。

早盘数据显示较好，盘面强者恒强。港股中国稀土再涨近 40%，双重利好催化之下，A 股稀土永磁概念集体暴涨。龙头金力永磁直接顶一字板，有研新材、英洛华、五矿稀土、银河磁体等共 13 只个股涨停，第二次出现涨停潮，如表 11-5 所示。这次高潮涨停的家数比第一次减少了 5 家，强度有所减弱。

表 11-5　稀土永磁板块涨停榜

序号	股票代码	股票简称	现价（元）	涨跌幅（%）	涨停2019.05.29	所属概念	涨停原因类别 2019.05.29
1	300748.SZ	金力永磁	49.34	10.01	涨停	稀土永磁;新股与次新股;新能源汽车	次新+稀土
2	603650.SH	彤程新材	24.08	10.01	涨停	新股与次新股;新材料概念;石墨烯;沪股通;稀土永磁;富时罗素概念股;上海自贸区	次新+稀土
3	000612.SZ	焦作万方	5.73	9.98	涨停	天然气;稀缺资源;中原经济区;油气开采;贸易战影响股;有色铝;稀土永磁	稀土永磁
4	000758.SZ	中色股份	5.63	9.96	涨停	再生金属;涉矿;稀缺资源;稀有金属;央企控股;铌;东盟自贸区;融资融券;深股通;锌;转融券标的;中非合作;小金属概念;稀土永磁;有色铝;央企国资改革;富时罗素概念股	稀土永磁
5	000795.SZ	英洛华	9.39	9.95	涨停	新材料概念;新能源;苹果概念;新能源汽车;小金属概念;稀土永磁	稀土永磁
6	000831.SZ	五矿稀土	17.38	10.00	涨停	稀土整合;电子商务;深股通;小金属概念;稀土永磁;央企国资改革;年报预增;富时罗素概念股	稀土永磁
7	300127.SZ	银河磁体	17.03	10.01	涨停	永磁高铁;成渝特区;特斯拉;超级高铁;稀土永磁	稀土永磁
8	300224.SZ	正海磁材	9.27	9.96	涨停	再生金属;新材料概念;永磁高铁;深股通;电机电控;新能源汽车;超级高铁;小金属概念;稀土永磁;富时罗素概念股	稀土永磁
9	600058.SH	五矿发展	9.52	10.06	涨停	央企控股;涉矿;电子商务;外贸;稀土整合;互联网钢铁;融资融券;铬铁;铁矿石;转融券标的;国改双百行动;小金属概念;央企国资改革;证金持股	稀土永磁
10	600206.SH	有研新材	12.62	10.03	涨停	多晶硅;OLED;央企控股;4D打印;钌催化剂;新材料概念;融资融券;硅晶圆;沪股通;芯片概念;芯片材料;转融券标的;靶材;军工;砷化镓;OLED材料;小金属概念;稀土永磁;央企国资改革;年报预增;科创板IPO;富时罗素概念股	稀土永磁
11	600980.SH	北矿科技	21.15	9.98	涨停	央企控股;永磁高铁;3D打印;稀缺资源;新材料概念;小金属概念;稀土永磁;央企国资改革	稀土永磁
12	603701.SH	德宏股份	16.89	10.03	涨停	节能环保;农机;乡村振兴;汽车电子;参股新三板;新能源汽车;稀土永磁	稀土永磁
13	600281.SH	太化股份	5.15	10.04	涨停	新材料概念;甲醇;纳米;PVC;烧碱;煤化工;粗苯;山西国资改革;地方国资改革;稀土永磁	稀土永磁

持有金力永磁者，都吃上大肉了，没有卖出的信号，继续坚定持有，其

他的个股连续涨幅都不太大，辨识度也不高。到了这个时候，行情走到半路了，参与难度加剧，除了强势的个股，还有就是低位补涨的机会，只有龙头的确定性最高。次新板块也继续保持强势，共收 7 只涨停，多是轮流上涨，捕捉机会的难度也比较大。

另外一条主线热点——国产芯片仍然保持强势，龙头康强电子继续涨停，共收 17 只涨停，成为日内最强的板块。保险、农业、黄金等板块有所表现，但是轮动太快，不过可以活跃盘面，带动市场人气做多。沪深两市全日缩量盘整，个股涨跌互半，成交量还未见持续放大。

6. 胜出成为市场总龙头

稀土行情第 11 天，5 月 30 日星期四，康强电子与金力永磁 PK，金力永磁轻松胜出，10 天 9 板成为市场的绝对总龙头。

开盘数据显示，盘面赚钱效应还比较好，只是亏钱效应有扩散的迹象。金力永磁一字板开盘，康强电子高开+4.68%，开盘稍弱。开盘后，就被“核按钮”打到-8.15%，直接就被淘汰了。康强电子带动高位个股纷纷跳水，高位连板个股亏钱效应开始爆发，国产芯片板块最为明显。

随着高位股下杀，恐慌情绪开始蔓延，稀土永磁板块中的高位跟风股也纷纷下挫，抛盘涌出。龙头金力永磁继续强硬顶着一字板，焦作万方也顶一字板，华伍股份 9:32 一杆从+1.56%拉起直接上板，章源钨业 9:55 强势封板，德宏股份仍然保持强势，高开+9.18%，开盘后震荡至 10:47 一杆就拉涨停了。午后封板的还有湖南盐业和中色股份。板块的热度还可以，连板梯队已经出现断层了，不过全部换了新面孔，多是低位补涨。如表 11-6 所示，稀土永磁板块有 7 只涨停，除了龙头金力永磁，其余的都是新票。

表 11-6　稀土永磁板块涨停榜

序号	股票代码	股票简称	现价（元）	涨跌幅（%）	涨停2019.05.30	所属概念	涨停原因类别 2019.05.30
1	300748.SZ	金力永磁	54.27	9.99	涨停	稀土永磁;新股与次新股;新能源汽车	次新+稀土
2	000612.SZ	焦作万方	6.30	9.95	涨停	天然气;稀缺资源;中原经济区;油气开采;贸易战影响股;有色铝;稀土永磁	稀土永磁
3	300095.SZ	华伍股份	6.38	10.00	涨停	新能源;航天军工;轨道交通;军工;国资驰援;新基建;一带一路;核电;稀土永磁;风电	稀土永磁
4	002378.SZ	章源钨业	7.18	9.95	涨停	稀有金属;石墨烯手机;赣南振兴;融资融券;钨;深股通;转融券标的;小金属概念;富时罗素概念股;机构重仓;稀土永磁	稀土永磁
5	603701.SH	德宏股份	18.58	10.01	涨停	节能环保;农机;乡村振兴;汽车电子;参股新三板;新能源汽车;稀土永磁	稀土永磁
6	000758.SZ	中色股份	6.19	9.95	涨停	再生金属;涉矿;稀缺资源;稀有金属;央企控股;铌;东盟自贸区;融资融券;深股通;锌;转融券标的;中非合作;小金属概念;稀土永磁;有色铝;央企国资改革;富时罗素概念股	稀土永磁
7	600929.SH	湖南盐业	9.03	9.99	涨停	食盐;湖南国资改革;地方国资改革;调味品	次新+稀土

市场总龙头金力永磁 13:24 炸开涨停，14:00 回封，间隔 36 分钟。场内的获利盘比较丰厚，在市场爆发高位股亏钱效应的时候，出现分歧，一部分获利盘清仓获利了结离场。那手上的筹码，是走，还是继续坚守？风格保守者，加上仓位又比较重，可以考虑减仓，先锁定部分利润。风格激进者，可以再持有观望一下，稀土板块新增 5 只低位涨停助攻，次新也有 3 只涨停助攻，双助攻，龙头依然坚挺。此外，金力永磁的赚钱效应一直保持很好，还没有出现见顶信号。刚决胜出来的市场总龙头，不会同时就死掉，可以多拿一些时间，若明天不行，再出。若持有其他标的，尤其是跟风个股，最好及时离场，不可恋战。

在市场人气股金力永磁的带动下，次新股板块继续强势，成为市场的一个小热点。农业类板块早盘集体性走强，但以芯片和国产软件为代表的科技股全线杀跌，市场成交量持续低迷，资金趋于谨慎。

晚间金力永磁发布公告指出，公司并不直接拥有稀土矿山资源。11 天 9 涨停的金力永磁，公司为高性能稀土永磁材料高新技术企业，产品主要应用于风力发电、新能源汽车及汽车零部件、节能变频空调、节能电梯、机器人及智能制造等领域。公司主营业务未发生重大变化。另外，公司、控股股东及实控人不存在应披露而未披露的重大事项，或处于筹划阶段的重大事项。

金力永磁起草并发布这则公告的董秘政治水平极高，我们应为他点个赞。公告如实告知，公司并不直接拥有稀土矿山资源，但是公司为高性能稀土永磁材料高新技术企业，产品主要应用于风力发电等领域。这则公告与当天下午国家能源局印发的风电补贴的通知相吻合，旨在明确告诉大家，公司的产品主要应用于风力发电，也属于风电概念。相关新闻如下：

国家能源局：积极推进平价上网项目建设 严格规范补贴项目竞争配置

财联社 5 月 30 日讯，国家能源局印发《关于 2019 年风电、光伏发电项目建设有关事项的通知》（简称《通知》）。《通知》要求，积极推进平价上网项目建设，严格规范补贴项目竞争配置。根据规划和电力消纳能力，按风电和光伏发电项目竞争配置工作方案确定需纳入国家补贴范围的项目。竞争配置工作方案应严格落实公开公平公正的原则，将上网电价作为重要竞争条件，优先建设补贴强度低、退坡力度大的项目。

这是一则行业新闻，利好程度一般，正好可以让金力永磁巧妙借其力。

7. 续命风电再领次新高潮

稀土行情第 12 天，5 月 31 日星期五，稀土板块全面回调，风电概念崛起，为金力永磁续命一次，金力永磁引领次新推向高潮。

早盘数据正常，两市延续缩量震荡格局，市场短线继续活跃。上网电价补贴的政策利好催化，光伏、风电两个板块双双走强，共收 8 只涨停。金力永磁顺势高开+4. 81%，昨日的分歧再度被统一，继续震荡拉升，9:44 就上板一直到收盘都没有被打开过。受金力永磁带动，稀土板块早盘震荡性走高，但午后逐步回落。

在金力永磁连续赚钱效应火爆的影响之下，次新板块全天一路走高，共收 16 只涨停板，成为市场核心板块，见表 11-7 所示。次新板块出现持续的赚钱效应，2019 年第一次达到高潮。久违的次新行情能否持续，需要有新的催化剂出现和量能的支撑。我们需要重点关注次新板块之后的走势。

表 11-7　次新板块高潮涨停榜

序号	股票代码	股票简称	现价（元）	涨跌幅（%）	涨停 2019.05.31	所属概念	涨停原因类别2019.05.31
1	300748.SZ	金力永磁	59.70	10.01	涨停	稀土永磁;新股与次新股;新能源汽车;风电	次新股
2	601975.SH	招商南油	4.09	9.95	涨停	央企国资改革;新股与次新股;摘帽	次新
3	002952.SZ	亚世光电	58.98	10.00	涨停	新股与次新股;高送转	次新股
4	002953.SZ	日丰股份	38.35	10.01	涨停	新股与次新股	次新股
5	300526.SZ	中潜股份	16.04	10.01	涨停	体育产业;潜水运动	次新股
6	300746.SZ	汉嘉设计	18.35	10.01	涨停	天然气	次新股
7	300767.SZ	震安科技	41.13	10.00	涨停	新股与次新股;地震;高送转预期	次新股
8	300768.SZ	迪普科技	37.94	10.00	涨停	新股与次新股;态势感知;网络安全	次新股
9	601068.SH	中铝国际	7.41	9.94	涨停	新股与次新股;中字头股票;沪股通;央企国资改革;一带一路;工业大麻;PPP概念;稀土永磁;芯片概念	次新股
10	603045.SH	福达合金	32.00	10.00	涨停	智能电网;氢能源	次新股
11	603697.SH	有友食品	22.73	10.02	涨停	新股与次新股	次新股
12	603956.SH	威派格	22.52	10.02	涨停	新股与次新股	次新股
13	300772.SZ	运达股份	21.80	9.99	涨停	地方国资改革;新股与次新股;浙江国资改革;风电	次新股+风电
14	300749.SZ	顶固集创	18.70	10.00	涨停	全屋定制;新股与次新股;智能家居;送转填权	次新股+高送转填权
15	603396.SH	金辰股份	32.42	10.01	涨停	太阳能;光伏概念;工业4.0;锂电设备;锂电池	光伏+次新
16	603693.SH	江苏新能	13.71	10.03	涨停	新能源;太阳能;新股与次新股;生物质能;江苏国资改革;地方国资改革;光伏概念;风电	光伏+次新

盘中 5G、芯片、稀土等板块均有异动表现，但都没有继续走强，而是被市场资金无情抛弃了。加上市场资金规模所限，无法同时容纳那么多板块同时上攻，只有轮番拉升上涨，再轮流补跌，这样才能使行情走得更持久些。

午后热点轮动太快，接力资金不足，高位股筹码开始松动。

8. 泰极否来见顶回落

稀土行情第13天，2019年6月3日星期一，盘面泰极否来，金力永磁见顶回落，清仓走人。

中新网6月2日报道，商务部副部长兼国际贸易谈判副代表王受文2日表示，如果有国家利用中国出口的稀土来制造产品，反过来打压中国的发展，于情于理这都是难以接受的。这一表述在内容和提法上都没有新意，市场也难以接受这是新的催化剂。最后，市场并没有什么反应，算是无效催化。

板块高潮之后，必然走向分化，是分化胜出者继续走强，还是全军覆没呢？

开盘数据显示比昨天稍弱，前期强势股集体大幅杀跌，亏钱效应不断扩散与蔓延，市场短线情绪逐步回落。市场总龙头金力永磁早盘高开+9.73%，如图11-11所示，开盘就遭遇大额抛盘，一波短暂下杀后，马上就加拉上板，但没有封板的意愿，再次触板后就开始回落。从分时波上可以看出分歧较大，卖出的远远比买入的多，也无心再封板了。涨幅翻倍的高位个股，在分时图上出现下跌波比上涨波明显长的情况，有的甚至长两倍以上，这就是所谓的高位出货波。连续大涨的牛股，在高位出现出货波，是清仓离场的信号之一。

再结合赚钱效应与亏钱效应的变化来看，一只保持非常好的赚钱效应的大牛股，连续上涨数日之后，突然出现了亏钱效应，那要引起重视。再结合板块和盘面的态势来看，若亏钱效应不断扩散与蔓延，那就是要及时获利了结，锁定利润就是上策，此时并不是要追求利润最大化，利润兑现则变得更为重要。尾盘再上板，次日再涨停，那是明天的事，先做好今天的事。

金力永磁当日收+1.17%，成交17.7亿元，换手68.77%，K线是假阴真阳，从最高价涨停价到收盘价，出现打板亏损-8.83%。相比其他跟风个股，金力永磁还是比较轻的，这是“人气王”的魅力之所在。号称“人气王”的市场总龙头，总是涨的比别人早，涨幅最大，活的比别人长，死得比别人慢。当日次新股遭资金抛售，多只个股上演天地板。

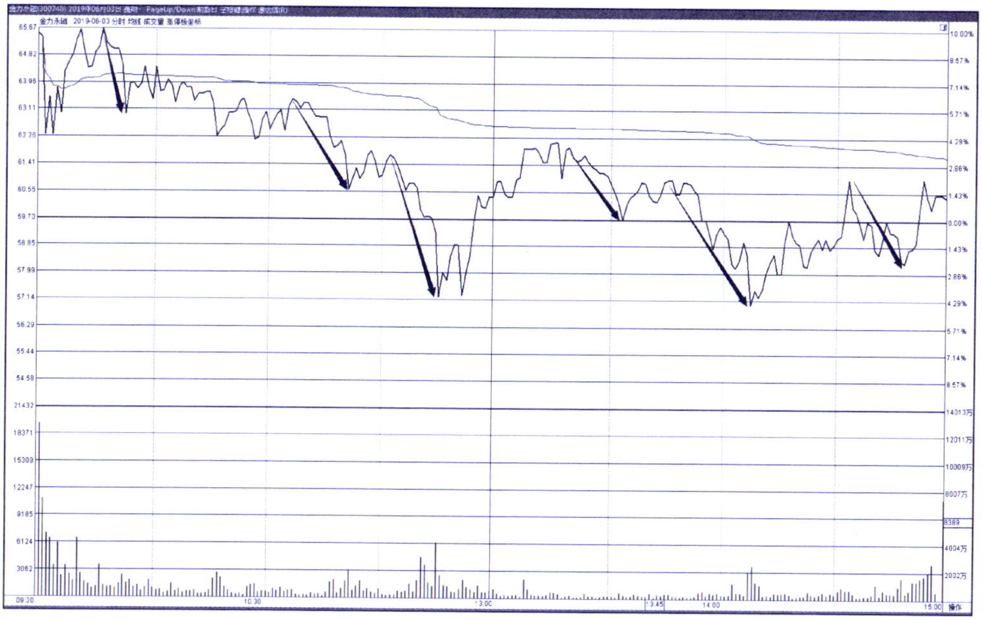

图 11-11　金力永磁见顶日分时图

稀土板块整体开始回落，出现不同程度的下跌，开始出现亏钱效应了。新冒出一只低位个股补涨，国泰集团早盘就开始拉升，9:57 就封板，一直到收盘也未被打开过，主动上涨的意图还是很明显的。不过，对板块人气的恢复也没有发挥什么作用。

从盘面上看，燃料电池、稀土、次新股等板块开始调整，5G、农业、乳业板块等板块涨幅居前。物流板块受到消息催化，早盘大幅高开，但冲高后全天一路走低。农业板块依旧表现强势，午后出现一定程度的回落。敦煌种业逆势五连板，暂时成为市场的高位龙头股，市场高度板开始下降，但是强势股的梯队保存还是完整的。连板数下降明显，尤其二连板下降较多。

盘面上的机会并不太多，离场后先平静一下心情，先观察好再择机参与。

金力永磁浩浩荡荡的行情，暂时宣告一段落，下一步是高位震荡，还是直接回落，暂时先都不要再介入此标的了。从 5 月 16 日首日涨停起涨，开盘价 20. 90 元，至 6 月 3 日收盘 64. 40 元，历经 13 个交易日，共收 10 个涨停，总涨幅3倍。其中，只有1天是一字板，没有办法自由买入或卖出的，其他的12天都是可以自由交易的。参与了吗？赢亏了多少呢？不论战绩如何，都值得我们好好总结。

第三节　稀土第三波龙头——银河磁体

稀土行情走过13天，出现了两次非常容易赚钱的好机会，成为2019年持续性非常好的主线热点之一。它会马上就死掉吗？第一波行情算是预热，第二波行情算是主升，那还会出现第三波补涨行情吗？我们应继续密切关注场外的新闻和盘面的变化。国家发展改革委一系列举动，催生了稀土永磁的第三波行情，同时诞生了第三波行情的龙头——银河磁体6天6板，如图11-12所示。

银河磁体6天6板，是怎么走出来的呢？请看以下的详解。

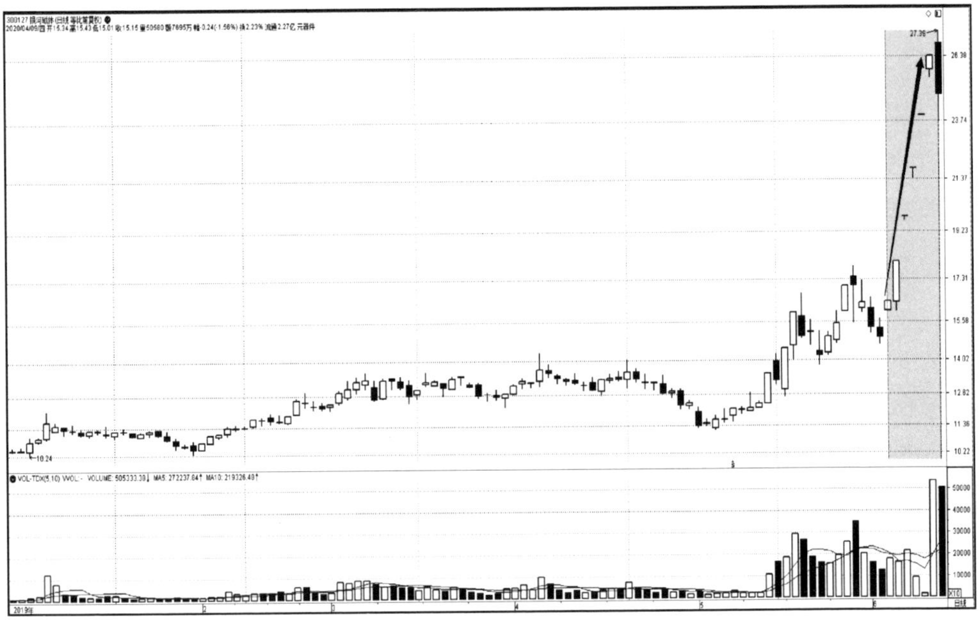

图11-12　银河磁体走势图

一、新概念开启第三波行情

稀土行情第14天，2019年6月5日星期三，盘面弱势，国家发展改革委研究推动稀土产业高质量发展，稀土板块高开低走。

1.“高质量发展”的新概念催化弱爆发

稀土永磁板块龙头金力永磁6月3日见顶回调后，6月4日继续横盘震荡，当日稀土板块收3只涨停，国泰集团二连板，彤程新材和太化股份首板，这些有点儿像蹭热点借势补涨。6月5日小幅低开后，两波拉升后就开始跳水，显得比较弱，已然无力继续领涨，就从强势的前排退出了。

稀土板块中个股在盘中反复活跃，板块热度还没有完全退却。盘面继续维持弱势，亏钱效应延续，短线情绪低迷。

6月4日，国家发展改革委召开稀土行业专家座谈会，分析行业发展现状，就推动我国稀土产业高质量发展听取意见建议。

> 国家发展改革委相关司局6月4日召开稀土行业专家座谈会。与会专家建议，稀土是不可再生的稀缺资源，国家要强化稀土行业全方位监管，要加强出口管控，建立稀土出口全流程追溯和审查机制；同时支持行业科技进步和资源高端应用，加快实现由依靠资源消耗为主的粗放型规模化扩张，转向依靠基础研发能力提升和技术进步的创新驱动发展，形成全产业链竞争优势。国家发展改革委相关司局负责同志表示，将认真研究、充分采纳专家意见建议，与有关部门抓紧出台有效管用举措，切实发挥好稀土作为战略资源的特殊价值。

这则新闻提出一个新概念——“稀土产业高质量发展”，这是一个全新的概念，完全有别于第一波行情的稀土反制和第二波行情的稀土涨价。这个概念是由稀土行业的最高主管部门提出来的，并且正在抓紧出台有效管理的举措。追加的政策利好，既能激发市场的想象空间，又能切实发挥好稀土作为战略资源的特殊价值。

新闻的利好、概念和逻辑，都很明确，能否催化出第三波行情，还得看盘面的支撑度。6月4日稀土板块收3只涨停，其他个股还在调整中，几乎没有喘一口气，盘后就继续发布新闻，对行情持续催化。短线情绪处于调整中，亏钱效应仍然很明显，热点板块切换较快。

在盘面弱势，以及新闻的催化之下，稀土板块中个股开盘大幅冲高，后受指数冲高回落拖累，纷纷回落。催化后只收 3 只涨停，效果不是很明显，属于弱催化。国泰集团顶一字板，盘中板上打开过，成功封住了三连板，是板块中的最高板。德宏股份几乎秒板，首板涨停，10:24 打开，11:05 回封。银河磁体首板强势涨停，从图 11-13 可以看出，银河磁体早盘高开 7.35%，开盘后一笔直接拉升，1 分钟后封上涨停，10:17 砸开涨停板，10:37 回封成功，中间打开涨停 20 分钟，解决掉了部分分歧。

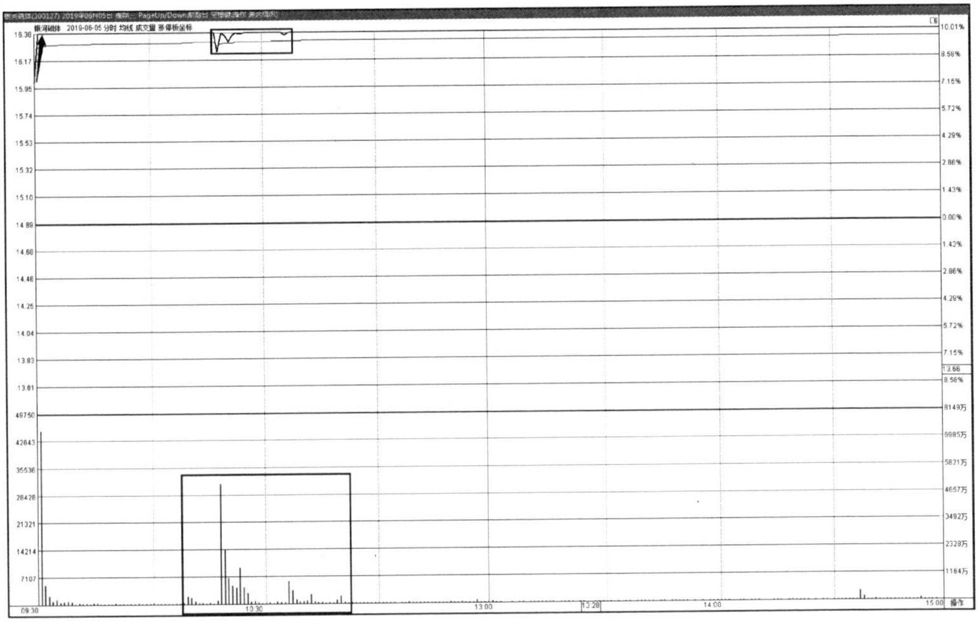

图 11-13　银河磁体起涨首板分时图

前一日涨停的彤程新材，早盘高开高走，两次冲板未成功，不断回落，最后收-4.14%，是板块中亏损幅度最大的个股。前龙头金力永磁在 10:15 开始跳水，10:39 第一次触碰跌停，随后开始回拉，拉到+1.43%再次开始回落，从分时图上看，出货波较多，承接盘不足；14:36 再次冲击跌停，当日早盘低吸客全部被埋；最后收盘-8.04%，当日换手达到 66.89%，成交量 17.4 亿元。板块中的其他个股回调的幅度都比较大，亏钱效应还是很明显的。

新概念催化弱爆发的第一天，龙头的辨识度不高，选择国泰集团的居多，有些也会选择彤程新材，选择银河磁体和德宏股份的也不多。

盘面受美股前一日大涨的刺激，三大指数盘中集体走高，场内增量资金不足，午后空头再度发力，各热点题材开始回落。稀土、5G、广电板块强势拉升后，出现了明显的回落走势。受到财政部检查的影响，医药板块全线杀跌，仅农业类板块集体走强。存量博弈的市场，由于资金规模有限，板块不断轮动，时常出现跷跷板现象，按下稀土板块，农业板块才能涨起来。

市场总体赚钱效应一般，只是板块结构性行情，5G 龙头铭普光磁强势六连板，5G 板块出现局限的赚钱效应。强势股梯队表现不强，连板赚钱效应一般。

盘后《人民日报》报道：6 月 5 日，国家发展改革委相关司局召开稀土行业企业座谈会，与会人员听取了重点企业对推动稀土产业结构调整、加快转型升级、实现高质量发展的意见建议。参会企业建议：要坚决严厉打击非法开采，强化稀土产品出口管控，加大行业经营秩序整顿力度，保护珍贵资源；加强知识产权保护，严禁我优势核心技术外流；加强政、产、学、研、用相结合，支持稀土绿色开采冶炼新技术开发与应用，整合中高端应用产业链，加快稀土新材料及高端应用产业发展。

稀土行业主管部门密集召开以“推动稀土行业高质量发展”为主题的会议，广泛征询意见建议，旨在采取更有效的措施，突破一批关键核心技术，提升全产业链的竞争能力。消息同属一概念，是新的催化剂，进一步强化了“高质量发展”的概念。

从新闻可以看出，行业主管部门正在有计划、有步骤地推进行业的高质量发展，以实际行动来激发市场对稀土行业未来发展的畅想。严格落实总量控制计划，严控新增冶炼分离产能，压减低端无效产能，供给要收缩，需求不减，价格随之必涨，受益会越来越明显。切实推进实质性整合与产业优化，充分发挥规模效应。

这明确的实质利好，清晰的逻辑，足以催生市场更多的资金接受“高质量发展”的概念，真真实实诞生新一波行情。

2. 分化后胜出

稀土行情第 15 天，2019 年 6 月 6 日星期四，新闻再次催化点燃稀土永磁板块希望的微弱之光，分化后的银河磁体逆势二连板。

早盘数据表现疲软，三大指数低开低走，高位股的亏钱效应不断扩散，以 5G 为首的科技股开始大幅回调。午后指数加速下跌，再创阶段新低，稀土板块早盘低开，前排个股再度逆势拉升走强。

稀土永磁概念，在昨日新闻的催化之下，市场逐步认同了行业主管部门的措施，主要包括：坚决严厉打击非法开采，强化稀土产品出口管控，加大行业经营秩序整顿力度，保护珍贵资源。规范化管理，对上市公司是有实质性利好的。

银河磁体表现最为强势，顺利成为新的一波行情的龙头。如图 11-14 所示，银河磁体早盘低开-0.01%，16.35 元，比昨日收盘价低 0.03 元，在昨日涨停个股中算是开盘表现最强的。开盘后，随即下杀至-1.22%，最低价 16.01 元，在持续了 1 分钟后就开始拉升，第一波拉升至+6.84%，17.50 元，花费 6 分钟；停顿后就开始回踩至+5.49%，17.28 元，回踩也只花了 1 分钟，再次拉升直接上板，第二波拉升花费 2 分钟，9:40 封死涨停至收盘，从开盘到涨停只花费了 10 分钟，成交 2.79 亿元，换手 7.15%，算是缩量涨停。

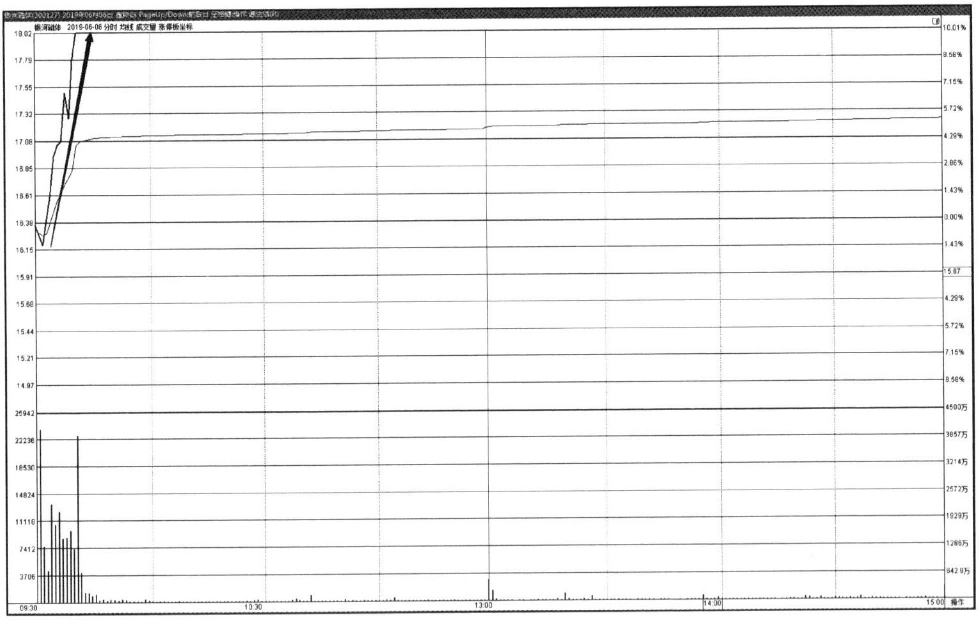

图 11-14　银河磁体胜出日分时走势

开盘 1 分钟短暂的下杀后，稀土板块集体上攻。中钢天源开盘后直接拉升，9:38 率先涨停，成为卡拉龙头，并且它是行情启动时表现最强的高位股。银河磁体几乎同时拉升，随后 9:40 强势涨停。金力永磁开盘后的强拉升，也给积极做多的散户投资者增添了信心。豫光金铅开盘震荡走高，一杆强势拉升至涨停，9:49 封板至收。有研新材 10:01 涨停，德宏股份 10:11 涨停。

银河磁体的辨识度还是很高的：①前一日的秒板顶住了巨大分歧，没有出现日内亏钱效应，有强者的范儿；银河磁体的首板明显强于德宏股份的首板，德宏股份烂板的时间过长，幅度过大；②当日开盘表现在昨日涨停个股中算是最强的，开盘就开始强势拉升；德宏股份低开-3.70%，随后下杀逼近跌停，明显弱于银河磁体；③卡位有中钢天源，助攻有豫光金铅，前龙头金力永磁也表现出了强势助攻，出现了较好的日内赚钱效应。

稀土永磁板块最后收 6 个涨停，其中二连板有银河磁体和德宏股份，前龙头金力永磁在尾盘也收涨停了。稀土永磁板块成为当日最强的板块。

从新闻催化到板块逆势走强，遭遇到盘面很弱的氛围，板块收 6 只涨停，相对前期的行情而言，并不算强，但是结合当日盘面的强度，就算是当日最强的板块，其中还有两只二连板，扭转了昨日高开低走的颓废之势，出现了一定的赚钱效应，形成了稀土永磁板块结构性行情。

这个级别的结构性行情，可以适当参与银河磁体。若在竞价时还没来得及介入，也可以在拉升过程中介入；在中钢天源涨停后，也可以打板买入。这是一个非常不错的试仓介入点。

除银河磁体之外，还可以低吸德宏股份、金力永磁等前排强势个股。新闻题材已经呈现有效催化，板块结构完整，有龙头，有助攻，有连板，还是可以博一博的，用仓位来调整风险即可。即使最后没有走出预判的级别，风险也是可防、可控的。

三大指数全天一路向下走低，盘中没有一个像样的反弹，收盘上证指数下跌 1.17%，中小板指下跌 2.02%，创业板指下跌 2.42%，两市总成交量 3867 亿，缩量太明显。

指数的大幅调整，已经消灭了高位的强势股，最高度板降至四连板——欣天科技。三连板也只有民德电子 1 只。二连板也只有 6 只，强势股梯队规模开始减弱。

3. 借助盘面泰来

稀土行情的第 16 天，端午节放假后开市的第一天，2019 年 6 月 10 日星期一，又遇到大盘否极泰来，行情继续走强。

开盘数据显示具有明显的否极泰来的特征，稀土板块高开下急杀，快速拉升反弹，早盘波动剧烈。券商板块早盘出现了一波剧烈的跳水行情，探底后开始反弹。昨日连板和昨日涨停的赚钱效应保持得非常不错，分化完成后，可以继续开仓和加仓了。

在板块中，昨日涨停的个股全部强势高开，中钢天源高开+8.38%，银河磁体高开+9.99%，德宏股份高开+9.55%，豫光金铅高开+10.00%，金力永磁高开+6.74%，有研新材高开+5.28%。从开盘数据分析，银河磁体表现较强，比同是二连板德宏股份强，这就进一步确认了银河磁体就是新一波行情的龙头。

开盘后，前龙头金力永磁带着向下杀，大幅跳水，10 分钟的下杀就到了-8%，随之，带着已经涨停的各股陆续开板。随后就开始横盘震荡，逐步回拉，对整个板块的情绪起到了稳定的作用。

从开板的幅度和时间来比较，数银河磁体表现得最为强劲，如图 11-15 所示，9:37 打开涨停，2 分钟之后就回封了，打开的幅度 0.11%，9:53 再次打开过 1 分钟，总共打开过 3 分钟，承接盘十分强劲，大单涌入。银河磁体小幅放量成功 3 连板，成为板块中新的高度标杆，也为整个板块打开了新的补涨预期。

三大指数集体小幅高开，早盘两度翻绿后开始逐步走强，上证指数一度涨逾 1%，创业板指一度涨逾 1.5%。5G、华为海思、稀土永磁、农业种植等板块涨幅居前。万向德农走出 8 天 6 板的行情，成为两市目前高度最高的强势股。连板 11 只，比昨日增加了 3 只，梯队完整，连板赚钱效应非常火爆。

主线热点之二的稀土永磁板块共收 7 只涨停，前一日 6 只涨停中有 4 只继续涨停，连板率非常高，龙头银河磁体三连板，德宏股份三连板，二连板有中钢天源、豫光金铅，新增的首板有宁波韵升、章源钨业、正海磁材。其中，中钢天源、宁波韵升、正海磁材都是前期十分活跃的强势个股。

板块行情叠加盘面否极泰来，这是一个极佳的开盘或加仓的机会。龙头银河磁体的辨识度最高，在竞价或开盘后 10 分钟之内下单都可以从容成交，但天量资金除外。若错失了龙头的机会，还可以低吸前排强势个股德宏股份、

图 11-15　银河磁体三板分时走势

中钢天源、正海磁材、章源钨业。对风格激进者来说，这是满仓的绝佳机会；对保守者来说，这也是可以重仓的机会。

稀土板块再度有利好加持，中国海关总署 6 月 10 日公布的数据显示，2019 年前五个月中国稀土出口量同比下降 7.2%，叠加近期中国在加强稀土行业管理方面动作频频，市场对于新政的出台抱有很大期望。从盘面运行的态势来看，只要有新消息不断催化，这个板块还是依然会反复活跃的。

从市场整体的情绪来看，做多热情强度远不及前期，板块轮动呈结构性行情，此起彼伏，两市的量能并未见放大，需要控制好节奏。

4. 涨价利好掀起板块第三次涨停潮

稀土行情第 17 天，2019 年 6 月 11 日星期二，板块掀起第三次涨停潮。

开盘数据显示，盘面强者恒强，赚钱效应仍然维持在较好的区间，基建板块受利好催化全面爆发，带动三大指数大涨，量能快速放大。热点轮动加快，稀土板块在新闻催化之下，继续走强。

2019 年 6 月 10 日 21:55，《中国证券报》报道，北方稀土价格 6 月环比大幅上涨。6 月 10 日，南方稀土集团和北方稀土同时公布稀土氧化物挂牌价格。北方稀土公布的6月挂牌指导价与上月相比，价格大幅上涨。其中，氧化镨钕报价36万元/吨，环比上涨8.27万元；氧化钕报价36.2万元/吨，环比上涨8.27万元；金属镨钕报价45万元/吨，环比上涨10万元；金属钕报价45万元/吨，环比上涨10万元。南方稀土公布的本周挂牌指导价，与上次挂牌相比，氧化钆报价19万元/吨，环比上涨0.5万元；氧化铽报价390万元/吨，环比上涨10万元；氧化钬报价40万元/吨，环比上涨1万元；氧化镥报价430万元/吨，环比下降5万元。

这则消息对板块的催化效果并不是太强，从新闻的力度而言，远不及中办、国办发布通知支持地方政府发债。早盘的资金几乎集中攻击在基建板块，分流到稀土板块的资金相对来说还是不少的。

12:12中证网发布消息，五矿稀土集团江华稀土项目稀土氧化物储量达10.43万吨。6月11日讯，记者获悉，五矿稀土集团6月10日启动的江华稀土矿山建设项目第一期开采区，矿区面积达11.74平方千米，已探明资源量达10.43万吨(稀土氧化物)。业内人士表示，江华稀土矿山项目的资源为中重稀土，其稀土氧化物储量就单个矿区而言，居世界之首。

午后一开盘，五矿稀土秒板，带动了整个板块持续冲高，前龙头英洛华和金力永磁再次涨停，板块个股上演涨停潮，共收16只涨停，龙头银河磁体四连板，板块出现了近期的第三次高潮，见表11-8所示。

三大指数全天单边上行，上证指数上涨2.58%，中小板指上涨3.55%，创业板指上涨3.91%，题材股全面上涨，两市下跌个股仅40余只，涨停个股141只，连板个股27只。欣天科技强势六连板，成为新的市场龙头。连板梯队完整，三连板和四连板的共有6只，二连板的有20只。

指数在关键位置拉升，需要券商板块出大力。这是要开启一波反弹吗？能持续吗？从盘面来看，都是炒作时间较长的旧题材热点，还能继续凝聚人气吗？

稀土板块在消息和盘面双重利好叠加的推动之下，再次推向高潮。银河磁体四连板扩展了高度空间，但是对市场的影响力还是不够，还需要前龙头金力永磁来稳定人心。这样的一个板块集体上攻，却没有一个有号召力的中军坐镇，可以说，五矿稀土在午后勉强充当了一回中军。

盘面的异常火爆，导致涨停家数和连板家数过多，这给次日的接力带来了太大的难度。

表 11-8　稀土第三次涨停榜

序号	股票代码	股票简称	现价（元）	涨跌幅（%）	涨停 2019.06.11	所属概念	涨停原因类别 2019.06.11
1	300127.SZ	银河磁体	21.80	9.99	涨停	永磁高铁;成渝特区;特斯拉;超级高铁;稀土永磁	稀土永磁
2	603701.SH	德宏股份	17.62	9.99	涨停	节能环保;农机;乡村振兴;汽车电子;参股新三板;新能源汽车;稀土永磁	稀土永磁
3	002057.SZ	中钢天源	17.47	10.01	涨停	元器件;债转股;安徽自贸区;铀矿;稀土永磁;央企控股;金属锰;小金属概念;央企国资改革;锂电池;新能源汽车;创投;燃料电池;高送转	稀土永磁+高送转
4	300224.SZ	正海磁材	10.27	9.96	涨停	再生金属;新材料概念;永磁高铁;深股通;电机电控;新能源汽车;超级高铁;小金属概念;稀土永磁;富时罗素概念股	稀土永磁
5	002378.SZ	章源钨业	8.11	10.04	涨停	稀有金属;石墨烯手机;赣南振兴;融资融券;钨;深股通;转融券标的;小金属概念;富时罗素概念股;稀土永磁;机构重仓	稀土永磁
6	000831.SZ	五矿稀土	16.87	9.97	涨停	稀土整合;电子商务;深股通;小金属概念;稀土永磁;央企国资改革;年报预增;富时罗素概念股	稀土永磁
7	300748.SZ	金力永磁	67.95	10.01	涨停	稀土永磁;新股与次新股;新能源汽车;风电	次新+稀土
8	000795.SZ	英洛华	8.80	10.00	涨停	新材料概念;新能源;苹果概念;新能源汽车;小金属概念;稀土永磁	稀土永磁
9	002002.SZ	鸿达兴业	5.26	10.04	涨停	土地流转;PPP概念;融资融券;深股通;转融券标的;土壤修复;互联网+;小金属概念;稀土永磁;PVC;燃料电池;氢能源	稀土永磁
10	002297.SZ	博云新材	8.99	10.04	涨停	4D打印;高校;新材料概念;碳纤维;贸易战受益股;大飞机;军工;股权转让;稀土永磁	稀土永磁
11	002600.SZ	领益智造	6.52	9.95	涨停	永磁高铁;小额贷款;小额再贷款;新材料概念;触摸屏;电子信息;电动汽车;智能终端;苹果概念;深股通;富士康概念;无线充电;OLED面板;OLED;小金属概念;稀土永磁;小米概念;消费电子;柔性屏;科创板预期;融资融券;转融券标的;富时罗素概念股	稀土永磁
12	300095.SZ	华伍股份	6.14	10.04	涨停	新能源;航天军工;轨道交通;军工;国资驰援;新基建;一带一路;核电;稀土永磁;风电	稀土永磁
13	300631.SZ	久吾高科	19.80	10.00	涨停	盐湖提锂;锂电原料;燃料乙醇;锂电池;稀土永磁	稀土永磁
14	600330.SH	天通股份	8.84	9.95	涨停	国产替代;充电桩;光伏概念;超级计算机;太阳能;融资融券;转融券标的;蓝宝石;锂电池;新材料概念;新能源汽车;OLED设备制造;小金属概念;特斯拉;稀土永磁;OLED;年报预增;长三角一体化	稀土永磁
15	600366.SH	宁波韵升	10.31	10.03	涨停	低碳;新材料概念;再生金属;磁悬浮;融资融券;沪股通;转融券标的;特斯拉;小金属概念;苹果概念;稀土永磁;创投;富时罗素概念股	稀土永磁
16	600980.SH	北矿科技	20.08	10.03	涨停	央企控股;永磁高铁;3D打印;稀缺资源;新材料概念;小金属概念;稀土永磁;央企国资改革	稀土永磁

5. 一致过后现分歧

稀土行情第 18 天，2019 年 6 月 12 日星期三，高潮过后必将分化，利润丰厚的获利盘开始出逃，高位炸板不断增多。

早盘数据显示盘面保持强者恒强，涨停 21 家，连板 16 家，盘面的赚钱效应还是很火爆的。只是昨日涨停家数创近期极值，给次日的接力盘压力比较大。若增量资金不足，必然出现分化，汰弱留强。

6 月 11 日 17:50，《中国证券报》报道，国家发展改革委近日下发《关于开展稀土等战略性矿产资源情况调研的通知》。自 6 月 10 日起，由国家发展改革委、工信部、自然资源部相关司局负责人分别带队，赴内蒙古、江西、福建、湖南、广东、广西、四川省(区)开展调研。从新闻中可以获知，稀土行业主管部门已经奔赴一线调研，尽管没有什么实质性利好，但是可以将其作为催化剂，这对维持板块热度能够起到一定的积极作用。

在新闻的催化和盘面的强势叠加作用之下，稀土板块继续延续强势，龙头银河磁体强势顶一字板。一字板开盘的还有金力永磁、达刚路机、中铝国际、正海磁材。开盘快速涨停的有德宏股份封住五连板；中钢天源冲击四连板，未成功封住；宁波韵升冲击三连板，后反复打开；久吾高科秒封二连板。过于一致，跟风盘急剧减少，并出现明显的接力不济的状况，高位跟风股纷纷炸板，这些因素导致越来越多的获利盘出逃。

上证指数全天在平盘线下方窄幅震荡，热点轮动加快。稀土板块从涨停潮到炸板潮，早盘高开后快速拉升走强，但上午收盘前便出现了一波剧烈的跳水行情，不少稀土概念股大幅回落。农业板块低开高走，在盘中崛起，成为当日市场的新热点。稀土永磁板块收盘共有 7 只涨停，龙头银河磁体五连板，章源钨业三连板，达刚路机、中铝国际、久吾高科二连板，新增的首板只有宜安科技 1 只。分化之后，保持板块热度还是可以的，强度也位居前列，龙头、连板、首板的梯队保持完整。

市场高位连板强势股梯队结构完整，连板共有 22 只，比昨日减少 5 只，最高度板升到七连板，市场总龙头欣天科技七连板，银河磁体、新农开发双双五连板，兰石重装、英可瑞紧随其后走出四连板的行情。三连板有 4 只，分别为双塔食品、盛运环保、翔鹭钨业、路通视信。二连板有三角防务、陕西金叶、启迪设计、中信重工等 13 只。这些为明日的强势股群体储备了后续力量。

若持有的不是龙头银河磁体或顶一字板者，当板块出现高位炸板潮，从而爆发亏钱效应时，就是离场的信号。炸板回封无力者，最好直接出清，不要再幻想了，见信号操作，就是如实遵照系统。及时止盈与及时止损同样重要，要适可而止。我们也可以向华人首富李嘉诚先生学习，“不赚最后一个铜板”，尤其是当资金规模较大时，务必分期分批撤离，切不可以贪婪之心横行。龙头可以多拿一些时间，其他跟风个股宁可早跑掉，也不要晚跑。需要切记：买在分歧，卖在一致之后。

当下市场没有爆发新热点，资金依旧抱团围绕着自主可控的主线热点展开，稀土、农业、华为芯片三个板块反复来回切换。

稀土板块受新闻催化后，市场过于一致，这就促使了稀土个股集体高开大涨。然而，接力盘不足，接力的愿意也不够强烈，随后又引发了场内的获利盘分流，最终导致了午后的炸板跳水。而从稀土中出来的资金，第一时间还是选择了农业股，于是再次产生了“跷跷板效应”。

农业板块近期的持续活跃，其实是多种因素共振的结果。一方面是因为国际环境仍然处于不确定的态势中，这时候农业股等细分领域品种仍然有着较高的股价弹性；另一方面则是因为天气等因素的影响，产品价格上涨的预期仍然存在。

6 月 12 日晚，银河磁体发布公告称，当日公司收到了银河集团《关于减持股份计划的告之函》。函中指出，因补充流动资金需求，银河集团计划减持公司股份 305 万股，占银河磁体股份总数的 0. 94%。银河集团现持有公司股份 1. 04 亿股，占公司总股本的 32. 2%。高位发减持公告，犹如当头一棒，前期的案例都没能逃脱大跌的厄运。从公告来看，减持的比例并不高，但也要做好明日清仓离场的准备了。

利好出尽，利空即来，行情离结束就为期不远了。

6. 完美收官

稀土行情第 19 天，2019 年 6 月 13 日星期四，板块的亏钱效应不断扩散，龙头银河磁体反复炸板，见顶迹象非常明显，此时可以坚定清仓离场。

早盘数据显示盘面有走弱的迹象，热点的强度明显弱于昨日，并且两极分化明显。前排强势个股继续强势高开，后排跟风个股却大幅低开低走，连板和涨停的亏钱效应在进一步扩散。风险将至，须及时撤离。

稀土板块龙头银河磁体继续延续强势，如图 11-16 所示，没有一字板开盘，高开+7. 59%，受减持公告影响，强度稍有减弱，开盘后一杆冲板，2 分钟就封上涨停，其强度太超预期，比前期的公告减持个股的走势都强不少。封板 13 分钟后就被大单砸开了涨停，砸开后并没有大幅下杀，只是在高位反复震荡，一些封上涨停，过 1 分钟又打开，到 14:18 才成功封住涨停至收盘。当日成交 14. 1 亿元，换手 23. 68%，创下两年来成交额天量。

稀土板块昨日涨停个股表现，章源钨业直接低开低走，宜安科技高开低走，达刚路机高开冲高回落，彤程新材小幅高开，开盘后直接下杀低走。中

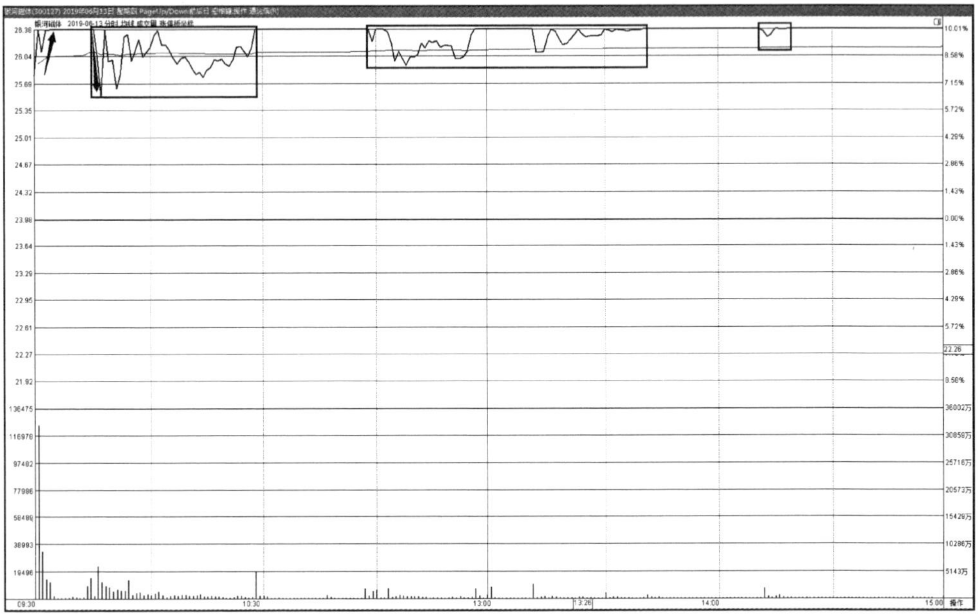

图 11-16　银河磁体见顶分时图

铝国际高开，两次冲板未成功，不断走低，收-4.26%，当日打板亏损-15%，是当日面王之一。久吾高科早盘高开，冲板未成功，逐步走低，收-7.10%，当日打板亏损-18%，是当日面王之二。有色钨叠加稀土的翔鹭钨业日内出现了15%的大面，是当日面王之三。同一板块就出现了三大面王，亏钱效应出现极值现象，这是危险的信号，但修复尚需时日。

持有的银河磁体，昨日没有出，高位连板涨停反复封不住，这既是一种弱势的表现，也是一种分歧过大的危险信号，一旦做多的力量被做空的力量打败了，那将会出现大幅杀跌的走势。综合龙头的高位分歧过大反复封不住涨停和板块出现大幅亏钱效应的情况，不论持有板块中的什么标的，在这个时候，必须要坚决清仓离场。信号十分明显，绝不能视而不见。银河磁体超预期再次成功封住六连板，中钢天源和国泰集团出现涨停反包，还有鸿达兴业和科力远新增涨停个股。可见，前期活跃的个股都在回落调整中，日内亏钱效应十分明显。

沪深两市指数早盘低开低走，随后在氢燃料电池等板块带动下开始拉升翻红。氢燃料电池是前期主线热点之一，受新消息催化的影响，再次活跃，但难以再度发动行情。市场总龙头欣天科技早盘高开+4.20%，全天横盘震荡，尾盘突袭挑战八板，最后未成功。银河磁体六连板，成为场内最高连板。从盘面的强度来看，银河磁体并没有顺利接过市场总龙头的令牌，也无法带领行情继续上攻。连板梯队虽然保存完整，但是强度不断下降，最高板高度也在下降。

盘后16:50新华社发布消息，商务部回应稀土出口环比下降16%，目前中方没有采取新的管理措施。盘后17:49龙虎榜数据显示：活跃游资席位中信证券上海溧阳路证券营业部买入4864万元，同时卖出1233万元，净买入3631万元，华福证券厦门湖滨南路营业部买入4466万元。在卖出方面，中信证券上海牡丹江路营业部卖出2374万元。银河磁体涨停，报收26.38元，录得六连板。

这则新闻明确告知，目前我国还未采取新的管理措施。这样一来，我们对前期对即将出台的行业新规的畅想，产生了动摇，我们表示怀疑，究竟会不会出台新规呢？在一定程度上来说，这是一则利空消息，目的是给行情降降温。板块龙头银河磁体次日小幅高开+1.97%，开盘后直接大幅下杀，继而奔向跌停，盘中多次跌停，由连续火爆的赚钱时段明确转向亏钱时段，正式宣告主升行情先告一阶段，要开始回调了。

随后，稀土行情也宣告结束，要开始回调了。

行业主管部门动作不断，新闻频发，对行情不断催化，资金围绕稀土永磁概念反复炒作，从始至终都未间断过。因此，稀土永磁概念成为2019年赚钱效应非常火爆的题材热点之一。

稀土行情如此火爆，那其他的行情怎么样呢？

第十二章　农业受益的翻倍牛股

农业板块行情是三条主线热点之一，贸易摩擦升级，农业板块受益，如个股丰乐种业就走出了 10 天 9 板的翻倍行情，如图 12-1 所示。

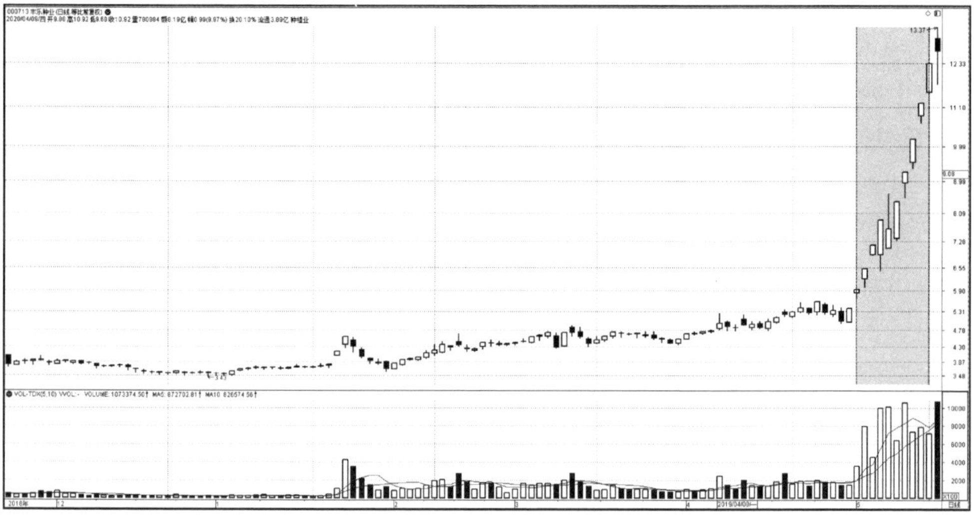

图 12-1　丰乐种业 10 天 9 板翻倍行情走势图

丰乐种业又是怎样走出这惊人的翻倍行情的呢？散户投资者从中是否有机会可以参与到呢？

第一节　第一波行情借势人造肉新概念

丰乐种业行情启动于大盘暴跌中，借助“人造肉”概念而崛起，虽不是表现最强，但也是名副其实的换手龙，每天都可以自由买入或卖出，并且赚钱效应一直保持得非常好，从其形和其神皆能体现出牛股的精髓所在。下面将以丰乐种业为切入点，详细分析“人造肉”板块行情的发生、发展的全过程。

一、新概念横空出世

1. “人造肉”概念爆发

人造肉行情的第 1 天，2019 年 5 月 6 日星期一，也是五月份的首个交易日，人造肉概念逆势爆发。

盘前消息，特朗普决定对中国商品提高关税到 25%，5 月 5 日，特朗普发表微博，决定从 5 月 10 日开始对中国价值 2000 亿美元商品的关税从 10% 上调到 25%。中美贸易关系继续恶化，全球恐慌情绪进一步蔓延。

全球避险资产亚洲开盘大涨，道指期货跌逾 400 点，标普 500 期指跌 1.6%。WTI 原油期货周一早盘跳空低开 2%以上。日经 225 股指期货开盘暴跌，一度跌 2.5%。新加坡富时 A50 股指期货开盘跌超 3%。港股恒指开盘跌 2.46%，国企指数跌 2.53%。现货黄金、白银短线拉升。

受美国黑天鹅事件的影响，A 股大幅下挫。上证指数开盘跌 3.04%，中小板指开盘跌 4.05%，创业板指跌 4.44%。

开盘后，A 股三大指数毫无阻力下跌，亏钱效应迅速扩散与蔓延，而昨日连板却保持较好的赚钱效应，业绩增长的概念炒作仍在进行中，龙头是科隆股份五连板，板块效应也是十分明显的。

5 月 2 日，美国“人造肉第一股”Beyond Meat 上市，首日的大涨带来了极大的标杆示范效应，从而打开了市场的想象空间，进而有望国内厂家模仿及倡导“人造肉”消费。这就是一种想象利好，由此想到彼，再叠加业绩增长的炒作热度，A 股也爆发了人造肉概念。人造肉，是一个新颖的概念，全球的第一次，全新的概念，拥有无限想象的市场。逻辑也很容易被接受，新生事物打开了一片新市场，新的增量市场，这给上市公司带来了新机会，上市公司将会从中受益。这种逻辑在美股市场中已得到验证。

人造肉是一种素肉，是由豌豆蛋白和甜菜汁制成的。生产豌豆蛋白的双塔食品以及黑龙江大豆深加工企业哈高科强势一字板涨停。全国最大的豆奶生产商维维股份也一字板开盘，午后炸开换手过。主营大豆种子的丰乐种业高开+7.12%，开盘后 1 分钟就涨停了，是板块中唯一的一个自然涨停板。主营大豆精加工的金健米业，业绩增长叠加人造肉概念，顶一字板，二连板，板块中最高板。人造肉概念共收 5 只涨停，其中 3 只一字板，2 只换手板，相对暴跌的盘面而言，还算是中度催化，见表 12-1。

表 12-1　人造肉概念爆发涨停汇总表

序号	股票代码	股票简称	现价（元）	涨跌幅（%）	涨停 2019. 05.06	所属概念	涨停原因类别 2019. 05. 06
1	600127.SH	金健米业	3.97	9.97	二连板	油菜籽;粳稻;食用油;基因测序;早籼稻;地沟油概念;外贸;晚籼稻;循环经济;埃博拉概念;农业种植;面粉;地方国资改革;乡村振兴;乳业;湖南国资改革	业绩增长+人造肉
2	002481.SZ	双塔食品	4.29	10.00	一字板	渤海粮仓;涉矿;海底捞概念;地方国资改革;燃料乙醇;年报预增;人造肉	人造肉
3	600095.SH	哈高科	4.95	10.00	一字板	振兴东北;黄豆;中俄自贸区;抗癌;豆粕;金改;保健品;新能源;贸易战受益股;光伏概念;大豆;医保目录;壳资源;创投;人造肉	人造肉
4	600300.SH	维维股份	3.64	9.97	首板	老字号;二胎概念;融资融券;转融券标的;乳业;人造肉	人造肉
5	000713.SZ	丰乐种业	7.72	9.97	首板	早籼稻;棉;玉米种业;普麦;晚籼稻;黄豆;强麦;农业供给侧改革;超级稻;三农;粳稻;贸易战受益股;生物育种;化肥;地方国资改革;乡村振兴;转基因;年报预增;安徽国资改革;大豆;玉米;草甘膦;一带一路;农村电商;人造肉	人造肉

从盘面来看，恐慌性暴跌，不适合出手，应以观察为主。从新闻题材催化的情况来看，机会的辨识度还是比较差。巨单顶一字板，无法介入，只有丰乐种业是有 1 分钟的买入时间的，然而其当日表现强度不及双塔食品和哈高科，但是可以形成较好的换手。从图形形态上来看，这已经是形成了反弹的新高了。比较几个流通市值，丰乐种业相对较小，然其区分度很差，也不容易发现其强势程度。风格冒进者也不好介入，需要进一步观察指数的企稳程度，以及赚钱效应的回升情况。

两市再现 1062 股跌停，三大股指重挫，上证指数下跌 5. 58%，中小板指下跌 7. 27%，创业板指下跌 7. 94%。两市共成交 6579 亿元，放量大跌，两市仅大豆、玉米两个板块上涨，券商板块逼近跌停。但是，科隆股份成功五连板，成为市场最高板。

2. 叠加大盘否极泰来

人造肉行情的第 2 天，2019 年 5 月 7 日星期二，叠加大盘否极泰来，板块继续强者恒强。

开盘数据显示，盘面整体氛围明显好转，亏钱效应明显逆转，昨日连板和昨日涨停赚钱效应保持较好，标杆个股科隆股份一字板开盘，三大指数全部高开，两市涨跌比 4. 21，涨停开盘 13 只，其中连板 6 只，跌停还有 64 只，相比昨日巨幅减少，综合判断，盘面符合否极泰来的特征，可以考虑出手试仓。

人造肉概念因受到市场资金的追捧，继续强势集体涨停。在人造肉概念的引领之下，农业、食品板块出现了明显的板块效应，涨幅居前。业绩增长板块仍然是最强的热点板块，龙头科隆股份成功六连板。前期主线热点工业大麻、燃料电池板块开始大幅反弹。市场情绪开始逐步回暖，短线赚钱效应回升较快。

从盘面来看，散户投资者可以介入的机会还是比较多的。这里有一个选择的问题，是继续买旧热点，还是追逐新热点呢？从消息的质量和力度来看，热点前期涨幅过大，上方套牢盘较多，炒作的时间过长，容易出现审美疲劳。新热点，具有更多的优势，也具有很多的不确定性。能否走出持续性，这是新热点的魅力所在。新、旧热点交替，优先选择新热点，抛弃旧热点，这是人性所在，也是市场的规律所在。毕竟，喜新厌旧是事物发展的永恒动力之一。

从集合竞价来看，人造肉板块的强度位列第一，选最强的板块，又是新的题材，这是决策的重要依据。继续强势顶一字板的有金健米业、双塔食品、哈高科、维维股份，新增一字板的有东宝生物、京粮控股，共有 6 只一字板。前一日涨停的丰乐种业高开 5.44%，开盘 1 分钟就涨停了。新增首板涨停的有天宝食品和海欣食品。整个板块有 9 只涨停，比前一日多了 4 只，可见，队伍在扩大，新增资金十分明显。在这些板块中，三连板的有 1 只，二连板的有 4 只，新增首板的有 4 只。

从个股强度来看，在人造肉板块中的前一日涨停的个股，只有丰乐种业没有一字板涨停，其他的 4 只股票全部巨单顶一字板，根本没有买入的机会。综合盘面的否极泰来、板块强度位列榜首、个股唯一可买到等因素，可以考虑开仓丰乐种业。

丰乐种业集合竞价时高开 5.44%，前一日顶一字板的金健米业、双塔食品、哈高科、维维股份继续一字开盘，并且封单资金还增多了。此外，新增了两只一字板的有东宝生物、京粮控股。一共 6 只一字板。结合盘面氛围的开盘数据，散户投资者可以在 9:25 之前下单，进行试仓。

如图 12-2 所示，丰乐种业开盘后 1 分钟，一笔直接拉到涨停，打板客可以在这个时候开仓买入。9:34 打开涨停，1 分钟后就回封，这个回封也是可以打板买入的。3 分钟再次砸开涨停，跳水下杀，10:16 杀到最低点 3.24%，随即开始回拉，震荡至 11:23 封死涨停至收盘。从集合竞价到封死涨停，中间共有 133 分钟，可以在竞价时开仓买入，可以打板买入开仓，可以在任何盘中低吸开仓买入，也可以在任何一个回封点打板买入。从图中的表象来看，比起一字板来说，似乎很弱，高开涨停却反复打开，盘中还有大单下杀，分歧还不小。回头再看，设计成这样很可能是操盘手有意之作，洗盘、拉升两不误。形弱，神却不弱，前一日进场的资金，次日全部是浮盈的，当日竞价买入也是有浮盈的，盘中低点买入更是有浮盈的，打板买入的浮亏很快也会得到扭转。不论外形怎么来表现，只要有赚钱效应，就可以积极参与。

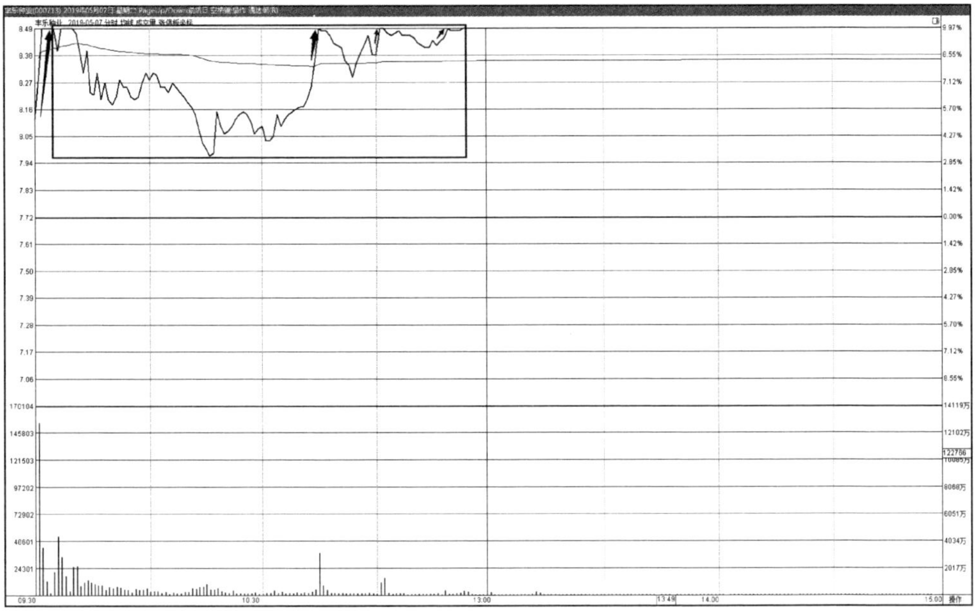

图 12-2　丰乐种业二板分时图

在丰乐种业的早盘拉升过程中，登海种业、敦煌种业、新农开发都有不同程度的同步拉升，这是有计划的协同上攻动作。丰乐种业，有农业种植板块的个股助攻，还是可以坚定开仓买入的。

沪深两市强劲反弹，两市涨停个股 102 只，总体量能稍有减少。赚钱效应回升较明显，连板家数也增多了，最高度板也升高了，新旧热点纷纷起舞，这是一个明显的超跌反弹。

盘后新闻，人造肉第一股 Beyond Meat 在美国股市急速拉升，现涨近 10%，成为续创上市以来新高，较发行价涨超 220%。继续涨价的消息，又是新增的催化剂，有利于 A 股人造肉概念的持续走强。

招商发布新的“人造肉”策略研报，节选如下：

招商策略："人造肉"将很有可能成为新强势主题

招商策略最新研报称，"人造肉"主题具备主题新、空间大、催化强三大特征，将很有可能成为新强势主题。从主题投资的角度而言，目前A股没有纯正标的，国内肉类消费市场巨大，小渗透率即可带来巨大市场规模，叠加猪肉供给缺口矛盾和海外企业成功经验，未来不排除有A股上市公司逐步布局人造肉市场，可关注：蛋白类原料、深加工以及制品销售两大主线。

分析师迎合风口，发布最新研报，指出国内市场巨大，A股上市公司可能布局人造肉市场。这份研报再次打开了市场的联想，不再只是纯概念的炒作，而是有可能变成现实的炒作。

二、板块出现第一次高潮

1."人造肉"概念逆势火爆

人造肉行情第3天，2019年5月8日星期三，短线情绪回落，人造肉行情逆势火爆。

开盘数据显示，两极分化严重，冰火两重天，养鸡板块大幅低开，人造肉板块却异常火爆。人造肉概念受昨日晚间的双重消息再度催化，涌入的资金不断增多，板块出现增量资金，这也是判断概念能否持续走强的关键因素之一。板块中的前排强势个股，如金健米业、双塔食品和哈高科继续巨单顶一字板开盘，没有任何松动的迹象。维维股份高开+7.75%，丰乐种业高开5.74%。昨日涨停个股都纷纷高开，整个板块赚钱效应火爆。

由人造肉概念发散的食品、农业板块，早盘赚钱效应保持较好。海欣食品强势秒板，登海种业高开高走，强势冲板，震荡后封板。

昨日分歧比较大的丰乐种业，早盘继续高开5.74%，其强度在前排个股中显得有点儿弱，但是再以较好的赚钱效应来确认昨日分歧转一致是有效的，昨日进场资金全部获利，未进场的资金愿意以更高的价格来为其接盘。若昨日已经开仓了，可以在集合竞价时加同等的仓位，当然为了寻求更大的确定性，也可以在板上再加仓。从目前看来，丰乐种业没有龙头气质和品相，但确实是一只换手充分的跟风股，是可以买入的前排个股，是一个可以参与到的真实赚钱机会。总仓位还得控制，以防大盘的风险，最好不超过半仓为宜。

其他后排个股的机会就不好把握了。事后再看，其他机会的质量都不太高，赚钱难度较大。除非遇到大级别的否极泰来或强势周期的主升段，后排的跟风个股也有肉吃，不然的话，还是优选前排的强势个股比较好，这样的话，风险可防、可控。

前期的旧热点工业大麻有所表现，多数都是一些新鲜的面孔，属于补涨反抽行情。工业大麻有 7 只涨停，汇鸿集团二连板。受消息催化，但是消息的力度有限，交易所下发关注函，要求说明是否迎合市场热点炒作。明确的监管动作，还是会弃旧迎新。

新热点人造肉板块，不惧盘面弱势调整，始终保持强势，如表 12-2 所示，金健米业、双塔食品、哈高科、维维股份、丰乐种业、京粮控股、来伊份等，共收 14 只涨停，再次火爆，出现了第一次板块涨停潮。其中一字板的有 4 只，最高板四连板金健米业，三连板的有 5 只，二连板的有 4 只，新增首板的有 4 只，梯队阵容十分完整。一字板的数量还是有点儿多，留下的这个隐患，对次日开板接力盘的压力比较大，若能分期分批打开，那接力情况会好很多。

人造肉概念行情开始扩散了，昨天市场还仅仅是围绕着豆制品技术路线的人造肉概念股进行炒作，现在就已经开始扩散到干细胞培育再生肉的技术路线上了，戴维医疗、四环生物、融捷健康的涨停就是对这个技术路线扩散的印证。从技术角度讲，国内的干细胞公司都是利用干细胞技术进行医疗康复的，并不存在制造可食用产品的业务。因此，从人造肉的角度来讲，目前看上去最靠谱的还是豆制品路线，干细胞培育再生肉的技术路线似乎已经有点儿边角料的味道了，那么，明天的焦点依然是豆制品技术路线龙头。

业绩增长板块强度有所减弱，龙头科隆股份成功七连板，但是涨停板午后被砸开两次，出现分歧，获利盘开始出逃，有走弱的迹象。

沪深三大股指早盘大幅低开，随后三大股指集体震荡反弹走高，盘中一度成功翻红，但午后一开盘便重新开始回落，上证指数收盘击穿 2900 点关口。上证指数下跌 1.12%，报收 2893.76 点；中小板指下跌 0.98%，报收 5633.41 点；创业板下跌 1.48%，报收 1481.87 点。两市总成交 4888 亿，连续三日持续萎缩。尾盘众多个股加速杀跌，55 只个股封跌停收盘，仅人造肉、黄金概念表现强势。

表 12-2　人造肉板块第一次涨停榜

序号	股票代码	股票简称	现价（元）	涨跌幅（%）	涨停 2019.05.08	所属概念	涨停原因类别 2019.05.08
1	600127.SH	金健米业	4.81	10.07	四连板一	早籼稻;循环经济;粳稻;基因测序;地沟油概念;油菜籽;食用油;外贸;晚籼稻;埃博拉概念;农业种植;面粉;地方国资改革;乡村振兴;乳业;湖南国资改革	业绩增长+人造肉
2	002481.SZ	双塔食品	5.19	9.96	三连板一	渤海粮仓;涉矿;海底捞概念;地方国资改革;燃料乙醇;年报预增;人造肉	人造肉
3	600095.SH	哈高科	6.00	10.09	三连板一	振兴东北;黄豆;中俄自贸区;抗癌;豆粕;金改;保健品;新能源;贸易战受益股;光伏概念;大豆;医保目录;壳资源;创投;人造肉	人造肉
4	600300.SH	维维股份	4.40	10.00	三连板换	老字号;二胎概念;融资融券;转融券标的;乳业;人造肉	人造肉
5	000713.SZ	丰乐种业	9.34	10.01	三连板换	早籼稻;玉米种业;棉;黄豆;普麦;强麦;晚籼稻;农业供给侧改革;超级稻;三农;粳稻;贸易战受益股;生物育种;化肥;地方国资改革;乡村振兴;转基因;年报预增;安徽国资改革;大豆;玉米;草甘膦;一带一路;农村电商;人造肉	人造肉
6	603777.SH	来伊份	17.95	9.99	三连板换	休闲零食;商品新零售;新零售;电子商务;智能物流;大消费;人造肉	人造肉
7	000505.SZ	京粮控股	7.36	10.02	二连板换	三沙;参股券商;北京国资改革;地方国资改革;海南自贸区;人造肉	人造肉
8	002702.SZ	海欣食品	6.18	9.96	二连板秒	参股新三板;大消费;壳资源;人造肉	人造肉
9	002041.SZ	登海种业	7.66	10.06	二连板换	淀粉;超级稻;玉米种业;强麦;转基因;生物育种;渤海粮仓;生态农业;三农;普麦;农垦改革;抗旱;融资融券;深股通;转融券标的;贸易战受益股;乡村振兴;农业种植;玉米;人造肉	人造肉
10	300239.SZ	东宝生物	5.52	9.96	二连板一	能源纸;机器人材料;鱼蛋白;胶原蛋白;保健品;人造肉	人造肉
11	000518.SZ	四环生物	3.94	10.06	首板换	肾透析;干细胞;抗癌;外贸;登革热;体外诊断;医保目录;生物医药;人造肉	人造肉
12	300247.SZ	融捷健康	3.84	10.03	首板换	智能家居;老龄化;文化传媒;抗癌;细胞免疫治疗;广告营销;股权转让;健康中国;干细胞;大消费;养老概念;医疗器械概念;人造肉	人造肉
13	300314.SZ	戴维医疗	9.19	10.06	首板换	两会;儿童消费品;基因测序;干细胞;人脑工程;二胎概念;医疗器械概念;人造肉	人造肉
14	000570.SZ	苏常柴A	4.98	9.93	首板换	柴油发电;金改;干细胞;锂电隔膜;地方国资改革;锂电池;人造肉;燃料电池	人造肉

指数尚未企稳，后市可能还会继续探底，虽然出现的只是结构性行情，但仍需以防范风险为主，超短机会集中在市场焦点股上，跟风股、补涨股和辨识度不高的个股要尽量回避。

盘后，涉及人造肉概念的公司纷纷发布公告：四连板的金健米业称，未发现对公司股票交易价格可能产生重大影响的媒体报道或市场传闻。三连板的哈高科称，公司目前不种植大豆，也没有生产基地。三连板的维维股份表示，目前不涉及豌豆蛋白加工业务。三连板的来伊份公告称，公司不涉及“人造肉”概念。海欣食品称不生产“人造肉”产品。苏盐井神称从未涉及人造肉的任何相关业务。

2. 新旧热点切换

人造肉行情第 4 天，2019 年 5 月 9 日星期四，板块加速分化，美方突发加征关税公告，农业股尾盘强势崛起，新旧势力切换完成。

盘前消息，人造肉 beyond meat 美股盘前跌近 4%，欧美股市跌幅扩大，美国股指期货跌幅进一步扩大，道指期货跌逾 200 点，纳指期货和标普 500 指数期货跌超 1%。德国 DAX 指数跌幅扩大至 1.15%，法国 CAC40 指数跌 1.5%，欧洲斯托克 50 指数跌 1.41%。

外围市场大跌，人造肉第一股 beyond meat 也相应下跌，加上 A 股人造肉板块昨日出现涨停潮，高潮之后必然分化，盘面氛围较差，将会加剧分化。

开盘数据显示盘面否来，三大指数大幅低开，亏钱效应扩散明显，热点板块业绩增长和人造肉出现大幅的亏钱效应。人造肉板块出现两极分化，金健米业和双塔食品继续顶一字板涨停，三连板的维维股份和来伊份都跌停开盘，海欣食品低开-9.06%，开盘 3 分钟就封死跌停，京粮控股低开-5.75%，开盘后 2 分钟就封死跌停，东宝生物低开-8.51%，盘中也触及跌停。恐慌情绪扩散极快，出现相互踩踏的现象。

受市场氛围影响和利空消息刺激，丰乐种业早盘大幅低开-3.64%，如图 12-3 所示，开盘后下杀触及跌停，很快就回拉，在水下反复震荡，持筹者在这个时候，可以考虑先撤离，锁定利润为上。13:15 出现第一次拉升波，失败后，14:30 再次拉升四波后上板，这个时候，就表现出主力的真正实力和胆识。当时板块中的金健米业和双塔食品都顶一字板，更为重要的是有了新的催化剂。

2019 年 5 月 9 日，美国贸易谈判代表办公室发布公告，自美国时间 2019 年 5 月 10 日起将对价值 2000 亿美元中国输美产品的征税税率从 10%提高到 25%。此次加征关税针对的是 2018 年 9 月 301 措施所覆盖的 2000 亿美元自华进口货物。在第十一轮中美经贸高级别磋商之际，美方这一举措，使中美经贸磋商进程遭到严重挫折。中美贸易摩擦升级，中国农业却迎来重大利好。

受益的农业股午后纷纷拉升，宏辉果蔬 14:32 涨停，丰乐种业 14:46 涨停，万向德农 14:47 涨停，哈高科 14:56 涨停，以大豆、玉米为代表的农业股尾盘强势崛起。哈高科和丰乐种业同是四连板，在盘中，哈高科表现比更强一点儿，但是丰乐种业更早一点儿封死涨停。谁将会成为贸易摩擦概念的龙头，还是很难分辨出来的。

当时盘面氛围并不太好，可能也没有及时看到这则消息，或许早盘将筹码已经出掉了，还没有来得及开仓，也不用太着急，若是实质性利好，后面

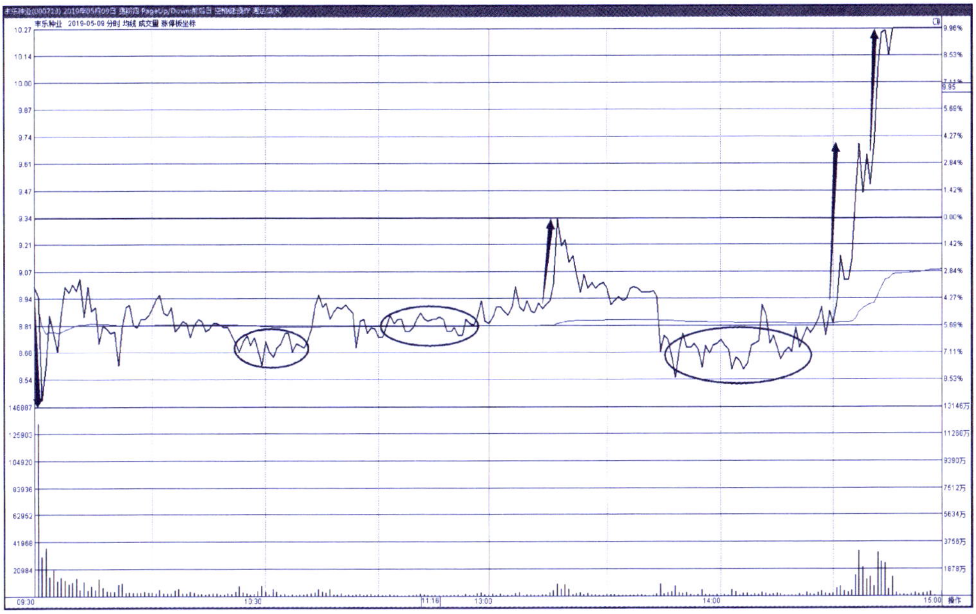

图 12-3　丰乐种业上演地天板

还是会有机会参与的。

人造肉板块的热度有所下降，只收 5 只涨停，龙头金健米业五连板，成为市场最高板。另外 4 只涨停，与农业板块重叠，加上万向德农，农业板块涨停也是 5 只。丰乐种业涨停比哈高科早 10 分钟，并且全都是换手板涨上来的，优势稍微多了一点点。

盘后公告：五连板金健米业发布提示风险公告称，目前公司主营业务未发生重大变化。公司以优质粮油、新型健康食品的开发、生产、销售为主，主要产品有大米、面粉、面条、植物油、牛奶、休闲食品等。

四连板双塔食品发布股价异动公告称，未发现对公司股票产生影响的未公开重大信息。

四连板丰乐种业公告称，公司关注到资本市场关于"人造肉"传闻引发对涉及豌豆、大豆业务公司股票的关注。丰乐种业表示：公司没有豌豆种子业务，只有大豆种子业务，2018 年度销售大豆种子 22.57 万千克，收入 160.89 万元，占公司种子销售收入的 0.57%。

人造肉主要靠大豆蛋白制成，公告强调"只有大豆种子业务"，业务是沾边的，靠谱的。中美贸易摩擦农业领域是围绕大豆和玉米而展开的，公司的业务也是会从中受益的。新题材，也是在其中的。借此，再开启新一波行情。

若需要简单划分一下，丰乐种业的前三板，走的是人造肉行情，第四板走的是贸易摩擦农业受益的概念。丰乐种业已经非常流畅地从人造肉概念中切换到贸易摩擦农业受益的概念中来，新旧切换得非常成功，有望成为新概念的领涨龙头。

大盘全天弱势震荡调整，上证指数全天在低位徘徊震荡，创业板指相对较强，量能稍有点儿萎缩。农业类板块尾盘崛起爆发，金健米业五连板，成为市场最高板。

3. 遭遇强分化

人造肉行情第 5 天，2019 年 5 月 10 日星期五，盘面否极泰来，人造肉板块再次遭遇强分化。

早盘数据显示，整体氛围较好，可人造肉板块走势分化程度更大了，双塔食品一枝独秀，连续第 5 个一字涨停，而哈高科、丰乐种业跌停开盘，金健米业平盘开盘。

昨日晚间，金健米业、哈高科和丰乐种业都发布了人造肉概念澄清公告，这对市场情绪的影响较大。场外的接力盘变得谨慎了，相应也会减少；场内的获利盘着急变现离场，出现踩踏现象，形成了加剧分化的局面。

人造肉概念分化农业养殖股趁机反弹，“人造肉”概念经过媒体的深度解读，预计短期难以普及，这令农业养殖类股大大松了口气。新希望和金新农率先涨停，紧随其后的是正邦科技和德美化工，天邦股份尾盘涨停，养猪板块共收 5 只涨停。

丰乐种业几乎跌停开盘，开盘后不断向上拉升，午后开盘冲击涨停，后逐步回落收-3.12%。人造肉板块有退潮的迹象，贸易摩擦的焦点已经转移到芯片板块上了，农业板块的持续性没有得到市场的认同，反面开始走弱。加上盘面的热点切换，丰乐种业的辨识度也不高，无法介入，只能列为观察，后面有机会再参与。

当日 A 股指数犹如过山车，早盘强势高开，然后维持高位震荡，午后开盘大幅下挫，上证指数盘中创出本轮调整新低，随后在芯片等科技股带动下，三大股指反弹拉升。国产芯片股上演涨停潮，收 15 只涨停。两市 122 只涨停，连板 15 只，最高板五连板——双塔食品，下跌个股不足百只。两市成交量 6102 亿，比前一日新增 1800 亿，市场情绪正在恢复。

第二节　第二波行情受益贸易摩擦升级

盘前新闻，中共中央政治局委员、国务院副总理、中美全面经济对话中方牵头人刘鹤在磋商结束后对媒体表示，合作是正确选择，重大原则决不让步，坚决反对加征关税。刘鹤的态度十分强硬，磋商态势可能会进一步恶化。若谈判破裂，农业将可能是最直接受益的板块。

一、大豆进口受限开启第二波行情

1. 分化后农业种植成为新热点

大豆进口受限行情第 1 天，2019 年 5 月 13 日星期一，市场缩量分化，农业种植成为新的主线之一。

开盘数据显示，整体氛围较差，三大指数大幅低开，亏钱效应十分明显，赚钱效应也回落较大，前一日最强的板块国产芯片开盘强度也不高。市场整体观望情绪比较浓厚。

农业板块延续弱势，大多数个股低开，但是开盘后，一并向上拉升。如图 12-4 所示，丰乐种业早盘低开-3.56%，开盘后就直接快速拉升，上涨的意图十分明显，前一日进场的资金全部获利了，显得有点儿弱，实际上赚钱效应保持较好。第一波拉至+4.31%，开始横盘震荡，10:09 再次向上攻，10:37 上板至收盘。成功 6 天 5 板，涨停反包前一日上引线。

5 月 13 日 10:01:56 消息，美国大豆期货跌至逾 10 年最低水准，芝加哥期货交易所(CBOT)大豆期货盘中一度跌 1.2%至每蒲式耳 7.99-1/2 美元，刷新 2008 年 12 月以来新低。在中美贸易磋商似乎陷入僵局后，市场担心两国贸易摩擦持续下去。

消息发出 3 分钟后，市场开始有反应，8 分钟后大笔资金开始争抢筹码，丰乐种业受到追捧。丰乐种业是国内种业的龙头之一，主营大豆种子，一季报净利润同比增长 136.5%，并且最近表现强势，连板赚钱效应保持非常好。

其实从消息发布到开始列入观察，再到价格有强烈的反应，这里有 10 分

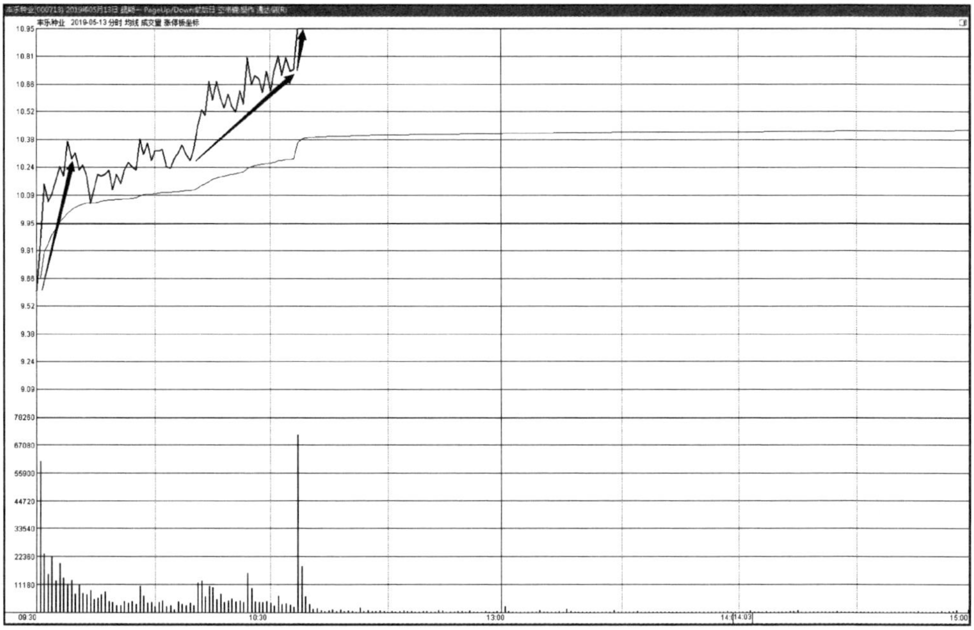

图 12-4 丰乐种业涨停反包

钟可以进行对比分析。直至做出决定，按照计划执行交易，开始建仓，这期间有 25 分钟。理论上说，是完全可以顺利开仓的。

这则新闻只是一条新的催化剂，进一步验证了贸易摩擦的概念、利好和逻辑。从丰乐种业个股的表现来说，辨识度明显增强。综合以上判断，这是一个明确的试仓点。

在新的催化剂刺激之下，丰乐种业成功反包，农业板块受到市场资金的追捧，敦煌种业、隆平高科相继涨停，登海种业收涨+7.81%，初现板块效应，属于弱催化。当日盘面较弱，三大指数震荡走弱，个股千余只上涨，涨停只有 61 只，连板 18 只，最高板五连板——大港股份。盘面整体较弱，农业板块再一次爆发于弱势之中，还时常逆势拉升。农业、长三角一体化概念等题材股逆市走强，科技股大幅分化。两市缩量明显，比昨日减少 1500 亿元，场内资金依然较为谨慎，观望情绪浓厚。

市场强势股第一梯队的有：瑞普生物 8 天 6 板，丰乐种业 6 天 5 板。大港股份五连板。谁会胜出成为市场总龙头呢？

2. 恒弱走势分歧较大

大豆进口受限行情第 2 天，2019 年 5 月 14 日星期二，盘面恒弱走势，分化明显，丰乐种业高位烂板。

5 月 13 日盘后，国务院关税税则委员会发布公告，决定对原产于美国的部分进口商品提高加征关税税率。国务院关税税则委员会决定，自 2019 年 6 月 1 日 0 时起，对已实施加征关税的 600 亿美元清单美国商品中的部分，提高加征关税税率，分别实施 25%、20%或 10%加征关税。对之前加征 5%关税的税目商品，仍继续加征 5%关税。中方调整加征关税措施，是对美方单边主义、贸易保护主义的回应。

2019 年 5 月 9 日，美国政府宣布，自 2019 年 5 月 10 日起，对从中国进口的 2000 亿美元清单商品加征的关税税率由 10%提高到 25%。美方上述措施导致中美经贸摩擦升级，违背中美双方通过磋商解决贸易分歧的共识，损害双方利益，不符合国际社会的普遍期待。为捍卫多边贸易体制，捍卫自身合法权益，中方不得不对原产于美国的部分进口商品调整加征关税措施。

中美经贸摩擦不断升级，相互加征关税，增加了两国贸易的障碍，引起了全球的恐慌和焦虑。空头频频发力，引发全球资本市场巨幅波动，A 股更是无法独善其身。

早盘数据显示，整体氛围较差，接力人气不佳，三大指数大幅低开，赚钱效应回落明显，亏钱效应加剧扩散与蔓延，昨日强势的热点板块纷纷走弱。

昨天强势领涨的农业股大幅分化，早盘微弱上冲后，逐步回落走，多数维持在低位弱势震荡。板块龙头丰乐种业，如图 12-5 所示，高开+4.14%，震荡至 9:52 上板，46 分钟之后打开，反复打开震荡，尾盘 14:54 回封成功。

丰乐种业全天先后四次封板，第一次封板从 9:52—10:38，封板 46 分钟；第二次封板从 13:20—14:13，封板 53 分钟，这是封板时间最长的一次；第三次封板从 14:50—14:52，封板 2 分钟；第四次封板从 14:54—15:00，封板 6 分钟。四次总共封板 107 分钟，那开板的时间是 133 分钟，开板的时间比封板的时间还长 26 分钟。当日成交 12.5 亿元，换手 35.30%，与前几日出现的高量相当，并没有异常爆量。

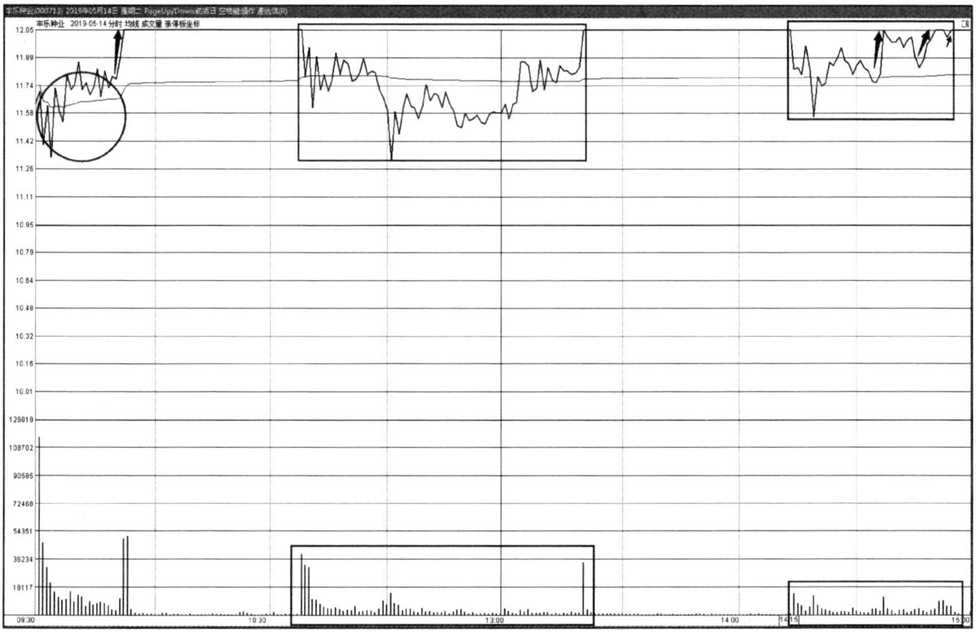

图 12-5　丰乐种业第 7 日烂板分时图

这样的烂板究竟是弱，还是强呢？我们可以通过以下几个角度来判别：①与当时大盘氛围相比，若当日大盘氛围不佳，指数大跌，亏钱效应明显，接力人气陡降，炸板率居高不下。个股还反复封板，从外形上看，像是很弱，其实比大盘氛围强。②与板块中的其他个股相比，若其他个股都在低位震荡，出现不同程度的亏钱效应，那还坚持封板，其在板块中也是强者。③与前一日相比，上板的时间早了，但是封板的时间短了，打开的时间长了，分歧比前一日大，但是前一日进场的资金全部都形成赚钱效应，并且可以自由兑现。不论外形如何表现，只要保持较好的赚钱效应，就是强势的神韵所在。不论外在表现多强、多美，却赚不到合理的利润，这都不是真正的强者。

烂板是解决分歧的一种非常高效的方式，可以让不坚定的获利盘提前下车，让新的跟风盘进场，从而提高整体筹码的稳定性。烂板是强势股走牛、走妖必须经过的一个炼炉，有料者一炼，可脱胎换骨，羽化成妖，否则直接化成水，绝命断崖。除去以上烂板对比分析的三个维度，我们还得关注烂板的位置、时机、方式、幅度等方面的内容。

若前一日有试仓，可以在早盘再加同等的仓位，但是总仓位需要控制，因大盘的趋势方向不明朗。若无底仓者，在第一次炸板后，轻仓低吸也是可以的。因贸易摩擦仍在进行中，还远没有结束呢，若有新消息刺激，还是会反复活跃的。风险厌恶者和追求谨慎者，在第二次炸板后减仓或清仓，这都是正常的动作。此时坚定持仓不动，我们不仅需要勇气和胆量，更需要对热点的运行有深度的理解与把握。

板块中的其他机会质量都不高，在弱势周期内，尽量不参与跟风个股。

沪深两市延续弱势，热点板块强度减弱，轮动加快，5G 和广电系板块午后走强，成为今天表现不错的板块。市场量能持续萎缩，个股再现普跌格局，整体观望气氛较为浓重，北向资金全天净流出超百亿元。大港股份逆势六连板，成为市场最高板，但还不能确定其为市场总龙头。

3. 市场泰来强劲反弹

大豆进口受限行情第 3 天，2019 年 5 月 15 日星期三，市场氛围否极泰来，强劲反弹，丰乐种业高开高走再度涨停。

盘前资讯，外交部发言人耿爽 5 月 14 日驳斥美方有关中美经贸磋商言论，希望美方能与中方相向而行，在相互尊重、平等相待、诚信守诺的基础上，争取达成一个互利双赢的协议。5 月 14 日的《新闻联播》刊播国际锐评《关税大棒损人害己》，锐评指出，美国再次举起关税大棒，企图阻挡中国发展的步伐，注定不会得逞。

新闻中没有任何利好，也没有什么针对性的内容，但是表明了中美贸易摩擦事件还在进行中，还没有看到任何中止的迹象。

早盘数据显示，盘面否极泰来，并且级别还不小。三大指数大幅高开，上证指数高开 0.66%，中小板指数高开 1.01%，创业板指数高开 0.99%，两市涨跌比 3167∶267，亏钱效应大幅逆转，昨日涨停和昨日连板赚钱效应保持较好。标杆个股大港股份平开。

人造肉第一股 Beyond Meat 隔夜收涨 14.65%，A 股人造肉概念个股开始止跌反弹。双塔食品高开 6.81%，开盘 6 分钟就涨停了。这则新闻的有效催化，使得双塔食品高开快速涨停，对丰乐种业的影响也是积极正面的。

再叠加大盘氛围的一个大级别的否极泰来，农业板块一改前一日弱势，高开高走，全线大涨。板块龙头丰乐种业早盘高开+1.49%，震荡上行，至10:35封板一直到收盘。丰乐种业的高开，确认了前一日分歧后的统一是有效的，保证了昨日换手进场的资金全部获利，开盘后继续拉升，边震荡边拉升，强势封板；带动了农发种业涨停，登海种业和宏辉果蔬大涨；后再发散到食品板块，农业食品板块共收9只涨停，板块强度一般，但是持续性还可以，尤其是龙头丰乐种业，赚钱效应的持续性保护得非常好。

早盘是一个比较好的进场点，集合竞价时开仓，开盘再加仓都是可以的，或者在板上加仓也是可以的。主线热点龙头，烂板之后仍然继续拉升，那就是加仓点。不论结果如何，都值得参与。

两市三大股指集体反弹，上证指数重返2900点关口，两市无一板块下跌，全线上涨，两市涨停个股超百只。以种业股为代表的农业板块早盘走强，随后在高位维持震荡走势。大港股份强势七连板，丰乐种业则走出8天7板的行情，继续争夺市场龙头的宝座。丰乐种业能胜出吗？

5月15日盘后，丰乐种业发布公告称2018年年度权益分派方案为：以公司现有总股本329132789股为基数，向全体股东每10股派0.200000元人民币现金（含税；扣税后）。同时，以资本公积金向全体股东每10股转增3.000000股。

这是一则利好公告。公司业绩好，还能派发红利、转增股本，个股利好加持主流热点龙头。这则公告进一步稳定了场内持股者的耐心，也增强了场外接力盘的信心。

丰乐种业胜出是大概率事件！

4. 分化中晋级市场总龙头

大豆进口受限行情第4天，2019年5月16日星期四，行情分化，丰乐种业继续走强再板，成为市场总龙头。

前一日，热点题材全面开花，两市涨停个股超百只，给次日接力造成了太大压力。市场存量资金博弈，前一日使用资金规模超量，次日没有增量资金进场，场内剩下的资金量太少，接力就会很费劲，必然造成大面积分化。这就是所谓的高潮之后必须分化，这种情况在存量市场多见，在增量市场就不常见。

盘前资讯，稀土不在美国的征收关税清单之列，云南腾冲海关 5 月 15 日起将重新全面禁止缅甸稀土矿进口中国。双重利好新闻催化了稀土永磁概念，开盘就强势爆发，整个板块一度暴涨近 8%，板块内超 10 只个股涨停，成为市场中的绝对焦点。一个崛起的新板块，吸金效应极强，同时，对旧的概念板块的挤压效应也很明显，因为市场的资金总量太有限了，彼此都在争夺。

同样，稀土永磁板块也分流了主线热点农业板块的一部分资金，虽然种业股集体再度走强，但是其强度明显不及前一日。如图 12-6 所示，板块龙头丰乐种业高开+6.49%，震荡拉升，9:44 上板，10:00 第一炸板，下杀最低点+8.52%，10:08 回封成功，开板时间 8 分钟；10:51 第二次炸开，下杀最低点+8.07%，11:10 第二次回封成功，开板时间 19 分钟。两次炸开涨停共 27 分钟，加上涨停前未封板的时间 14 分钟，全天未封板时间为 41 分钟。全天总共封板的时间为 199 分钟。从形态上来看，这是一个名副其实的烂板，但是其强度却不一样。

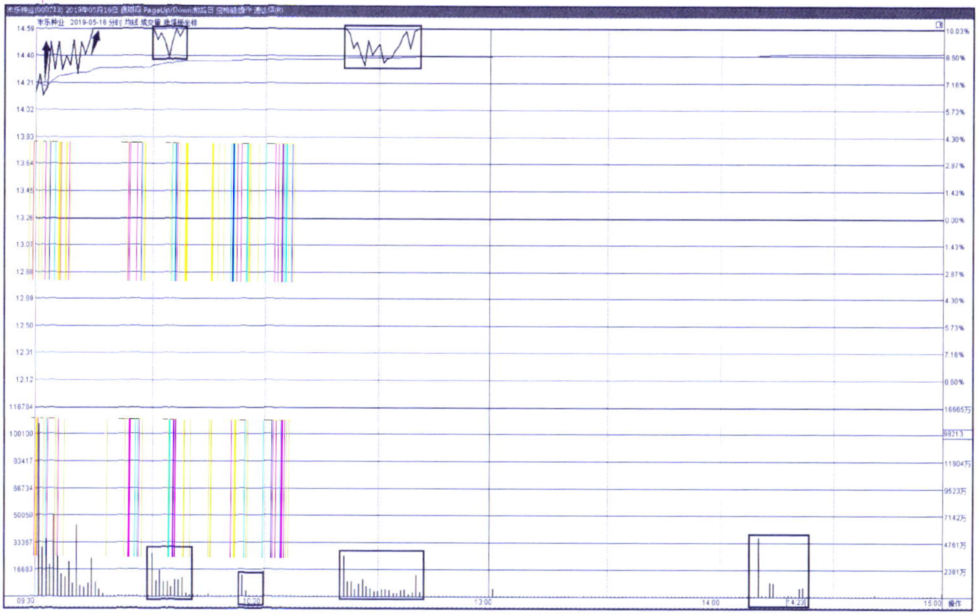

图 12-6　丰乐种业八板分时图

与图 12-5 对比，第一，开盘幅度高，当日高开+6.49%，上次高开 4.14%，高出 2.35%；第二，上板时间早，当日上板时间是 9:44，上次上板时间是9:52，早了8分钟；第三，开板时间短，当日总开板时间是41分钟，上次总开板时间是133分钟，相应的封板时间延长了92分钟；第四，炸板下杀浅，当日炸板后下杀最低点+8.07%，上次炸板下杀最低点+3.38%，高出了4.69%；

综合以上四个方面，两个烂板相比，当日的烂板明显强一些。总体上，虽然还是有分歧，但是分歧程度明显比上一次烂板好多了。这些都是外在表现，其最为核心的还是赚钱效应保持极好，不论是打板进场，还是低吸或半路进场，都可以赚到钱。只要能赚到钱，并且能持续赚到钱，这才算是真强。

有仓位者，先持仓不动，确认是龙头了，没有见顶信号之前，多拿一些时间。未参与者，这时候再介入，心就有点儿发虚，波动幅度稍微大一点儿，就会承受不住。

丰乐种业走出了9天8板的行情，成功淘汰了大港股份，顺利成为市场的总龙头。丰乐种业虽然成功连板，但是走势已经没有了绝对的强势，盘中多次开板。除了受到了指数回落的影响，很重要的一点就是新崛起板块挤压过于明显。

在丰乐种业的引领之下，农业食品板块共有6只涨停。农发种业收二连板，宏辉果蔬再次涨停，立华股份、天味食品、有友食品涨停。

大盘继续缩量反弹，热点切换节奏加快，市场量能缺乏有效放大，场外资金较为谨慎。

5月16日晚，丰乐种业披露股价异动公告称，目前公司无豌豆种子生产销售及豌豆产品深加工业务；公司未来也无从事“人造肉”业务计划。

这是一则常规公告，也是如实表述，都到这个时候了，有没有，都不是那么重要了。

第三节　再借势数字乡村新政

丰乐种业走出了9天8板的行情，8板之后，又开启了新一波行情。这波行情，借势数字乡村新政的发布。

2019年5月16日18:04，新华社刊发了《数字乡村发展战略纲要》的新闻。文中指出，中办、国办近日印发了《数字乡村发展战略纲要》，要求各地区、各部门结合实际认真贯彻落实。这是一项新颁行的政策，利好乡村发展，并且提出了新概念“数字乡村”，逻辑清晰明了。

一、借势新政成妖

数字乡村行情第1天，2019年5月17日星期五，市场氛围否来，丰乐种业借势数字乡村新政，再次强势涨停，成为市场最高度板，走出了10天9板的行情，成为市场的妖王。

开盘数据较弱，受前一日数字乡村新闻催化，农业板块开盘就表现强劲，农发种业直接一字板走出了三连板。中农立华也是一字板开盘，换手后回封，走出了二连板。农发种业、中农立华连板助攻，新农开发首板助攻，10:05上板。丰乐种业早盘高开+2.83%，继续高走，10:14封板，走出了10天9板的行情，成为市场的妖王。

丰乐种业继续强势连板，成为两市绝对的人气核心，并带动了农业股爆发，玉米、养殖业甚至农机等细分板块的表现十分强势。农业板块共收10只涨停，其中种业有5只。农业股受到市场资金的追捧，除了有新消息刺激之外，最为重要的是龙头的持续赚钱示范效应，打开了市场的想象空间。

持有丰乐种业的筹码，还没有见到离场的信号，仍然应该继续持有。若没有者，也不适合逆势进场。

三大股指全天单边杀跌，尾盘加速下挫，上证指数收跌-2.48%，中小板指收跌-2.92%，创业板指收跌-3.58%，两市70只跌停，仅267只个股上涨。前期热点燃料电池和工业大麻成为杀跌主力军，市场人气涣散。

农业股一枝独秀，未来还会反复活跃吗？

二、终结于否极泰来

数字乡村行情第2天，2019年5月20日星期一，大盘氛围否极泰来，丰乐种业宣告行情结束。

开盘数据显示，大盘氛围否极泰来，赚钱效应回升明显，华为概念板块强势，芯片板块较强，农业板块较弱。

农业板块开盘就爆发了亏钱效应。中农立华低开-6.07%，开盘5分钟就奔向跌停了。敦煌种业微幅高开，开盘4分钟就跌停了。新农开发微幅高开，开盘后 10 分钟就跌停了。哈高科低开 4.86%，开盘 3 分钟就跌停了。京粮控股低开-3.12%，开盘 3 分钟就跌停了。农发种业一字板开盘，开盘 1 分钟就炸板，直接下杀，一笔直接奔向跌停。接力盘不足，抛压过大，整个板块个股几乎同时向下杀，不遗余力地抢跑，出现了踩踏现象。

如图 12-7 所示，丰乐种业高开+5.92%，开盘 1 分钟拉升至+7.91%，后成为当日最高价 13.37 元。之后，立马遭到大单集中抛盘，快速下杀-3.36%，开盘后 7 分钟杀出当日最低价 11.74 元。上午在零轴以下横盘震荡一天，10:46 开始回拉，至 6.42%，并没有超过早盘的高点，后开始快速回落。先后在零轴之上震荡，最后收盘+2.87%，并没有出现巨幅的亏钱效应。有赖于当日盘面赚钱效应非常好，不然接力盘更少，抛盘涌出。

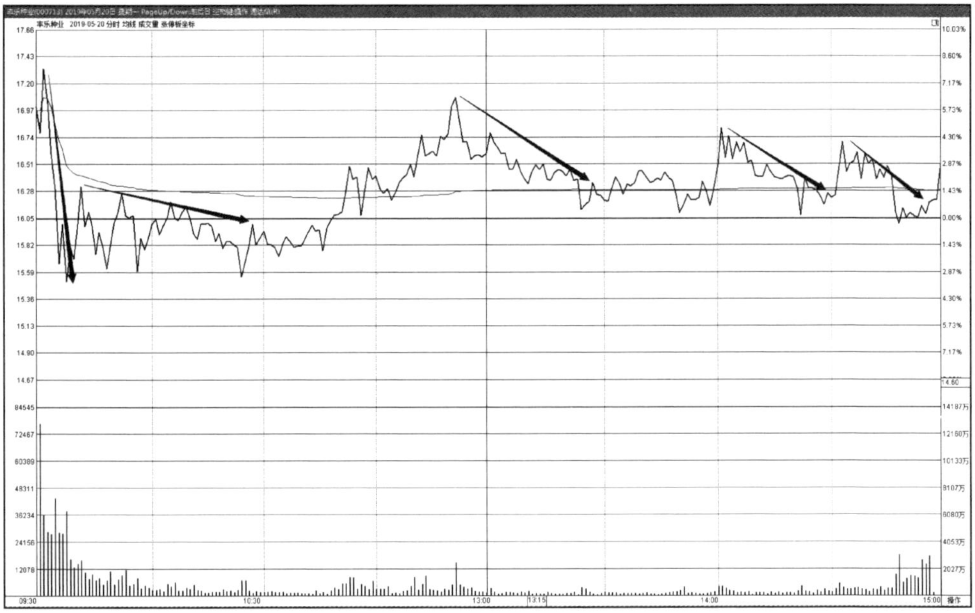

图 12-7　丰乐种业见顶分时图

主线热点顺利从农业板块切换到华为海思和芯片板块，农业行情将宣告结束，随即开始调整。

持有丰乐种业者，在集合竞价时板块爆发亏钱效应，可以先行减仓，开盘后，见势不妙，要及时清仓。如在早盘没来得及清仓，但是当板块出现集体跳水时，丰乐种业也出现断崖式跳水，回拉就开始清仓离场。锁定利润为当前首要任务。

沪深两市全天延续弱势，农业股全线大跌，华为芯片和稀土成为新热点，市场尾盘走出了小 V 行情，市场成交量持续萎缩。随着市场总龙头丰乐种业进入调整，两市缺失高位龙头股。

丰乐种业开始调整，农业板块行情也将进入调整，10 天 9 板的主升行情也结束了，未来可能在顶部反复震荡，也可能不断回落，不必于此再浪费时间。我们应该把目光转向新的热点龙头，积极参与，欢心持有。

第四节　敦煌种业借势大豆振兴计划

农业种业概念，先是受益新概念“人造肉”而崛起，后又因大国之间的贸易摩擦，限制进口农产品，国内农业将会获得更大市场，从中受益而股价大涨。接着，数字乡村新政策的公布，给炒作的如火如荼的农业种业概念又添了一把火。经过三波的炒作，农业种业概念已经成为主流热点，板块的赚钱示范效应塑造出来了。龙头已经有了翻倍的涨幅，而有些股票的股价还很低，这个时候就有补涨的需要。

2019 年 5 月 29 日凤凰网报道，国产大豆今年种植面积增加 1000 万亩，2020 年将达到 1.4 亿亩。大豆是优质的植物蛋白资源，也是健康的食用植物油资源。随着居民消费结构升级，市场对大豆需求快速增加，国内产需缺口不断扩大。为实施好新形势下的国家粮食安全战略，积极应对复杂的国际贸易环境，促进我国大豆生产恢复发展，提升国产大豆的自给水平，农业农村部决定从 2019 年起实施大豆振兴计划。

新闻中提到我国大豆需求快速增加，国内产需缺口不断扩大，国家正在实施大豆振兴计划。实施这个计划的原因有两点，一是有政策支持利好，二是有市场需求。股价正处低位的敦煌种业具有补涨的需要，借此新闻发布后，连续收涨 5 个涨停。

2019 年 5 月 28 日星期二，大盘氛围强者恒强，敦煌种业借大盘之势和贸易摩擦受益的逻辑，开始主动拉升涨停。农业种业已经不再是市场最强的板块了，仅仅只是个股零星表现一下而已。如图 12-8 所示，从 5 月 28 日至 6 月 3 日，5 个交易日，敦煌种业连收 5 个涨停板。

后叠加大豆振兴计划利好，连收 5 个涨停板，也有比价丰乐种业的翻倍

图 12-8　敦煌种业五连板涨势图

涨幅，低位开始补涨。敦煌种业也算得上是农业板块补涨的龙头。

从丰乐种业和敦煌种业的走势可以看出，农业板块行情多爆发于大盘氛围较差的环境之下，时常还会逆势大涨。这对题材的理解和热点运行的把握，要求较高；同时，还要求有过人的胆识和勇气，敢于逆势重仓。

农业板块是受贸易摩擦升级之后，冒出来的主线热点之一。一遇到新的消息，它就会反复活跃，后期也会出现不少零星的机会。对这些机会，我们也可以采用同样的模式来识别与捕捉。

由此及彼，新闻分析法不仅可以运用于农业板块行情中，也一样可以运用到其他的热点行情中。接下来，我们来看看芯片行情是怎么走出来的呢？

第十三章　国产芯片的翻倍牛股

康强电子是华为事件中国产芯片板块最具代表性的牛股之一，9 天 8 板，如图 13-1 所示。哪一天都可以随意上车或下车，是否都吃上大肉了呢？

图 13-1　康强电子 9 天 8 板走势图

接下来，我们将详细分析其走过的路程，先回顾一下华为事件发展的过程。

2019 年 5 月 15 日，美国商务部以国家安全为由，将华为公司及其 70 家附属公司列入出口管制“实体名单”。

2019 年 5 月 16 日，针对美国日前发布的针对华为等公司的限制交易令，商务部新闻发言人高峰表示，中方反对泛化国家安全概念和滥用出口管制措施，将坚决维护中国企业的合法权利。

2019 年 5 月 17 日凌晨，华为旗下的芯片公司海思半导体总裁何庭波在其发布的一封致员工的内部信中称，将启用“备胎”计划，以确保公司大部分产品的战略安全，以及大部分产品的连续供应，“这是历史的选择，所有我们曾经打造的备胎，一夜之间全部‘转正’”！

美国商务部工业与安全局（BIS）将华为列入所谓“实体清单”的决定，是美国政府出于政治目的持续打压华为的最新一步。华为事件有了新的进展，并且商务部已做出明确回应，同时，华为内部启动了“备胎”计划，这些因素都将激活市场的做多热情。“备胎”计划是反制美国贸易摩擦升级的新内容，概念新颖；同时，“备胎”计划还能为国内相关产业链带来实质性利好，采用国产替代，能够给国内的上市公司带来一片新增市场，随之相应受益。

第一节 启动于“备胎”计划

一、新概念催生爆发

1. 行情逆势启动

华为“备胎”计划行情第 1 天，2019 年 5 月 17 日星期五，大盘氛围否来，华为产业和芯片板块逆势爆发。

开盘数据显示盘面整体氛围较弱，盘前华为发布将启用“备胎”计划的消息。受此新闻催化，华为产业概念和国产芯片替代概念集体爆发，如表 13-1 所示，开盘就有 6 只一字板，其中，实达集团是二连板，成为板块中的最高板，都是巨量封单。据此可以推断，催化效果为强爆发，行情级别较大，虽然题材级别无法与科创板相提并论，但从催化效果来看，也还是有相似之处的。

表 13-1 开盘一字涨停汇总表

序号	股票代码	股票简称	现价（元）	涨跌幅（%）	涨停2019.05.17	所属概念	涨停原因类别 2019. 05. 17
1	600734.SH	实达集团	8.95	9.95	二连板一字板	电子信息;广告营销;文化传媒;智能穿戴;移动互联网;安防;物联网应用层;物联网平台层;物联网;5G;创投;华为概念	华为芯片
2	300598.SZ	诚迈科技	28.95	9.99	首板一字板	移动互联网;芯片概念;智能汽车;华为概念;汽车电子;蔚来汽车概念;无人驾驶;华为汽车;华为海思概念股	华为芯片
3	002388.SZ	新亚制程	6.19	9.95	首板一字板	供应链金融;电子信息;融资租赁;超硬材料;富士康概念;华为概念;台湾概念股;郭台铭概念	华为芯片
4	002855.SZ	捷荣技术	10.81	9.97	首板一字板	智能穿戴;华为概念;三星;消费电子	华为芯片
5	300256.SZ	星星科技	3.80	10.15	首板一字板	诺基亚;指纹技术;WIN升级;智能穿戴;触摸屏;虚拟现实;苹果概念;VR设备;3D玻璃;裸眼3D;OLED显示模组;兜底增持;OLED;消费电子;华为概念;柔性屏;地方国资改革	华为芯片
6	300223.SZ	北京君正	26.84	10.00	首板一字板	智能眼镜;传感器;智能音箱;AI芯片;芯片设计;人工智能;智能穿戴;芯片概念;智能手表;集成电路概念;物联网;年报预增;超清视频	华为芯片

开盘后，场外资金继续攻击华为芯片板块中的个股，有 6 只个股几乎同时冲击涨停，如表 13-2 所示，三川智慧、紫光国微、华星创业同时秒板，华星创业一口气就封死了，三川智慧和紫光国微后来打开过。力源信息一杆直接拉升至涨停，中间都没有停顿过，大资金毫不犹豫地进攻，一味地扫单。兆日科技开盘后，也几乎是直接拉升封板，非常坚决。宏达电子开盘拉升动作十分干脆利索，几乎不给低位买入的机会，只能追涨买入。

表 13-2　早盘冲击涨停的个股汇总表

序号	股票代码	股票简称	现价（元）	涨跌幅（%）	涨停2019.05.17	所属概念	涨停原因类别 2019.05.17
1	300066.SZ	三川智慧	4.85	9.98	首板	智能表;物联网应用层;芯片概念;物联网;参股新三板;新基建;稀土永磁;华为概念	华为芯片
2	002049.SZ	紫光国微	45.11	10.00	首板	金融IC;交通一卡通;核高基;蓝宝石;军工;国产替代;智能终端;节能照明;超级计算机;融资融券;存储芯片;深股通;5G;换芯;转融券标的;芯片概念;芯片设计;地方国资改革;集成电路概念;国资驰援;移动支付;MSCI预期;紫光系	华为芯片
3	300025.SZ	华星创业	6.12	10.07	首板	智慧城市;电子信息;股权转让;5G;华为概念;边缘计算;云计算;国产软件;数字孪生	华为芯片
4	300184.SZ	力源信息	6.80	10.03	首板	元器件;智能穿戴;车联网;武汉光谷;电子商务;能源互联网;芯片概念;物联网;深股通;独角兽概念;5G;科创板预期;电力物联网;送转填权;共享经济;华为概念	华为芯片
5	300333.SZ	兆日科技	10.21	10.02	首板	新版人民币;人民币防伪;互联网金融;芯片概念;移动支付;网络安全	华为芯片
6	300726.SZ	宏达电子	22.02	9.99	首板	航空航天;大飞机;芯片概念;深股通;5G;军民融合;陶瓷电容;军工;华为海思概念股	华为芯片

从 6 只前排进攻的个股来看，其资金攻击的规模已达到数亿的级别，攻击强度还是很大的。拉升动作几乎接近一致，充分说明了资金对此概念的逻辑深度认同。

如表 13-3 所示，后排助攻个股共有 7 只，阵容也是比较大的，参与的资金也有数亿元，拉升的角度不太陡峭，多数是比较平缓的，低吸的时间相对比较充裕，换手也比较充分。这能够为各类风格的散户投资者提供丰富的机会，大家可以一起共同参与。

华为芯片板块共收 19 只涨停，可谓阵容庞大，催化效果极佳，成为当日最强的板块。可是，牛股的辨识难度就增加了。

面对如此强劲的催化，第一波行情应如何操作呢？

第一，提前做好功课，对新闻进行深度分析，将可能涉及的标的提前准备好，并自定义一个板块；对个股进行初步分析，并拟定一个交易计划，备选标的、开仓条件、开仓方式、开仓比例、放弃条件等。

表 13-3 后排助攻个股汇总表

序号	股票代码	股票简称	现价（元）	涨跌幅（%）	涨停2019.05.17	所属概念	涨停原因类别 2019.05.17
1	300167.SZ	迪威迅	6.75	9.94	二连板	超材料概念;智能交通;安防;股权转让;国资驰援;智慧城市	华为芯片
2	300493.SZ	润欣科技	11.48	9.96	首板	智能医疗;金融IC;智能穿戴;虚拟现实;大疆创新概念;芯片概念;物联网;传感器;集成电路概念;5G;移动支付;边缘计算;台湾概念股;高送转	华为芯片
3	603738.SH	泰晶科技	14.70	10.03	首板	华为海思概念股	华为芯片
4	002436.SZ	兴森科技	5.27	10.02	首板	航天军工;元器件;深股通;芯片材料;芯片封装测试;芯片概念;军工;互联网+;集成电路概念;国资驰援;互联网金融;华为概念	华为芯片
5	002185.SZ	华天科技	5.09	9.94	首板	兰新白试验区;融资融券;深股通;AI芯片;转融券标的;人工智能;芯片概念;硅晶圆;物联网;芯片封装测试;集成电路概念;华为概念;华为海思概念股	华为芯片
6	002119.SZ	康强电子	14.29	10.01	首板	徐翔概念股;移动支付;黄金暴跌受益;芯片概念;芯片材料;金属镍;小金属概念;集成电路概念	华为芯片
7	300708.SZ	聚灿光电	11.63	10.03	首板	芯片概念;合同能源管理;节能照明	华为芯片

第二，盘前准备充分一点儿，提前 1 小时打开电脑，除了再阅读一遍重要新闻，以及再了解一下隔夜外围市场的运行情况外，还要关注一下亚太市场的开盘情况。

第三，静心盯好集合竞价，若竞价时就发现有多只一字板涨停，板块其他个股大幅高开，那就可以初步认定新闻催化有效，接下来，就可以准备执行交易计划了。

第四，在竞价结束前，可试仓备选标的未顶一字板，且大幅高开的个股。这个时候，可选择的机会较多，个股的辨识度并不高，除了参考近期的活跃度，还有就是股性，以及业务与题材概念的结合度，还有股价的位置，流通盘大小等因素；可以优先选择有过良好连板赚钱效应记录的个股。其实，这个时候，更多地凭借的是运气和胆量。风格谨慎者，可以选择不参与第一波行情。

第五，汰弱留强，在行情演进的过程中，各股之间展开比拼争夺有限的资金与人气，若实力不济者，就会败下阵来，从而被无情地抛弃。若持有的标的有走弱的迹象，最好及时退出，把筹码集中到表现更强的个股中去。市场永远喜欢强者，持有强者的资金不愿意离场，场外的资金也愿意花更高的价格为强者接力，永远让强者更强，与此相反，弱者逾弱。

第六，第一波结束，锁定利润为上，及时离场。

华为“备胎”计划概念爆发，实达集团二连板，巨单顶一字板开盘，这也说明这个新概念的逻辑已得到了市场的大力支持，是可以参与的。实达集团初步通过华为一级供货方资格，国内方面继续保持良好发展势头，已为华为、锤子、华勤、浪潮、小电等大客户批量供货。无论从业务关联度，还是从盘面强度来看，实达集团都是上乘的机会，可是实达集团却没有办法参与了，其他顶一字板的个股，也只能选择放弃了。

三川智慧早盘跳空高开，30 秒上板，后打开过，打板是可以成交的。提前做一些功课，可以将此标的选出来，在开盘时也是可以发现的。竞价时下单或开盘后下单，都是可以成功买入的。三川智慧股性也不错，近期活跃度也比较高，这是很容易识别出来的。力源信息的辨识度比较高，也可以提前筛选出来，再经过盘口确认，9:33 一杆上板，留下足够的时间下单买入。

康强电子的辨识度较高一些，并且在盘中很容易下单买入。如图 13-2 所示，离启动日 5 月 17 日最近的有过一次三连板，5 月 8 日至 10 日连续涨停，回调 4 日，再次启动。从 5 月 17 日分时图来看，早盘仅高开 0.50%，开盘后也没有强劲的表现，这是不容易被发现的。逐步震荡上行，午后才开始小幅拉升，对早盘没有下手的投资者来说，可以采取低吸买入开仓。14:10 才上板，打板买入开仓，确定性会更高一点。

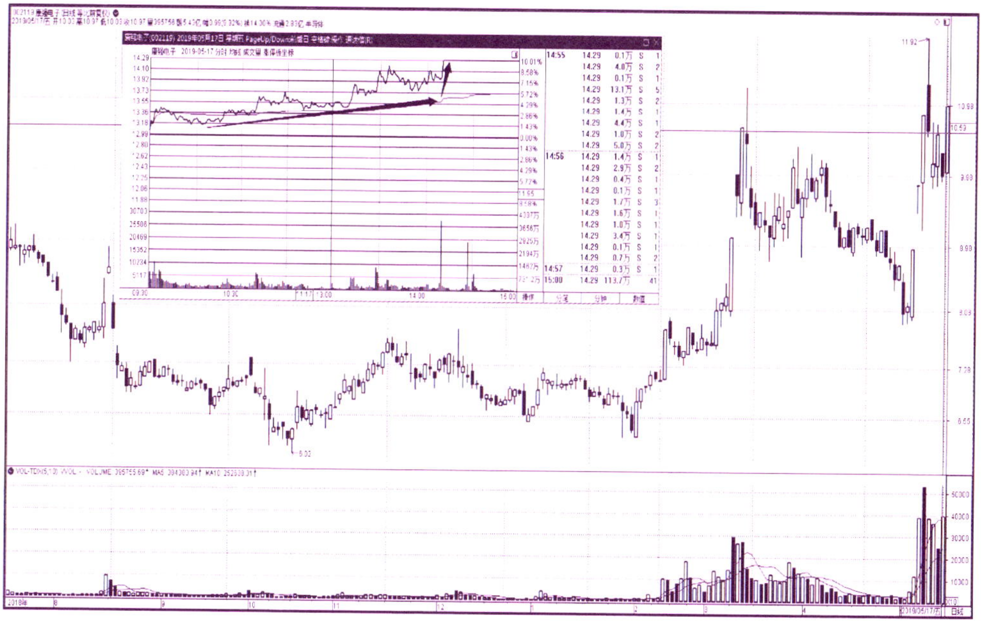

图 13-2　康强电子首板启动分时图

说明：左侧分时图竖轴显示的价格，是当时盘中真实的价格，右侧 K 线竖轴显示的价格是复权之后的价格。5 月 21 日康强电子除权除息：每 10 股派现金 0.250 元，每 10 股送转股比例 3.000 股。

三大指数全天单边下跌，前期热点氢能源、工业大麻等杀跌严重。以玉米、养殖业、农机等为代表的农业股表现十分强势。以芯片为代表的科技股逆势爆发，华为产业和国产芯片共收涨停 24 只。紫光国微作为芯片趋势大票，早盘的快速涨停人气比较足，并且带动了芯片股拉升，其中军低位稳固。

在盘面氛围不佳时，保持谨慎也不失为上策，等待行情明朗后再介入也不迟。风格激进且新闻理解功力深厚者，选股精准度极高，可以在行情爆发之日进场试仓。

在 5 月 17 日的外交部例行记者会上，发言人陆慷强调，在经济全球化的今天，5G 的开发、利用有赖于世界各国的交流合作，像美国那样出于政治目的人为干扰 5G 开发、利用与合作，甚至滥用“国家安全标准”，把有关问题政治化，采取歧视性打压限制特定企业的做法不仅不利于 5G 的发展，也有悖公平竞争原则，最终不符合任何国家利益。

官方进一步表态，华为事件又有新的进展，新的催化剂不断，行情将会进一步演化。这很值得期待。

2. 叠加泰来出现首次高潮

华为“备胎”计划行情第 2 天，2019 年 5 月 20 日星期一，市场氛围泰来，强者恒强，板块行情异常火爆，出现首次高潮。

开盘数据显示，大盘氛围否极泰来，赚钱效应回升明显，前期热点农业板块开始走弱，新生热点华为产业和国产芯片表现更为强势。

盘前资讯，路透社 5 月 18 日独家报道称，美国商务部可能会在近期缩减针对华为的部分贸易限制，为华为送上一张为期 90 天的“临时通用执照”，允许华为继续购买美国商品，以便帮助其美国客户维护现有的网络和设备，但华为仍将不被允许购买用于制造新产品的零件。路透社 5 月 19 日报道，谷歌将停止华为手机访问谷歌服务和安卓系统更新。

受华为事件新消息的催化，华为概念股和国产芯片大幅高开，一字板开盘有 9 只，实达集团的封单增加了一倍。从开盘的数据来看，其表现极为强势，这个时候，完全可以满仓介入前排个股。新亚制程竞价时下单排板，还是有机会成交进场的。

前排个股，三川智慧竞价时下单也是没有办法加仓的，这里就出现了一个悖论。一个方法是一步到位开仓即满仓；另外一个方法是试仓后，确认正确后再加仓。但是，有时就会出现试仓后，走出极强加速之势，顶一字板了，无法加仓的情况。容易出现做对了交易，但由于仓位不重，最后总收益并不高的情况。其实，这里面有两个问题：第一个问题是正确率，如果择时和选股的正确一直处于较高的水准，开仓的时候可以仓位偏重一点，但是也不赞成开仓即满仓；第二个问题是试仓是否需要坚持，试仓有时会失去加仓的机会，但是从稳定长期收益和控制回撤来说，试仓是一项行之有效的办法。像索罗斯这种大师级的交易员，仍然会一直坚持使用试仓管理办法。

从图 13-3 可以看出，康强电子的二板表现也并不强，9 个一字板，也不在之列，早盘高开+7. 30%，开盘后 1 分钟就涨停，说明还是有资金主动进攻的。封板 14 分钟后，出现了一波集中的抛盘，打开过 2 分钟，后又回封。从整体来看，其辨识度并不高，若不是加上前面的三连板，市场关注度会更低。可能正是因为市场对其并没有过于一致看好，导致在分歧中不断换手，然后再转向一致上攻。在集合竞价时和开盘后下单，是可以成功加仓的。此时的康强电子还没有展现出龙头的气质，只能作为一只跟风换手股适度参与一下。只要板块的势还在增强，凭借其股性佳、保持较好的换手和赚钱效应，还是可以大胆上车，博取其差价的。

图 13-3　康强电子二板分时图

沪深两市全天延续弱势，上证指数下跌0.41%，中小板指下跌1.32%，创业板指下跌0.64%。创业板指回补下方跳空缺口，在芯片和稀土等板块带动下，市场尾盘走出小V行情，市场成交量持续萎缩，两市成交额只有4627亿元。

华为产业概念成为最强的板块，共收20只涨停，比昨日多了8只涨停。国产芯片有14只涨停，华为芯片共有34只涨停，其中三连板有3只，二连板有12只，首板有9只。此外，有不少新的增量资金不断参与到这个概念中来。实达集团继续顶一字三连板，板块中共有9只一字板，表现出极强之势。

盘后消息频发，华为事件有了新的进展。

华为相关负责人称，华为数据中心芯片可以完全不依赖美国供应链，华为的服务器芯片鲲鹏920已经完全可以实现自主生产。他进一步补充称，这款芯片虽然是基于英国公司ARM架构，但华为已经获得了永久授权，除此之外，剩余的供应链的配件都可以实现自主生产。

第一财经记者实探华为南方工厂手机生产线：生产不受影响。5月20日讯，记者实地探访了位于东莞松山湖地区的华为南方工厂手机生产线，据了解，华为的最新旗舰机型P30手机正在该工厂生产，生产线的一位负责人对记者表示，目前手机生产一切正常，没有受到影响。

央视新闻报道称，多国未发现华为“后门”。外交部发言人指出，欧洲方面的调查结论证明了华为的清白，也暴露了美国打压他国企业的不正当性。据报道，经多年审查，英国、德国及欧盟方面均未发现华为产品存在明显“后门”，但美国思科设备却经常被发现存在安全漏洞，自2013年起已有10起“后门”事件。对此，中国外交部发言人陆慷在5月20日的外交部例行记者会上表示，中方特别想听听美方对此有何评论。当然，国际社会可能也没抱太大希望。因为自“棱镜门”事件以来，美方一直对指控其从事网络攻击、窃密的事实依据三缄其口。陆慷指出，美方以己之心度人之腹，为获取竞争优势对他国企业造谣抹黑，却始终拿不出像样的证据。欧洲方面相关的调查结论证明了华为的清白，也暴露了美国动用国家力量打压他国企业的不正当性。

外交部谈谷歌暂停对华为部分业务：支持中企用法律捍卫权利。外交部发言人陆慷5月20日主持例行记者会，有记者就外媒报道谷歌中止与华为部分业务一事提问。陆慷回应称，我们看到报道注意到有关谷歌公司已经暂停对华为公司涉及软硬件转让业务并且暂停向华为提供有关服务的说法。我们将正式确认此事，并进一步积极关注事态进展。同时，中方支持中国企业拿起法律武器捍卫自己的正当权利。

华为声明：华为有能力发展和使用安卓生态。记者从华为获悉，针对关于谷歌暂停支持华为部分业务一事，华为声明称，安卓作为智能手机操作系统，一直是开源的，华为作为重要的参与者，为安卓的发展和壮大做出了非常重要的贡献。华为有能力继续发展和使用安卓生态。华为和荣耀品牌的产品，包括智能手机和平板电脑，产品和服务在中国市场不受影响。未来华为仍将持续打造安全、可持续发展的全场景智慧生态，为用户提供更好的服务。

这5则新闻都是有关华为事件的最新态势，它们既没有新的利好，也没有新颖的概念，只能算得上是新的催化剂。对原有的利好和概念进行新的催化，可以让热点板块的热度能持续更久一些。

二、板块分化后走强

1. 板块加速分化

华为"备胎"计划行情第3天，2019年5月21日星期二，盘面氛围强者恒强，华为芯片板块仅前排强势股继续上板走强，开始出现一定程度的分化走势。

开盘数据显示，盘面氛围强者恒强，主线热点行情将会延续。华为产业板块和国产芯片板块前一日出现第一次高潮，高潮之后还会有高潮吗？高潮之后一定会遭遇分化吗？高潮会不会一浪比一浪高，或遭遇分化，主要从以下两个方面来考量。

第一，高潮之后，是否出现新的更强的催化剂，若有，板块继续走强的概率就高，否则更大的可能是分化。

第二，板块是否有增量资金，若有，板块继续走强的概率就高，否则将会遭遇分化。同时，板块挤压现象不明显，若有新板块争抢有限的资金，那前一日高潮的板块中的获利盘容易出逃，遭遇分化。

将新的强催化剂和增量资金结合来评判，效果会更明显。新的强催化剂，容易引来增量资金进入板块。只有增量达到一定规模，足以全部承接前一日的获利盘，同时，新的强催化剂也可以改变持筹者的预期，稳定持筹者的心态，减少抛盘，这样，板块才可能走出强者更强，一浪高出一浪的走势。与之相反，没有新的强催化剂，资金被别的板块分流走了，那板块会遭遇较大程度的分化。

分化之后，是一个汰弱留强的好时机，分化之后继续走强的个股，其辨识度更高一点。实达集团继续巨量大单顶一字板，已经是四连板了，暂时还没有看到打开的迹象，第一波行情操作的机会一直都没有出现，只能作为一只标杆个股，作为风向标。东华测试一字四连板，也是无法介入的。三川智慧一字三连板，只能观赏。新亚制程一笔上板，提前准备还是可以买到的。力源信息接近涨停开盘，开盘后就有两波下杀，15 分钟就回封成功。

如图 13-4 所示，康强电子三板分时走势图，初显分时分化走强的态势。康强电子早盘微幅高开+0. 58%，小幅拉升一波后就开始大幅下杀至-4. 56%，成为当日盘中最低点，随即开始震荡，10 分钟后开始第一波巨幅拉升，从-3. 56%一笔直接拉升至+6. 71%，初步显示出一点儿强有力的主动走势。随即开始震荡回落，10:58 回落到低点-2. 82%，再横盘震荡至上午收盘。午后开盘就开始第二波的拉升，13:22 至高点+8. 04%，突破了上午的高点，可以看出来，第二波的拉升虽然分三段来完成，但是其高度和强度比第一波更稳健。随即又开始震荡回落，14:16 震荡的低点+5. 22%，回落的低点一次比一次高，下方承接盘比较强，在小时级别的趋势仍然保持上涨态势。14:16 开始第三波拉升，4 分钟后一笔直接封上涨停。封板 15 分钟之后打开过 4 分钟，回封成功至收盘。

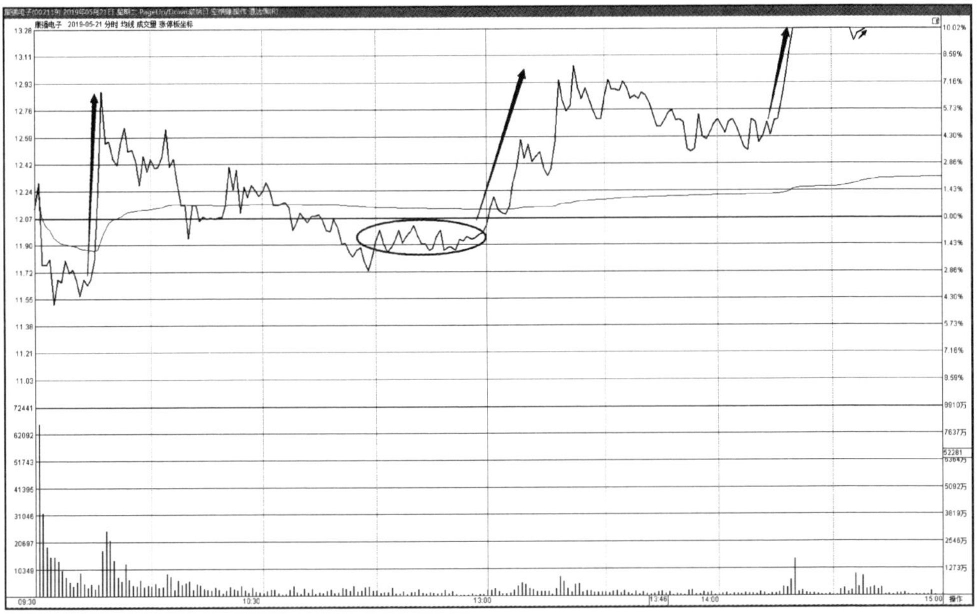

图 13-4　康强电子三板分时图

盘中进行宽幅震荡，在分化过程中进一步解决分歧，清洗浮筹，将一部分获利盘和套牢盘赶下车，让新资金有充裕的时间进场，经过换手后，筹码变得更稳定，有利于再次拉升上攻。从三次巨幅拉升来看，主动进攻性还是比较强的，拉升还在进行中，还没有出现见顶的迹象。

持筹者，可以在第二次回探不过前低点，低位吸纳不超过原持仓的量，总仓位控制在能承受其宽幅的震荡范围之内。若尾盘不能再封板，可以考虑将原有的筹码减掉，风格激进者可以博次日的反包。仓位轻者，可以大胆低吸建仓。

其他个股的机会质量并不是太高，辨识度也不太高，参与的难度也加大了。

华为产业板块和国产芯片板块共收 9 只涨停，其中四连板的有 2 只，三连板的有 5 只，没有二连板的，新增首板的有 2 只。总体强度明显减弱，但是前排强势股的连板率保持很高。最高板晋升至四连板，高度不断攀升，接力热情还是比较高的。一字板的还有 3 只，板块整体强度保持较高。

三大指数呈单边上行状态，上证指数重返 2900 点，上证指数上涨 1.23%，报收 2905.97 点；中小板指上涨 2.28%，报收 5597.91 点；创业板指上涨 1.66%，报收 1493.72 点。稀土板块再现涨停潮，华为和芯片概念股分化明显，市场总体量能没有放大，两市成交额 4795 亿元。

天龙光电强势五连板，是市场中高度最高的强势股，但不是市场总龙头。围绕英洛华、实达集团、东华测试四连板，将会展开一场市场总龙头的争夺战。

盘后新闻，针对社会对华为的关切，华为创始人任正非 5 月 21 日在深圳华为总部接受了媒体采访。任正非首先感谢美国企业多年来的支持和伴随成长。美国商务部将华为及其附属公司列入所谓“实体名单”，有媒体担心，华为可能受到影响，针对这一问题，任正非表示，华为在先进技术领域不受清单影响。

一见光，板块就开始走弱，也许昨日表现太强，场内资金接力不济，只能分化，淘汰一些弱势的个股。

2. 否来烂板胜出

华为“备胎”计划行情第 4 天，2019 年 5 月 22 日星期三，盘面氛围否来，亏钱效应有爆发的迹象，主线热点华为产业和国产芯片分化后延续强势。

盘前消息，华为创始人任正非在接受媒体采访时表示，华为能做美国一样的芯片，以后还会买美国企业的零部件；华为的 5G 是绝对不会受影响的，在 5G 技术方面，别人两三年肯定追不上华为；美国的“90 天临时执照”对我们没有多大意义，我们已经做好了准备。

2019 年 5 月，华为消费者业务 CEO 余承东透露，最快 2019 年秋天，最晚 2020 年春天，华为自己的 OS 将可能面市。华为的 OS 打通了手机、电脑、平板、电视、汽车、智能穿戴，统一成了一个操作系统。华为的 OS 还兼容全部安卓应用和所有 Web 应用。

开盘数据盘面氛围稍有转弱，并没有出现恶化现象。前一日的稀土板块涨停潮，将会对盘面资金接力造成较大压力。受新消息催化，国产操作系统新概念板块崛起，将会分流较多的资金。华为产业板块也会对主线热点造成挤压，产生新分化。

华为产业板块龙头实达集团继续顶一字板，已经五连板；新亚制程秒板，是四连板。分化后的个股不断回落，先后新增首板涨停的个股有 5 只，诚迈科技尾盘再次封板，成功四连板。板块共收 8 只涨停，梯队结构完整，热度维持较好，强度适中。

国产芯片板块分化更为明显，三川智慧一字板开盘，站上了四连板，尾盘受稀土板块回落炸板跳水。前排强势个股康强电子，继续延续前一日宽幅震荡的格局。如图 13-5 所示，早盘低开-4.50%，开盘后就开始向上小幅震

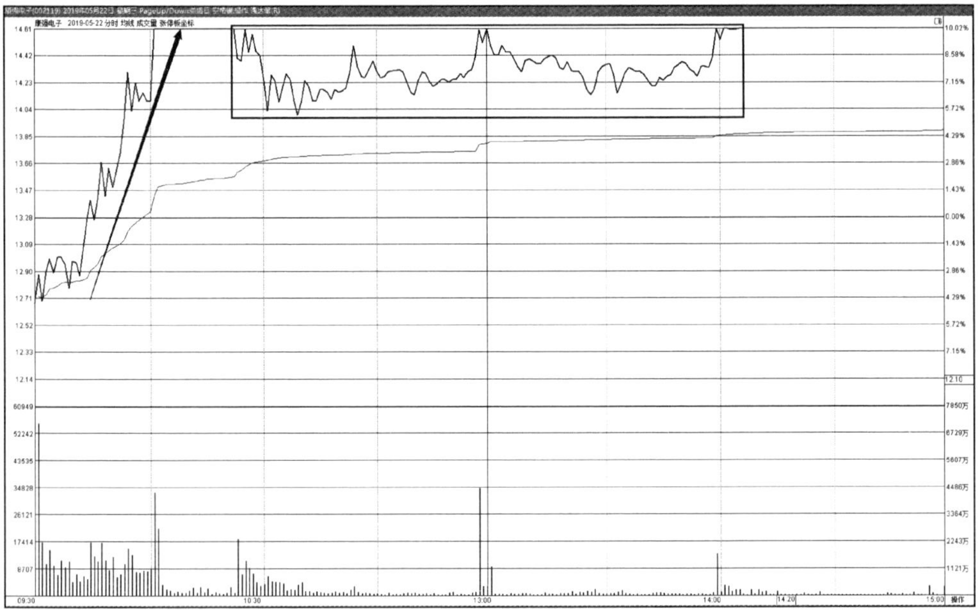

图 13-5　康强电子四板烂板分时图

荡拉升，震荡 11 分钟之后，从 -3.09%开始向上大幅拉升，分三波拉升，10:01 就成功封住涨停。21 分钟之后打开涨停，中间先后四次冲击过涨停，最先 14:05 成功回封。中间烂板的时间 133 分钟，相对 76 分钟的封板时间来说，换手还是很充分的。北京君正 14:01 强势反包，助攻作用十分明显。

康强电子成功四连板，可四板是一个大烂板，午后才成功封住。主线热点中的强势连板的高位大烂板，一定要引起重视，尤其是 4 板或 5 板的大烂板，分歧一旦被统一了，将会继续走牛、成龙、成妖。

可参照对比一下丰乐种业的大烂板及其之后的走势。

受消息催化，国产操作系统板块逆势强爆发，软件股涨停个股超过 10 只。华为面向下一代技术而设计的操作系统会在年内面市，这是华为事件的一个新进展，新内容，新概念，新利好。主线热点华为产业板块热度保持较好，赚钱效应持续性也不错，国产操作系统概念是一个新插曲，还是新主线，还有待进一步观察。

两市再度走弱，指数维持横盘震荡格局，个股却出现普跌走势，板块大幅分化，热点轮动加快。天龙光电逆势六连板，继续独占市场最高板。实达集团五连板，康强电子和新亚制程四连板。

盘后新闻：集成电路设计、软件企业免两年所得税。2019 年 5 月，财政部、税务总局发布《关于集成电路设计和软件产业企业所得税政策的公告》，提出依法成立且符合条件的集成电路设计企业和软件企业，在 2018 年 12 月 31 日前自获利年度起计算优惠期，第一年至第二年免征企业所得税，第三年至第五年按照 25%的法定税率减半征收企业所得税，并享受至期满为止。

这是一则实质性政策利好的新闻，免征集成电路设计和软件企业两年所得税，全新的概念，全新的催化剂。

第二节　继命于免税政策

一、免税政策开启第二波行情

1. 续命免税利好

免征所得税行情第 1 天，2019 年 5 月 23 日星期四，盘面氛围恒弱，国产芯片概念板块逆势走强，康强电子走出五连板。

盘前消息：财政部、税务总局发布公告指出，免征集成电路设计和软件企业两年所得税。虽然这不是一项新政，只是上一项政策到期后的延续，但是其中还是有一定的实质性利好。尽管利好程度不足以催生一波新的行情，但是其利好与主线热点自主可控高度吻合。利好产生叠加效应后，会对主线热点起到推波助澜的作用，促进行情向纵深发展。

开盘数据显示，盘面延续弱势，三大指数低开低走，赚钱效应有所回落，亏钱效应有爆发的迹象。受消息催化，国产芯片概念和国产操作系统概念早盘高开，受接力人气影响，缓慢震荡走低，在弱势环境表现为最强。

国产芯片板块催化走强的效果更为明显，早盘集合竞价就有 3 只一字板助攻，创意信息 4 天 3 板，综艺股份和飞利信都是新增首板。康强电子是板块中最高板，四连板，连板赚钱效应保持较好，人气较旺，成为板块龙头的潜质最大。如图 13-6 所示，康强电子顺势高开 2.33%，开盘表现强于前两日，分歧烂板之后出现高开，有转强的迹象。开盘 1 分钟就拉升至+5.0%，随即遭遇一笔大单抛盘，直接下杀至-2.67%，一笔就吃掉近 8 个点，算是比较狠的。下探后就开始回拉，边拉升边震荡，耗时 20 分钟，分三波拉升上板。9:54 成功上板，封板还是很坚决的，动作干脆利索。

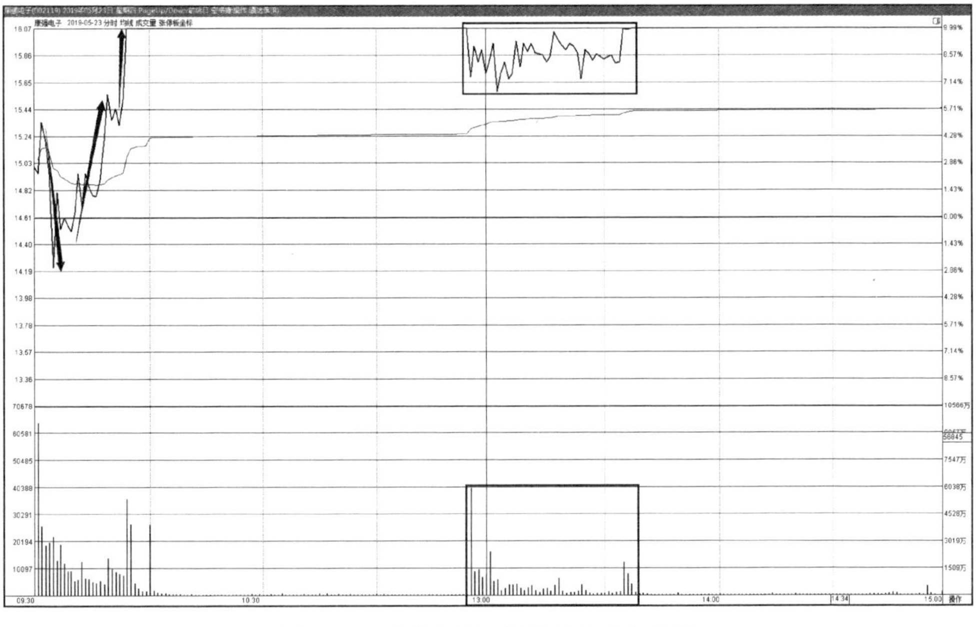

图 13-6　康强电子五板烂板分时走势图

康强电子封板到11:24被大单砸开涨停，开板后震荡43分钟，13:37成功回封。从开板的时间和开板震荡的幅度来看，明显强于前一日的烂板。总体上是弱转强，维持着较好的连板赚钱效应。分歧也许是来自盘面氛围的弱化，也许是来自操盘手故意设置的心理陷阱。

康强电子成功五连板，真正晋升国产芯片板块的龙头，成为板板可以自由换手的人气龙头。同时，康强电子引领国产芯片板块走强，共收10只涨停，成为当日最强的板块。其中，连板的有3只，新增首板的有7只，形成了明显的结构性赚钱效应。国产操作系统板块也表现不错，共有8只涨停。两个板块同时走强，说明市场认同前一日新闻的利好。

沪深两市再度走弱，三大指数加速下跌，上证指数下跌-1.35%，报收2852.52点；中小板指下跌-2.94%，报收5395.83点；创业板指下跌-2.51%，报收1451.24点。盘面仅国产芯片和国产软件板块上涨，其他热点板块大幅杀跌。

实达集团继续一字板，走出六连板。康强电子五连板，英洛华6天5板，金力永磁6天4板。

指数持续大跌，热点板块行情持续不断，结构性机会还是不少的。

2. 遭遇否极热点补跌

免征所得税行情第2天，2019年5月24日星期五，盘面遭遇否极，亏钱效应全面爆发，热点补跌，康强电子未能继续封板。

盘前消息，英国广播公司5月22日报道称，芯片设计商ARM必须暂停与华为的业务。ARM中国在回应与华为海思的合作时称，对此问题十分重视，正积极沟通寻求妥善的解决方案。同时，针对有关“暂停向华为供货”的消息，东芝中国回应称，并未停止与华为的合作。新的催化剂量能过小，对板块行情的作用抵不过盘面氛围的压力。

隔夜外围市场欧美股市暴跌，国际紧张关系或将长期维持，风险资产受到打压。美股道指收跌近290点，美油重挫5.7%，创年内单日最大跌幅，欧洲三大股指集体收跌逾1%。

受外围市场拖累，早盘数据表现较差，赚钱效应回落明显，亏钱效应进一步扩散。国产芯片和华为产业板块开盘表现较弱，标杆个股实达集团低开-1.32%，开盘后继续下杀，11:24封死跌停。

如图 13-7 所示，国产芯片板块龙头龙康强电子早盘低开-0. 44%，稍微比实达集团开盘高一点点，开盘后就展开拉升，9:46 拉升至+8. 77%，冲击涨停未果，开始高位震荡。先后出现五波跳水，10:27 出现第一波跳水下杀，随后开始横盘震荡；10:46 出现第二波跳水下杀，随即展开横盘震荡；11:27 出现第三波跳水下杀，随即震荡回拉；13:52 出现第四波跳水下杀，随后回拉震荡；14:43 出现第五波跳水下杀，随后收盘-2. 89%。收盘幅度第一次出现负值，是不是要结束上涨了？这个变化需要引起重视。尾盘大幅下杀，也说明资金极力外逃。

图 13-7　康强电子第 6 日分时走势图

如果个股股价连续多日上涨后，在相对高位出现频繁跳水，开始宽幅震荡，这就是见顶信号之一。有时这里不是最高点，但是离顶也不远了，也无法分辨其是尖顶，还是多头复合顶，此时可以在盘中分时次高点开始分批减仓。

结合当日盘面变化，若标杆个股爆发巨幅亏钱效应，板块中的跟风个股批量出现巨幅亏钱效应，甚至整个板块开始深度调整，多种效应叠加时，那就更加坚信要分批减仓，直至清仓离场。

交易，更多的是见信号，按照系统来执行，极力做好当下的事，不要幻想，不要意淫，尊重事实，坚信事实。明日再出新的信号，再按照系统来执行即可。不管结果如何，坚持按照系统来执行，总体上大概率是获利的。

盘面延续弱势，指数继续在零轴附近震荡，创业板指再创调整新低，软件、芯片、稀土等前期热点板块大幅补跌。亏钱效应扩散较快，连板数急剧下降，高度板下降至四连板，三连板只有 1 只，二连板有 6 只。国产芯片板块有 3 只涨停，光力科技表现最为强势。

金力永磁 7 天 5 板，成为两市最高板。

二、华为事件不断升级

1. 泰来现第二次高潮

华为事件升级第二波行情第 1 天，2019 年 5 月 27 日星期一，券商板块大发力，盘面氛围否极泰来，国产芯片板块再次出现涨停潮，康强电子成功涨停反包。

盘前消息，华为事件愈演愈烈，正由美国拓展到其他发达国家，实体名单也可能由华为拓展到我国其他高科技公司。在美国将华为列入实体名单后，高通、谷歌等多个底层设施提供商将停止与华为的部分供货与服务。与此同时，英国芯片设计公司 ARM 也将停止与华为的业务往来。高科技产业作为美国的经济核心，关乎美国国家利益与全球利润分配。国海证券认为，美国对我国高新技术产业的扼制不会轻易放松，自主可控与关键技术创新是我国突破技术封锁的唯一途径，这将成为我国信息技术产业发展核心。

5 月 24 日晚，中芯国际在香港证券交易所发布公告称，公司决定将主动从纽约证券交易所退市，且这已得到董事会批准。在香港市场上，中芯国际总市值为 425.22 亿港元，远超纽约证券交易所。

开盘数据显示，盘面氛围明显好转，初显否极泰来的迹象，亏钱效应发生逆转，赚钱效应明显回升。国产芯片、5G 和国产软件板块早盘最先拉升，先后持续走强，受周末消息催化，国产芯片概念成为当日最强的领涨板块。最先上板是力源信息，9:30:03 秒板，走出了 7 天 4 板；富满电子 9:44:36 涨停，三连板；紧接着，光力科技 10:04:21 涨停，三连板；10:07:18 康强电子涨停，走出了 14 天 9 板；10:08:58 长电科技涨停，走出了 6 天 3 板。

开盘不足 50 分钟，争先恐后涨停的就有 12 只，其中 2 只三连板，3 只反包板，还有板块中军大唐电信涨停。同一板块，多股集体上攻，纷纷涨停，说明积极做多的力量取得了大胜。

华为事件不断升级，其背后是国家之间的科技利益之争，展开竞争仅仅只是一个开始，离事件结束遥遥无期。从时间上来说，一个无限期的事件，是可以参与的。从新的催化剂与盘面的否极泰来结合研判得出结论，这是一个可以参与的机会。那开仓到底要买入哪只标的呢？选新的强势股，还是继续上老的人气股呢？

新、旧的选择问题，最好结合当时盘面的情况去综合研判，若旧的人气龙头股已经明显走弱，且新的强势股有明显的辨识度，具备龙头的潜质，或者已经出现新的龙头，那一定选新，绝不选旧；与之相反，新的强势股辨识度很低，或者没有明显的优势，老龙头股人气还在，那也可以考虑继续开仓买入老龙头股；也可以根据热点板块运行模式来选择新旧龙头股，也可以确立一种风格，只做新不做旧，把喜新厌旧坚持到底。

国产芯片板块没有诞生新龙头之前，还是先继续参与老龙头康强电子吧。如图 13-8 所示，康强电子早盘微幅低开-0.51%，开盘总是不与他人争锋，不显山不露水。开盘后直接开始拉升，第一波拉升至+3.59%，随后开始震荡

图 13-8 康强电子反包板分时图

上行，第二波拉升至+6.93%，稍微回落震荡5分钟，就展开了第三波拉升，直接从+6.10%拉升至涨停。9:45封板，早盘拉升耗费15分钟，上涨幅度+10.52%，上板耗时仅次第二板，封板非常坚决果断，之后再没有打开过，一扫烂板之风。

综合新消息和开盘数据，集合竞价时就可以下单试仓康强电子了，见到第一个拉升波后，并且板块有那么多票同时上攻，那就坚定地加仓，加仓到极限。在第一波拉升后，再开仓确定性更高一些，仓位可以相应放大一些，板块出现多只涨停助攻，那可以坚定进场了。这个时候，最好清除心中的犹豫，更别妄想低吸，抓紧时间跑步进场。力求稳健者，也可以打板开仓。板块中其他的机会，要优先选率先涨停的个股，板块出现较大级别的行情机会，竞价买、低吸买，打板买，都可以赚到钱。这个时候，最重要的是仓位，只有把仓位推到与机会相对等的级别，才可让收益更可观。

康强电子的成功反包，使其能继续维护其良好的连板赚钱效应，前一日进场的资金，全部可以获利，并且没有出现任何需要出逃的信号。康强电子是国产芯片的换手人气龙头，高位成功反包，可以提振整个板块的信心，吸引场外资金加速进场。午后涨停家数不断增多，直至收盘国产芯片板块共有31只涨停，比爆发的时候多出了一倍，很多个股出现反包形态，板块新增资金十分明显。

芯片是华为事件的焦点，也是大国科技博弈的关键点，如遇强有力的新催化剂，市场资金极其容易产生共鸣，形成极强的人气效应。

上证指数早盘一度创下调整新低，在券商、芯片等科技股的带动下强势反弹。个股出现普涨走势，市场量能并没有同步放大。券商板块引领全天整个市场的反弹行情，5G、芯片、稀土板块表现强势。

康强电子7天6板，金力永磁8天6板，出现双龙景象。康强电子是国产芯片的板块龙头，金力永磁是稀土永磁的板块龙头，谁将成为市场总龙头，争夺的厮杀声早已响起。

盘后消息：近期，国外机构发布报告称我国企业芯片专利数量已逐步赶上国外老牌企业，这意味着我国芯片企业正在不停地努力。

晚间，《自然·纳米技术》报道：世界首创！中国科学家发明芯片基础单元新结构。复旦大学周鹏、张卫团队发明让单晶体管“一个人干两个人的活”的逻辑结构全新原理。在新结构下，不仅晶体管面积可缩小50%，存储计算的同步性也将进一步提升。若其能被成功产业化，将对芯片基础器件的提升具有重要意义。该发明将继续延展摩尔定律，实现电路逻辑结构从无到有的原始创新。

这则新闻是一副新的催化剂，这项原始创新，增强了我国在芯片领域的自主可控的步伐，会进一步刺激热点题材发酵。

康强电子晚间发布公告称，公司第一大股东宁波普利赛思电子有限公司之一致行动人宁波保税区亿旺贸易有限公司于 2019 年 5 月 27 日通过二级市场减持 4040279 股，成交金额 69250382 元。本次减持股份数占贵司总股本的 1.0766%。从公告中得知，减持当日已经完成，没有明显的利空，对次日的走势影响有限。

2. 板块弱分化

华为事件升级第二波行情第 2 天，2019 年 5 月 28 日星期二，盘面氛围强者恒强，国产芯片板块分化后，康强电子继续涨停。

盘前资讯，在贸易战升级到科技战的敏感时刻，中芯国际从美股退市事件不断发酵。退市之后，中芯国际可以不再受美股的诸多限制，可以充分享受国家体制的优势，同时享受全国人民的大力扶持，尽快实现国产芯片产业的突破。中芯国际是内地最大的集成电路代工企业，提供 0.35 微米到 28 纳米不同技术节点的晶圆代工与技术服务。

中芯国际不负众望，在国家的支持下，从荷兰采购来了最先进的光刻机，将 14 纳米芯片良品率瞬间提升至 95%，很快可以大规模生产。中芯国际作为国内最先进的芯片代工和华为的备胎，如果中芯国际的 14 纳米/12 纳米工艺芯片一旦能量产，那华为海思的中端芯片和华为麒麟就会让中芯国际来代工。光刻机一跃会成为华为事件的新焦点。

开盘数据显示，盘面氛围强者恒强，赚钱效应维持程度较好。国产芯片板块开盘就走强，其中有 4 只一字板开盘，开盘后多只个股继续攻击涨停，华虹计通秒板。如图 13-9 所示，板块龙头康强电子高开+3.50%，开盘后就开始急促拉升，8 分钟就冲击涨停，没有成功封住，随后就遭遇到抛盘，三波大幅下杀后，10:42 跌到+0.64%，之后开始震荡回升，到 13:38 再次成功封住涨停。

从整日走势来看，强度略弱于前一日，早盘拉升过急，板块热度非常好，

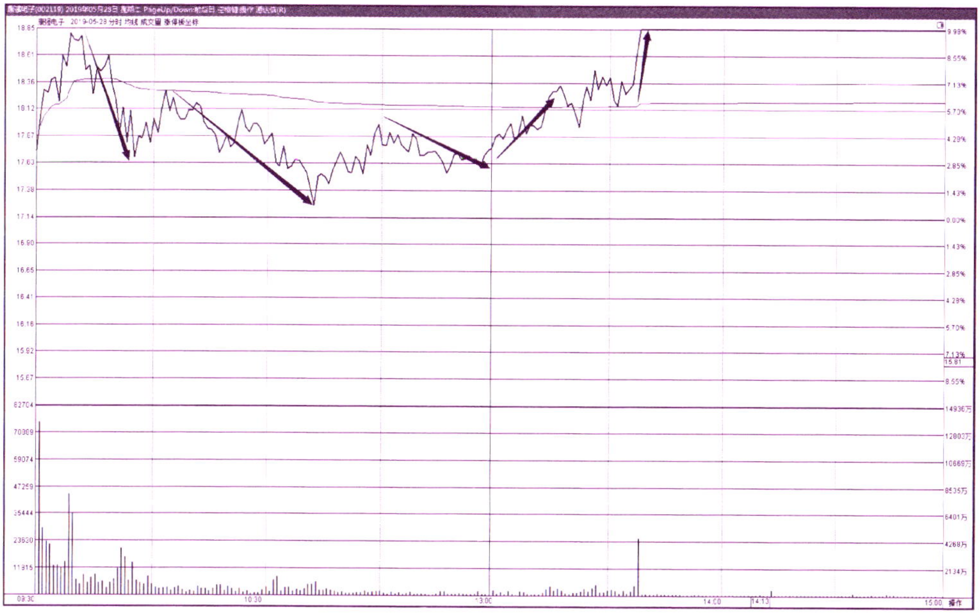

图 13-9　康强电子反包之后的二板分时走势图

助攻阵容很具规模，4 只一字板和 1 只秒板助攻。第一次未成功封住涨停，遭遇大单抛盘，但这并没有对板块产生太大的影响，人气仍然很旺盛。板块的整体赚钱效应还是保持得非常不错，分化后还没有爆发出惊人的亏钱效应。

若持有康强电子，几次跳水也不足以立即结束上涨趋势的惯性。只要新的催化剂层出不穷，并且板块热度不减，持有的龙头还没有出现大幅的亏钱效应，就可以多持有，不着急离场，至少坚持到下午，尾盘不再封板了，可以分批减仓。整个热点行情开始调整了之后，再全部清仓离场。

这个时候再新开仓，或者调仓换股，或者加仓，在进场的时机上来说，是有点儿偏晚了。前排的力源信息和富满电子表现强势，没有给加仓的机会。其他后排的二连板辨识度都不高，很难区分出孰强孰弱。

国产芯片板块，炒作围绕光刻机展开，涨停几乎都与中芯国际从美国退市有关。板块共收 11 只涨停，龙头康强 15 天 10 板，力源信息 8 天 5 板，富满电子四连板，二连板有 7 只，新增首板 1 只，其中一字板 4 只。整个板块的赚钱效应持续性保持得非常强劲，人气十分旺盛，增量资金不断涌入。

三大指数早盘在权重股带动下冲高，午后券商等权重板块跳水拖累指数回落，热点题材板块也出现不同程度的分化走弱。收盘时，北上资金大单买入近 75 亿元，MSCI 纳 A 因子首次扩容当日落地。受到利好消息的催化，科创板 IPO 概念股早盘大幅高开，成为市场一个新的亮点，分流主线热点板块资金明显。

康强电子 8 天 7 板，金力永磁 9 天 7 板，双龙领涨的格局仍未被打破，市场龙头的争夺仍在进行中。

盘后新闻，宜确半导体正式发布了基于其 EWLAP™技术的滤波器模块芯片产品 TR963 及 TR965，成为国内射频前端集成电路行业内推出的首款同类产品，其可广泛应用于 4G/5G 移动终端，将帮助客户节省布板面积、降低成本、提升性能。宜确半导体的技术突破，标志着我国在芯片领域的自主可控上又迈进了一步。

3. 市场亢奋现第三次高潮

华为事件升级第二波行情第 3 天，2019 年 5 月 29 日星期三，盘面氛围亢奋，国产芯片板块出现第三波高潮。

早间开盘数据显示盘面氛围仍然保持较好的热度，赚钱效应持续火爆，亏钱效应明显收敛。受盘面利好消息刺激，国产芯片板块继续保持强势势头。盘中新增两则消息，魅族官方发布魅蓝 6T，其将搭载国产芯片厂商展讯生产的 SC9850 处理器。

光刻机仍然还是焦点，富满电子继续秒板，走出 5 连板；力源信息开盘 6 分钟就成功上板，走出 9 天 6 板；华虹计通开盘 7 分钟成功封板，走出 8 天 4 板。板块龙头康强电子继续保持强势，如图 13-10 所示，跳空高开+4.67%，前一日开盘+3.50%，跳高了 1.17%；开盘后，震荡拉升，盘中最低点+3.45%，前一日盘中最低点+0.64%，高出了 2.81%；10:19 封住涨停，前一日涨停时间 13:38，早了 109 分钟；10:41 炸开涨停，回踩至+8.81%，11:01 回封成功，开板 20 分钟，前一日未炸过板。从分时走势来看，明显强于前一日，初现加速的态势。

康强电子再次成功连板，保持着极好连板赚钱效应，带动了整个国产芯片板块持续走强，场外资金不断涌入，继续接力拉升。前排个股强者恒强，跟风个股也不示弱，涨停个股不断增多，赚钱效应保持得非常好，出现了板块第三次高潮，如表 13-4 所示，板块共收 15 只涨停，其中连板的有 9 只。

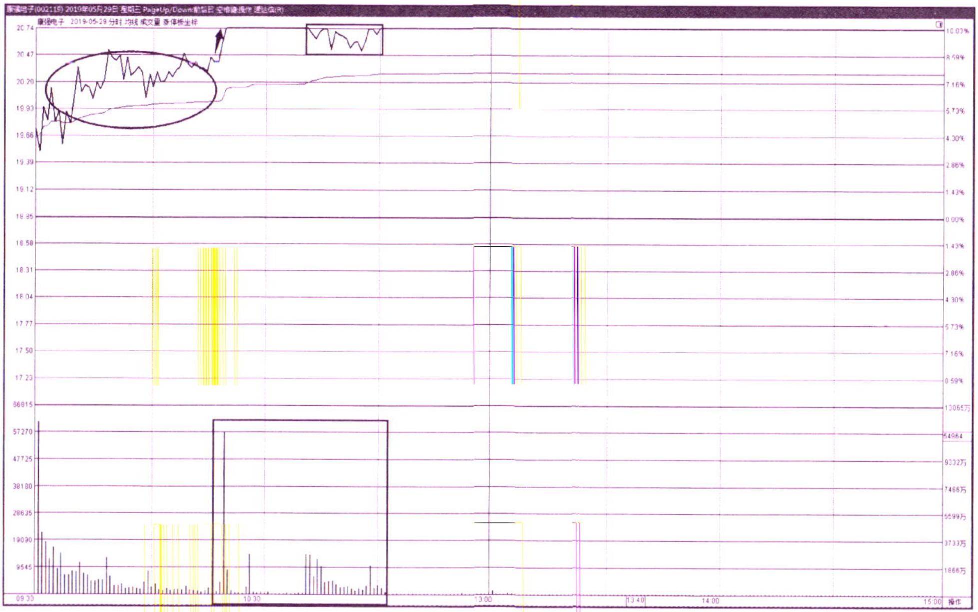

图 13-10　康强电子反包之后的三板分时走势图

表 13-4　国产芯片板块第三次高潮涨幅榜

序号	股票代码	股票简称	现价（元）	涨跌幅（%）	涨停2019.05.29	所属概念	涨停原因类别 2019.05.29
1	002077.SZ	大港股份	8.39	9.96	涨停	新能源;引力波;军工;光伏概念;节能环保;地方国资改革;集成电路概念;芯片概念;创投;科创板IPO	芯片
2	002119.SZ	康强电子	20.74	10.03	涨停	徐翔概念股;移动支付;黄金暴跌受益;芯片概念;芯片材料;金属镍;小金属概念;集成电路概念	芯片
3	002161.SZ	远望谷	8.72	9.96	涨停	智能终端;食品中国峰会;移动支付;物联网;铁路基建;融资融券;转融券标的;物联网感知层;轨道交通;食品安全;电子标签;迪士尼;芯片概念;智慧城市;无人零售;创投;电子车牌	芯片
4	002436.SZ	兴森科技	6.47	10.03	涨停	航天军工;元器件;深股通;芯片材料;芯片封装测试;芯片概念;军工;互联网+;集成电路概念;国资驰援;互联网金融;华为概念;华为海思概念股	芯片
5	002618.SZ	丹邦科技	15.74	9.99	涨停	膜材料;OLED;WIN升级;三星;智能终端;深股通;智能穿戴;芯片概念;OLED材料;集成电路概念;富时罗素概念股;人民币贬值受益	芯片
6	002725.SZ	跃岭股份	11.65	10.01	涨停	汽车制造概念;芯片制造;光通信设备;芯片概念;独角兽概念;年报预增;5G	芯片
7	300260.SZ	新莱应材	12.72	10.04	涨停	食品安全;塑化剂;芯片设备;芯片概念;年报预增;医药安全;生物医药;集成电路概念;台湾概念股	芯片
8	300330.SZ	华虹计通	11.39	10.05	涨停	交通一卡通;轨道交通;物联网感知层;物联网;地方国资改革;上海国资改革;国产软件;芯片概念	芯片
9	300480.SZ	光力科技	19.80	10.00	涨停	节能环保;煤矿安全;芯片概念;集成电路概念;军工;透明工厂	芯片
10	300623.SZ	捷捷微电	21.55	10.01	涨停	汽车电子;芯片概念;充电桩;芯片制造;芯片设计;5G;送转填权	芯片
11	300671.SZ	富满电子	30.58	10.00	涨停	芯片概念;芯片设计;集成电路概念;台湾概念股	芯片
12	300739.SZ	明阳电路	17.24	10.02	涨停	人民币贬值受益;高送转;送转填权	芯片
13	600667.SH	太极实业	7.84	9.96	涨停	OLED;融资融券;沪股通;芯片概念;芯片制造;转融券标的;光伏概念;芯片封装测试;涤纶;股权转让;国家大基金持股;内存;江苏国资改革;地方国资改革;集成电路概念;富时罗素概念股	芯片
14	603068.SH	博通集成	52.37	10.00	涨停	新股与次新股;高送转预期;芯片概念	芯片
15	603078.SH	江化微	30.15	10.00	涨停	元器件;芯片概念;芯片材料	芯片

板块出现了第三次高潮，板块龙头康强电子出现加速走势，是在攻顶吗？这个时候，需要保持冷静，反问一下自己，市场开始狂热了吗？那离行情见顶还会远吗？这个时候，还需要时刻关注板块的亏钱效应爆发的情况，以及热点轮动与切换。

我们要跟着市场一起狂热吗？

三大指数全天缩量盘整，个股涨跌互现。稀土板块受利好刺激再现涨停潮，芯片、农业、次新股等板块赚钱效应明显，保险、券商两大金融板块午后异动拉升，将全天的行情走势推向高潮。

康强电子 9 天 8 板，金力永磁 10 天 8 板，继续保持双龙领涨的格局。富满电子五连板，金逸影视四连板，光力科技 5 天 4 板，高位股共有 5 只，数量稍微多了一点，对次日的高位接力压力较大。连板的有 21 只，比昨日少了 2 只，连板率还是比较高的，赚钱效应保持较好。

继续关注双龙对决，谁将能胜出呢？

第三节　双龙对决见分晓

华为事件升级第二波行情第 4 天，2019 年 5 月 30 日星期四，盘面氛围泰极否来，国产芯片板块杀跌，康强电子见顶下杀跌停。

存量资金博弈的市场，高潮过后必将分化，多次高潮之后，行情很有可能开始调整了，可提前做好应对方案。早盘数据显示，盘面氛围有所减弱，赚钱效应开始回落，亏钱效应有爆发的迹象。尤其国产芯片板块和华为产业板块出现亏钱效应，前一日涨停的个股中直接低开的有：光力科技低开-5.71%，江化微低开-4.54%，大港股份低开-4.05%。板块在高潮之后，集合竞价时就会出现多只个股大幅低开的情况，从而爆发亏钱效应，这是一个危险信号。

华为产业板块的标杆个股实达集团，低开-4.34%，标杆个股出现大幅低开是一个危险信号。

同时出现多个危险信号，就需要引起我们的高度警觉，很有可能上方的接力盘出现枯竭，场内的获利盘迫不及待想变现离场。风格谨慎者，可在集合竞价时开始减仓。风格激进者，可以再观望一下。

开盘后，国产芯片、华为产业等科技类高位股纷纷遭遇“核按钮”，程度恶劣的有实达集团、康强电子、富满电子、华虹计通等，高位个股几乎同时跳水下挫，爆发亏钱效应。如图 13-11 所示，国产芯片板块龙头康强电子也未能幸免，开盘就“核”了，第一波下杀从+4.8%到-5.35%，共 10.2%，一个涨停就没了；第二波下杀从-3.81%到-8.15%，共 4.34%；开盘价即最高价，从最高点+4.85%到第二波低点-8.15%，共 13%。急促的下杀，让利润回吐 13 个点，同时出现恐慌抛盘，恐慌情绪在板块中快速扩散，被“核”的票一大片。

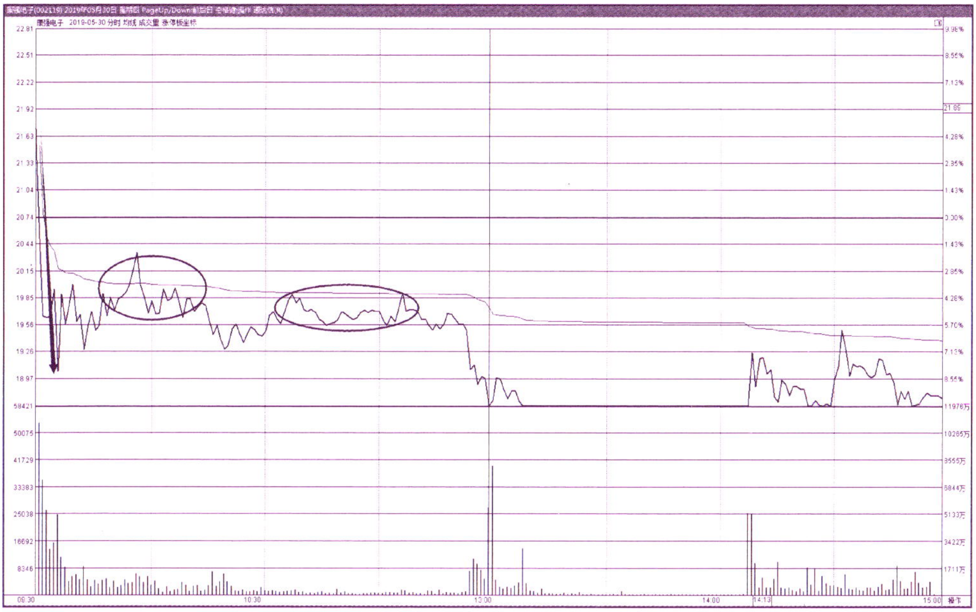

图 13-11　康强电子行情见顶分时走势图

当龙头个股高位被“核”了，并且板块中跟风个股被“核”后还直接跌停，我们便可以确认板块的亏钱效应爆发了。再观察龙头个股的自救情况，若是被市场错杀了，纠错会很快，若没有出现明显的纠错动作，那基本上可以断定，这个走势符合绝大多数人的想法，行情正式宣告结束。此时，唯一需要做的就是清仓离场，分时波回拉高点分批清仓，或被按到跌停，打开后马上清仓离场。此时，务必抛弃幻想，尊重眼下的事实，坚决按照系统规则要求操作，保住利润，清仓离场。止盈和止损同等重要，没有止盈，再多的辛劳也是徒劳。

国产芯片板块在竞争中被挤压，康强电子最终也没有成为市场总龙头，仅是一只板块龙头。康强电子的倒下，并没有马上终止国产芯片板块的行情，还留有4只涨停，力源信息接替康强电子成为新的板块龙头，如表13-5所示。

表13-5　国产芯片分化后涨幅榜

序号	股票代码	股票简称	现价(元)	涨跌幅(%)	涨停2019.05.30	所属概念	涨停原因类别 2019.05.30
1	300184.SZ	力源信息	10.00	10.01	涨停	车联网;智能穿戴;元器件;武汉光谷;电子商务;能源互联网;芯片概念;物联网;深股通;独角兽概念;5G;科创板预期;电力物联网;共享经济;华为概念;华为海思概念股;送转填权	华为海思
2	300260.SZ	新莱应材	13.99	9.98	涨停	食品安全;塑化剂;芯片设备;芯片概念;年报预增;医药安全;生物医药;集成电路概念;台湾概念股	芯片
3	300667.SZ	必创科技	31.31	10.01	涨停	汽车电子;工业4.0;传感器;芯片概念;物联网感知层;物联网;军工	芯片
4	603266.SH	天龙股份	12.65	10.00	涨停	芯片概念	芯片+填权

沪深两市全天双双走弱，上证指数尾盘探底回升，守住5日均线。国产芯片、国产软件等科技股全线杀跌。油服板块在多个消息的刺激下，全天震荡走强。金力永磁10天9板，出尽风头，成为市场上的绝对龙头，发散带动次新股持续走强。当日连板的有18只，比昨日减少了3只。

国产芯片板块康强电子开始调整，出现新龙头力源信息接力继续涨停，但是在6月3日星期一六连板当日出现天地板，随之出现巨幅的亏钱效应，国产芯片板块的行情宣布结束了。

以贸易摩擦事件而演化出来的行情，有农业、芯片、稀土共三条主线，它们相互交错进行，持续了整个5月份。由此诞生的牛股，除了举例的之外，还有新农开发、敦煌种业、新亚制程、富满电子、力源信息等。

针对股市新闻四步分析法，我们若能深刻领悟其精髓，灵活运用，照样可以捕捉到2019年年初以东方通信为龙头的5G行情，还有2019年年后氢能燃料电池行情中的雄韬股份、厚普股份、全柴动力、力帆股份、美锦能源、红阳能源、美都能源等。工业大麻概念中的顺灏股份、龙津药业、恒天海龙、福安药业，一个个都很难漏掉。学以致用，用中学，学中用，丰富之，完善之。

第十四章　深圳"先行先试"的三剑客

2019年8月18日，中共中央、国务院发布《关于支持深圳建设中国特色社会主义先行示范区的意见》(简称《意见》)。按照《意见》目标到2035年，深圳将建设成为具有全球影响力的创新创业创意之都；依法有效保护各种所有制经济组织和公民财产权，支持深圳开展区域性国资国企综合改革试验；推进在深圳工作和生活的港澳居民民生方面享有"市民待遇"；支持深圳建设5G、人工智能、网络空间科学与技术、生命信息与生物医药实验室等重大创新载体。

消息一出，便得到了市场资金的响应，催生了一波"深圳先行先试"概念的行情，诞生了一批牛股，其中最为典型的翻倍牛股有九鼎新材、深大通和深赛格。

第一节　九鼎新材的3.6倍之旅

九鼎新材，2019年7月17日发布实控或将变更的公告，次日从7.35元开始起涨，至9月6日星期五最高价32.55元，收盘价26.71元，期间涨幅3.6倍，如图14-1所示。九鼎新材先后走了三波行情，是怎么走出来的呢?

九鼎新材的第一波行情是在弱势环境之下，由于股权即将变更而引发的行情，第二波行情借势深圳"先行先试"概念，所以归类到一起进行对比分析。这是一起个股利好叠加国家区域政策利好走出来的翻倍大牛股的典型案例，具有很强的学习研究价值。

一、第一波行情——铜王入主

(一)股权变更公告催化起涨

1. 公告催生二连一字板

2019年7月17日晚，江苏九鼎新材料股份有限公司发布的筹划股权转让提示性公告称，公司实际控制人、控股股东顾清波先生正在筹划将其部分股份转让给深圳正威(集团)有限公司或其指定第三方(以下简称"交易对

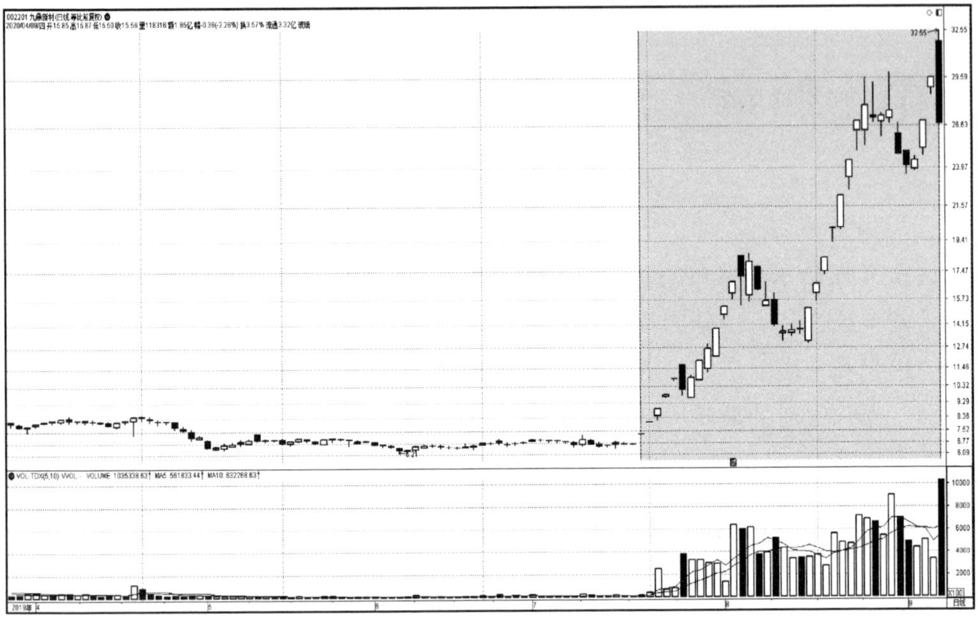

图 14-1　九鼎新材走势图

方”），转让可能会涉及公司控制权变更，因交易对方所属行业是金属和非金属新材料领域，所以本次交易完成后，交易对方和其一致行动人将持有公司20%以上但不超过30%的股份。本次交易不涉及有权部门的事前审批。

天眼查系统显示，深圳正威（集团）有限公司的成立日期是2011年9月2日，注册资本5.08亿元，经营范围包括金属新材料、非金属新材料的技术开发与销售及其他国内贸易；投资兴办实业、房地产投资、矿业投资、项目投资；不动产租赁等。

深圳正威控股集团有限公司持有深圳正威（集团）有限公司100%的股权，王文银系公司的实际控制人，王文银有“世界铜王”之称。需要指出的是，王文银目前已是九鼎新材的董事长。

受公告利好刺激，次日以一字板开盘，连续两日走出一字板。当时市场氛围不佳，指数连续下挫，做多热情十分低落。

2019年7年19日《长江商报》发表深度报道《九鼎新材保壳10年易主，王文银或注入旗下新材料资产》。“世界铜王”王文银守得云开见日出。接盘者正威集团实力不菲。其官网显示，集团去年实现营业额逾5000亿元，位列2018年世界500强第111名，中国企业500强第27名，中国民营企业500强第3名。正威集团入主九鼎新材早有铺垫。2017年年底，九鼎新材引进战略投资者正威集团，2018年2月，王文银出任公司董事长。正威集团或将实现借壳九鼎新材上市的目的。

2. 借势泰来再走三连板

公告行情的第三天，2019年7月22日星期一，盘面继续恒弱，九鼎新材打开一字板，换手后继续拉升涨停，这是换手的第一板。

如图14-2所示，九鼎新材早盘高开+4.34%，价格8.45元，开盘后出现第一笔巨幅拉升，随即开始回杀至8.47元，并未跌破开盘价，然后回拉开始横盘震荡，11:08封住涨停。全天成交2.21亿元，换手7.65%，出现了两年多来的巨量，也出现了当日的赚钱效应。两个一字板后就打开了，这有点儿反常，并且如果继续上涨，就应该引起高度重视。

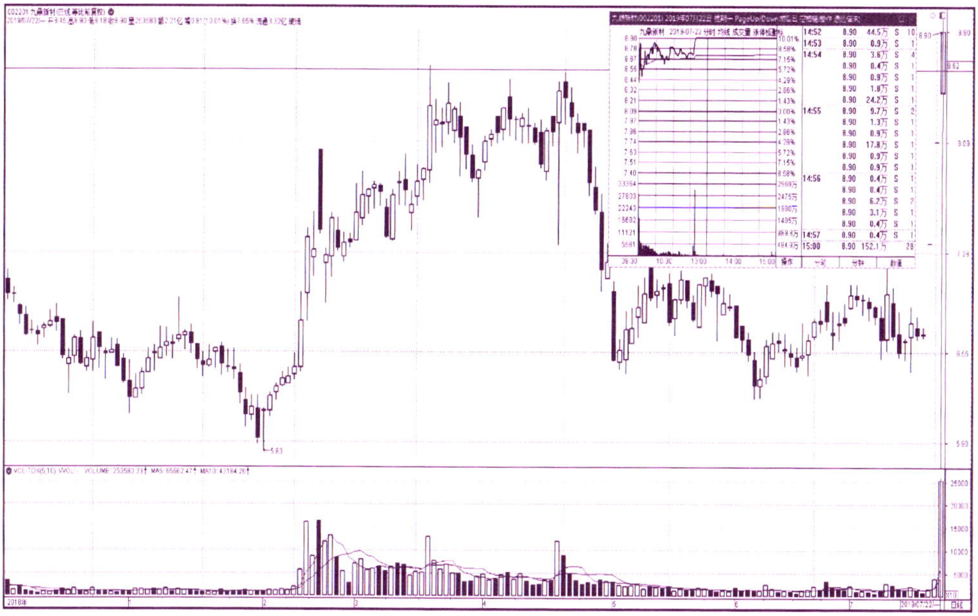

图14-2　九鼎新材三板分时图

2019年7月23日星期二，公告行情的第4天，九鼎新材借大盘泰来，高开+8.99%，价格9.79元，开盘后秒板，持筹者不抛售，看多者积极做多，继续抢筹，市场一致性比较强。

2019年7月24日星期三，公告行情的第5天，市场氛围较好，九鼎新材一字板涨停，收五连板。

2019 年 7 月 25 日星期四，公告行情的第 6 天，市场氛围否来，九鼎新材高开 8.60%，开盘价 11.70 元，开盘后直接被“核按钮”了，单笔下杀 11.47%，幅度极深，出现恐慌盘，如图 14-3 所示。

图 14-3　九鼎新材第一波见顶分时图

公告催生的行情走出了五个多板，涨幅接近 60%，明显强于当时盘面的氛围，保持了较好的连板赚钱效应。借壳重估价值的行情就这么结束了吗？难道就这么抛弃了吗？

(二) 回调后继续走强

1. 逆势反包

2019 年 7 月 25 日，九鼎新材高开低走，大幅下杀，最后收-6.59%，按照市场正常逻辑，次日继续下跌。7 月 26 日，公告行情的第 7 天，低开-4.32%，开盘后快速拉升，一笔拉升到+6.16%，单笔拉升 10.48 个点，如图 14-4 所示。从走势来看，主力继续拉升的意图还是十分明显的。

2019 年 7 月 29 日至 30 日共两个交易日，九鼎新材皆是低开震荡上行，7 月 30 日涨幅+9.16%，收盘价越过左侧大阴线的高点，量能未见异常，算是成功反包，如图 14-5 所示。

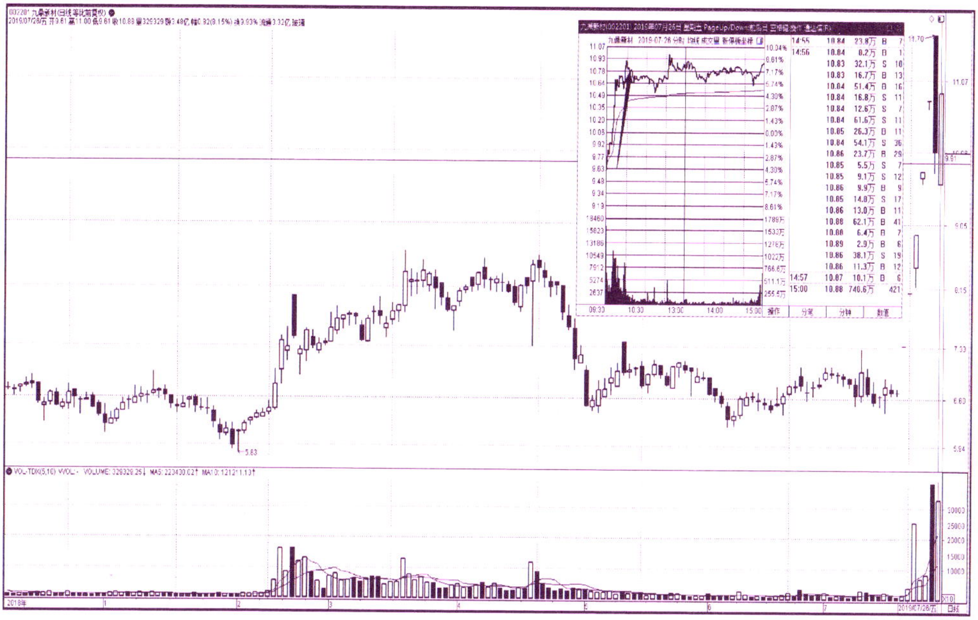

图 14-4　九鼎新材反包分时走势

图 14-5　九鼎新材阴线大反包

那反包之后的走势又会如何呢？请继续往下阅读。

2. 加速四连板

2019 年 7 月 31 日星期三，公告行情的第 9 天，盘面氛围仍然比较弱，赚钱效应还是比较差。九鼎新材早盘低开-3.47%，开盘后快速拉升，两波就上板了，如图 14-6 所示。

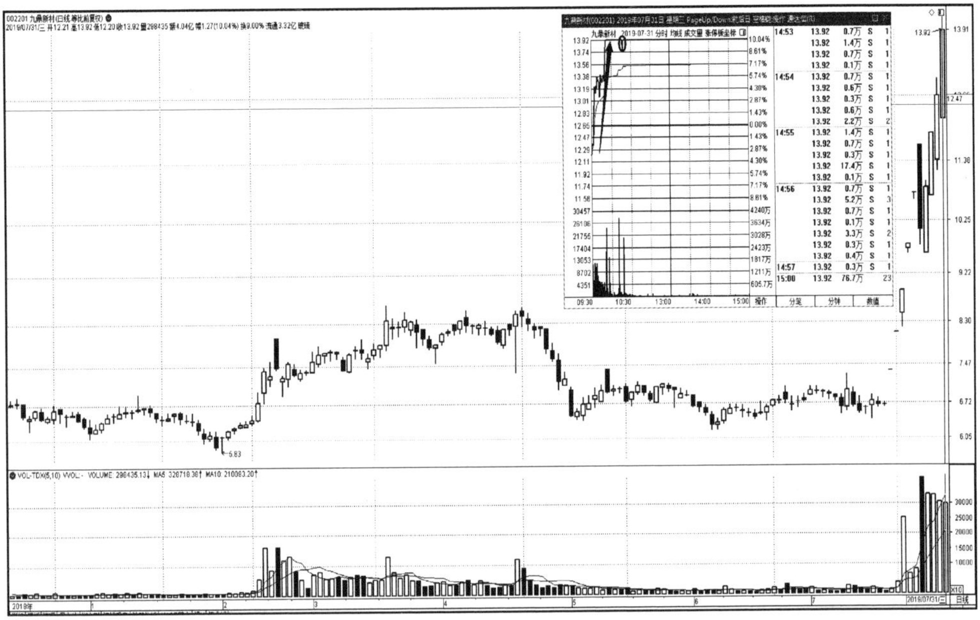

图 14-6　九鼎新材加速上涨分时图

震荡后再加速上涨，那将开启一波新的行情，若在震荡过程中没有建立底仓，那只能在开盘以后追涨买入或打板买入了。时机上虽然没有先手的优势，但是还是可以参与一番的。若前面已经建有底仓，那这就是一个加仓点。当时大盘氛围不佳，是否有胆量重仓或满仓持有，这是一次考验。

直至 2019 年 8 月 5 日，连续四天涨停。如图 14-7 所示，早盘一字板开盘，2 分钟后就大单砸开跌停，一笔就直接砸到零轴。随后回拉至+8.55%，回拉的力度还是不错的，随后开始横盘震荡，午后有一波小幅的上冲，之后就加速下杀，收盘+1.66%。从 K 线图形上来看，显示是阴线，其实是一根阳线，算是假阴真阳，还算是比较强的。

若从九鼎新材复牌后的涨幅来算，它已经涨了 1.5 倍了，获利还是很丰

图 14-7　九鼎新材见顶分时图

厚的，此时可以考虑止盈离场了。再从当日盘面分时来看，高开低走，回拉力度不够，再也没有冲击过涨停，盘中下杀的出货波还是很明显的，这也是止盈离场信号。

在这个时候，唯有控制好自己的欲望，适可而止。我们也不可能赚尽每一个铜板，要学会见好就收。九鼎新材上涨惯性巨大，一下停下来可能还会有些反复，那筑顶阶段就最好不要参与了。

二、第二波行情——借势深圳

九鼎新材的第二波行情，从 2019 年 8 月 15 日启动，8 月 19 日之后的走势叠加深圳“先行先试”的概念，至 8 月 26 日盘中最高价 29.59 元，区间自然日 12 天，交易日 8 个，涨幅 1.25 倍，一口气单波上涨就实现翻倍了，如图 14-8 所示。

从走势来看，前两个板是叠加盘面回暖反抽，周末再遇到突发利好消息，借势深圳重大政策利好，继续上涨。

（一）反抽二连板

2019 年 8 月 15 日星期四，高位反抽的第 1 天，大盘氛围恒强，赚钱效应保持较好水平。九鼎新材早盘低开-4.71%，开盘后逐步拉升到10:15就封上涨停，之后再也没有打开过，态度很坚决，如图14-9所示。

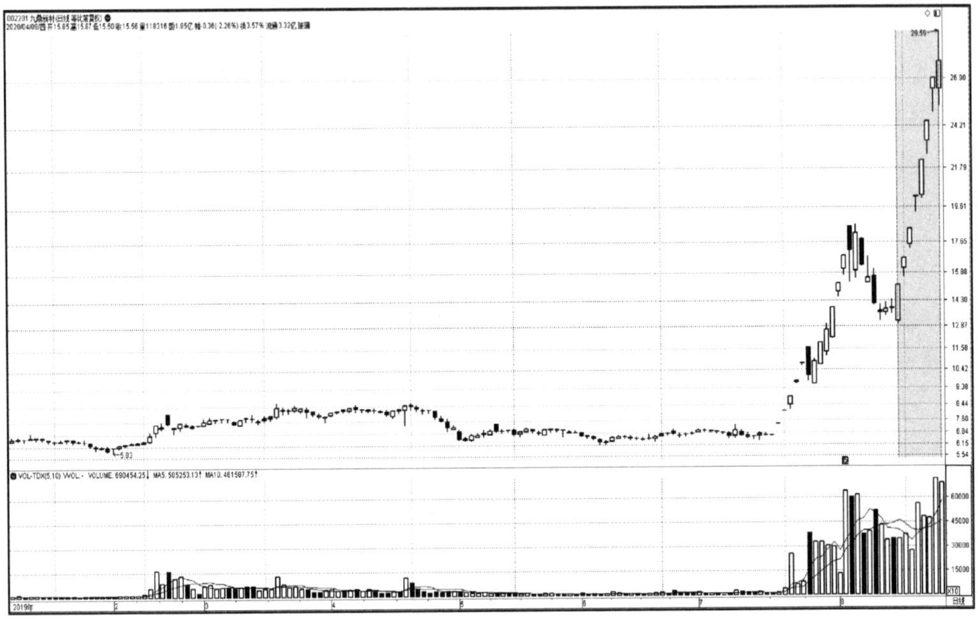

图14-8 九鼎新材第二波行情走势图

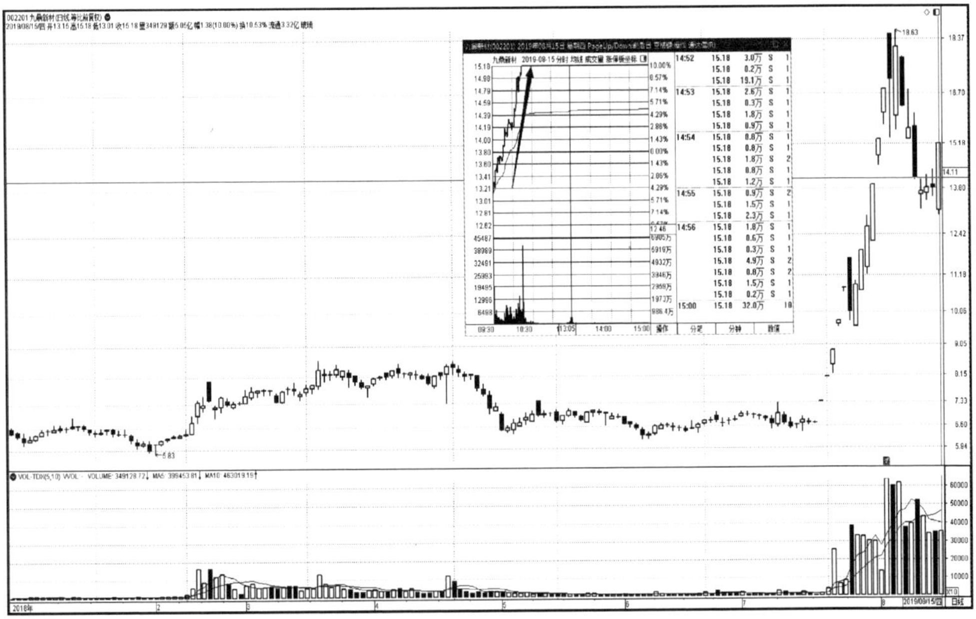

图14-9 九鼎新材反抽首板分时图

2019 年 8 月 16 日星期五，反抽的第 2 天，九鼎新材高开 6.20%，震荡 46 分钟后就再次封上涨停，成功二连板，态度非常坚决。

从盘面运行来看，拉升的意图还是很明显的，动作也十分干脆利索，绝大多数也不敢再追了，更不敢重仓，我们一般会认为这只是一次普遍的反抽而已。

（二）借势深圳概念

2019 年 8 月 18 日，新华社全文播发了中共中央、国务院发布的《关于支持深圳建设中国特色社会主义先行示范区的意见》。计划借壳九鼎新材的深圳正威控股集团公司，正好能搭乘这班快车。

2019 年 8 月 19 日星期一，盘面氛围较好，深圳板块集体爆发，九鼎新材高开高走，再次涨停，成功三连板。如图 14-10 所示，从 8 月 19 日至 26 日，区间自然日 8 天，交易日 6 个，共收 5 个涨停板，涨幅 66.89%。

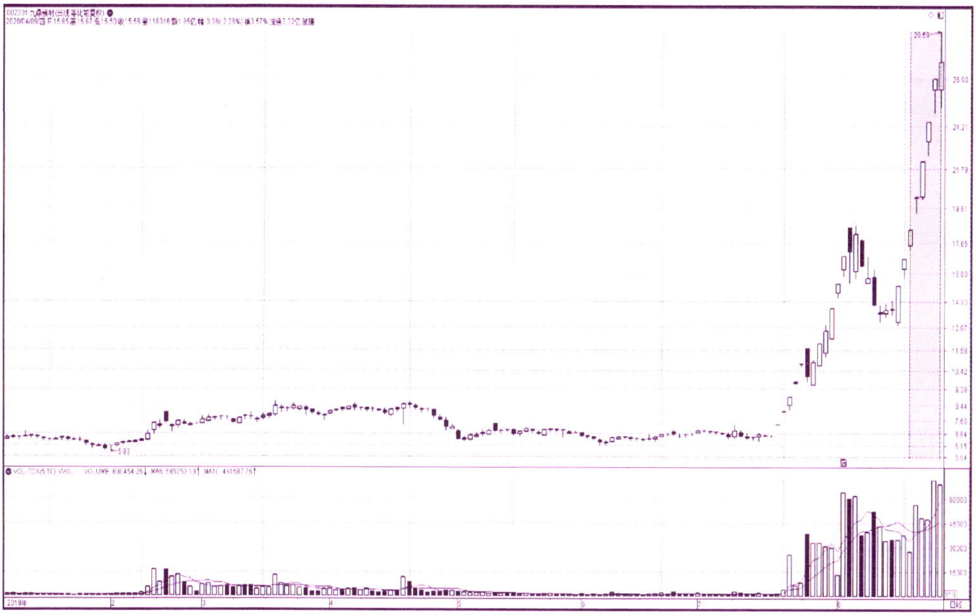

图 14-10　九鼎新材叠加深圳概念走势图

深圳“先行先试”概念受到市场资金响应，诞生了一波浩浩荡荡的赚钱行情，也诞生了一批牛股，九鼎新材就是其中的一个。正因为拟借壳九鼎新材的深圳正威控股集团公司，刚好也在深圳，所以很有可能也会在新的一轮改革中受益。

其实，个股利好相对来说是有限的，尽管九鼎新材是借壳重组，也实施了一些关键性步骤，但是重新评估其价值，那是需要“铜王”再注入优质资产的。个股利好释放完毕后，再遇到这样一次千载难逢的好机会，所以九鼎新材借深圳板块的强大能量和赚钱效应，再次继续拉升上涨，成为一只标杆性的翻倍大牛股。

第二节　换手龙头深大通 1.2 倍

深大通是深圳“先行先试”板块中的换手龙头，从 2019 年 8 月 19 日开盘价 7.71 元起涨，至 8 月 30 日盘中最高价 16.88 元，区间自然日 12 天，交易日 10 个，共收 8 个涨停板，涨幅 1.2 倍，如图 14-11 所示。

图 14-11　深大通翻倍走势图

深大通在运行过程中，辨识度很高，还是很容易识别出来的，而且也可以自由买入，是质量非常高的交易机会，特别要关注以下两点。

一、三板成功弱转强

受政策利好催化，深大通 2019 年 8 月 19 日早盘秒板。次日板块开始分化，已经有一批表现比较弱的个股被淘汰出局，深大通早盘高开+6.22%，开盘没有惊人的表现，不断震荡走低，直到下午 14:04 回落到+2.59%，几乎是盘中最低点，才开始向上进攻，8 分钟之后就涨停了，如图 14-12 所示。

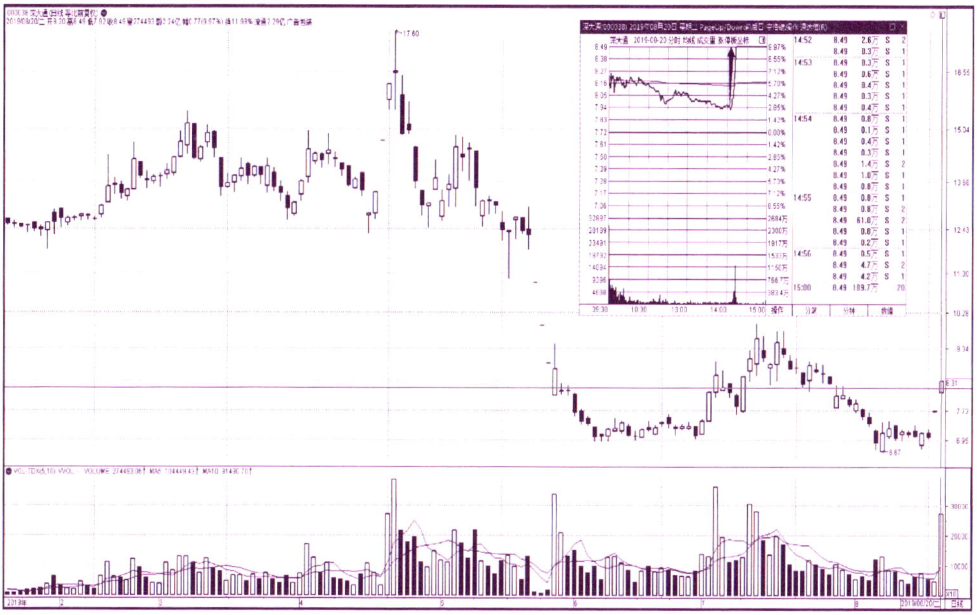

图 14-12　深大通二板分时走势图

从深大通的二板分时走势中，并没有看出有什么特别之处，唯有午后的那根拉升波，是十分强劲的，意图十分明显，实力也很雄厚。从开盘到涨停之间可以自由换手的时间是 192 分钟，即 3 小时 12 分钟，换手时间足够长，全天换手 11.98%，成交 2.24 亿元，是前一个月的平均成交量的两倍多。从启动到封上涨停的时间是 8 分钟，这也是留下充分的时间可以追涨或打板试仓。深大通是前一日 5 个秒板启动的个股中，经过充分换手后，唯一继续二连板的个股。

深圳行情的第 3 天，2019 年 8 月 21 日星期三，盘面氛围较好，板块进一步分化，深大通早盘高开+4.59%，进一步确认前一日的分歧被统一是有效的，前一日进场的资金全部是获利的。如图 14-13 所示，开盘后深大通快速冲击涨停，可以看出各路资金积极做多，纷纷争抢筹码。封板 10 分钟之后，打开涨停板，回落至+5.77%处，横盘震荡 32 分钟后再次回封涨停，成为板块中第一个回封涨停的三连板个股。成功三连板进一步确认弱转强是有效的，这是一个绝佳的加仓点。

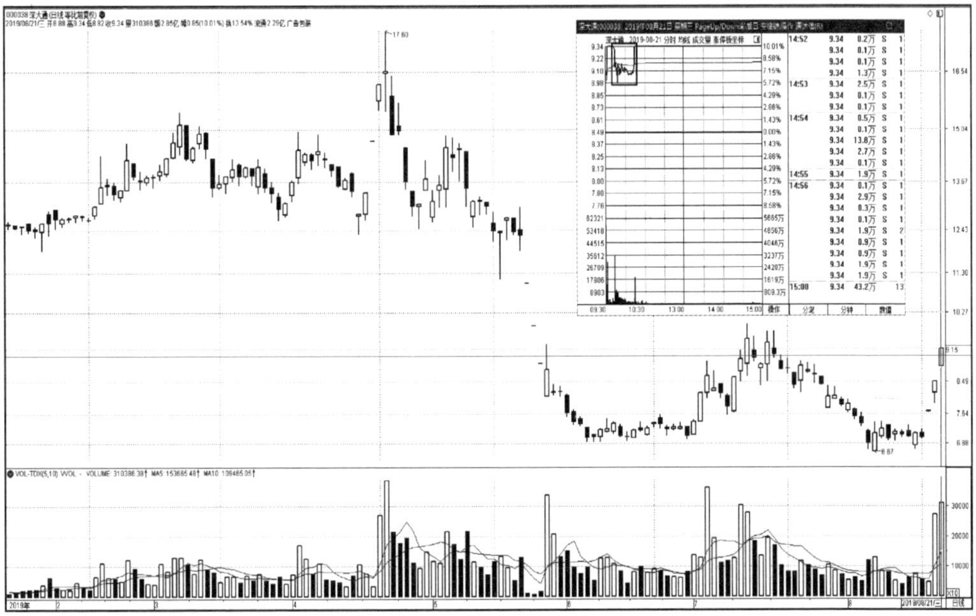

图 14-13　深大通三板分时走势图

二、七板成功反包

七板成功反包第 6 天的炸板，是一个辨识度极高的进场机会。

深圳行情的第 6 天，2019 年 8 月 26 日星期一，盘面整体氛围仍然保持较好，深圳板块出现了较多的炸板，开始进一步分化。如图 14-14 所示，深大通早盘低开-3.72%，开盘后一波恐慌抛盘下砸至-7.61%，立马回拉，市场承接盘非常强，拉至-0.44%，开始横盘震荡，但并没有出现大幅下杀波。13:07 开始继续向上拉升，13:51 封上涨停，尾盘离收盘还有 5 分钟，涨停被砸开，最后收于+3.36%。

连续大涨 6 天，未出现一根阴线，连板赚钱效应保持得非常好。虽然近两日出现巨幅波动，但是不影响新进场的资金继续保持盈利。

深圳行情的第 7 天，2019 年 8 月 27 日星期二，盘面氛围较好，赚钱效应保持较好，深圳板块的交投还是十分活跃的。深大通早盘低开-2.4%，开盘

图 14-14 深大通第 6 板分时走势图

后小幅下探，随即就开始上攻，10:25 涨停，成功反包前一日的炸板，这是一个非常好的进场机会，如图 14-15 所示。

图 14-15 深大通第 7 板分时走势图

深大通反包确认，还可以参照板块中的一字龙深赛格，当日高开高走，成功 7 连板，进一步确认前一日的板上换手是有效的。

第三节　一字龙头深赛格 1.3 倍

深赛格是受深圳“先行先试”政策催化、上涨时间最长、涨幅最大的牛股。因前 5 板全是一字板，故深赛格又被称为一字龙，它一直为板块的前进保驾护航，也是深圳“先行先试”的三剑客之一。

深赛格，2019 年 8 月 19 日开盘价 5.12 元起涨，至 8 月 30 日盘中最高价 11.80 元，区间自然日 12 天，交易日 10 个，共收 9 个涨停板，总涨幅 1.3 倍，如图 14-16 所示。

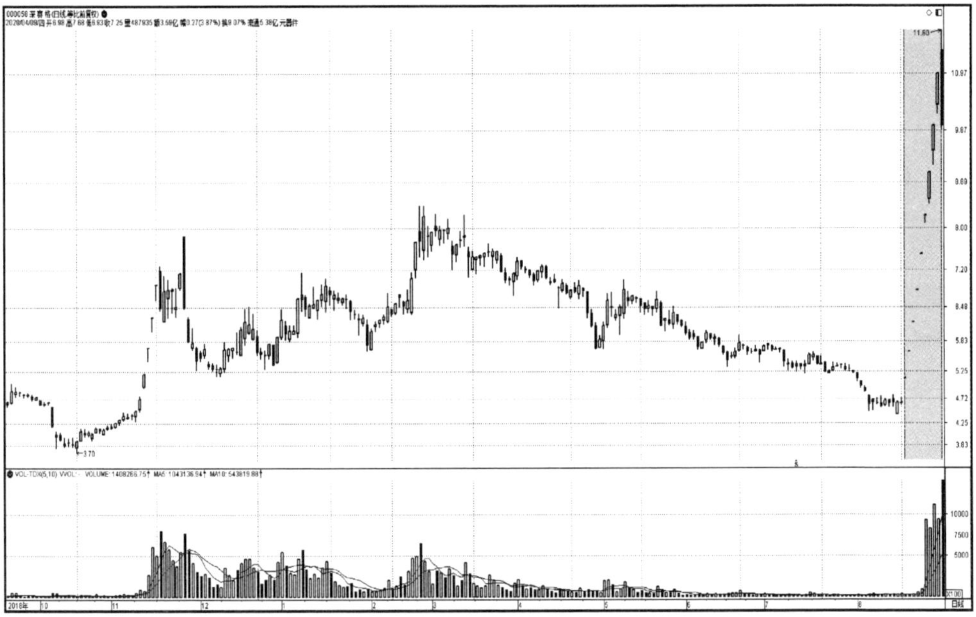

图 14-16　深赛格翻倍走势图

前 5 个一字板，都没有介入的机会，但是也可以起很大的作用，可作为标杆个股，类似一个风向标，来辨别板块运行的热度和持续性。

深圳行情的第 6 天，2019 年 8 月 26 日星期一，盘面氛围较好，板块分化加剧，不少前强势股都纷纷低开，出现一定的亏钱效应。开盘 1 分钟，深赛格打开了涨停，出现大单抛盘，市场承接盘更猛，下探到+9.35%就回拉，1分钟后又再次封住了涨停，再也没有打开过了。全天换手17.29%，成交7.66亿元，其实这一天还有很多资金想进场却没有机会。

深圳行情的第7天，深赛格早盘高开+3.88%，高度确认前一日进场资金都将获利，高开幅度不算高，适合开盘就进场。开盘后，并没有见到大单砸出，继续拉升上攻，不足半小时封上涨停，成功七连板，如图14-17所示。

图14-17 深赛格第7板分时走势图

第7天是有机会介入的，市场都在抢筹，也只能追涨买入了。这时候需要有一点儿胆量和勇气，更深层次的是，只有熟练掌握这种热点题材的板块运行，方可准确把握住这样绝佳的交易机会。

深赛格的走势也是很有代表性的，她代表了在大级别的题材热点中的一字龙头开板后的操作机会。在风格上，虽然它与深大通有点儿不同，但是其涨幅也是非常惊人的。若再仔细比较换手龙头的操作要诀，方可总结提炼出更为高效的操作策略。

深大通的走势也是直接受深圳“先行先试”政策利好催生出来的，刚柔相济，快慢兼有，不显山不露水，却走出了骄人的涨幅。

九鼎新材与前两只牛股不一样，它只是第二波借势深圳热点，连续涨幅近 6 个板，拉升完成后，在头部来回做出三重顶后开始回落。在头部筑顶的阶段出现的机会，相对较小，关键还是要把握好主升浪中的大肉。

以上分析给我们的启发是：从实战案例中学习运用新闻分析的技巧和方法，从实践中积累经验，不断向市场走出的翻倍牛股学习，学习如何能在第一时间内发现它，并且及时上车，最后及时止盈下车。新闻的内容和样式会可能有新的变化，但是其实质不变，新闻是牛股的动力源泉，盘面是牛股成长的环境，可以说，牛股不可能脱离新闻和盘面，横空出世的。

附录 I

上市公司信息披露管理办法

第一章　总　则

第一条　为了规范发行人、上市公司及其他信息披露义务人的信息披露行为，加强信息披露事务管理，保护投资者合法权益，根据《公司法》《证券法》等法律、行政法规，制定本办法。

第二条　信息披露义务人应当真实、准确、完整、及时地披露信息，不得有虚假记载、误导性陈述或者重大遗漏。

信息披露义务人应当同时向所有投资者公开披露信息。

在境内、外市场发行证券及其衍生品种并上市的公司在境外市场披露的信息，应当同时在境内市场披露。

第三条　发行人、上市公司的董事、监事、高级管理人员应当忠实、勤勉地履行职责，保证披露信息的真实、准确、完整、及时、公平。

第四条　在内幕信息依法披露前，任何知情人不得公开或者泄露该信息，不得利用该信息进行内幕交易。

第五条　信息披露文件主要包括招股说明书、募集说明书、上市公告书、定期报告和临时报告等。

第六条　上市公司及其他信息披露义务人依法披露信息，应当将公告文稿和相关备查文件报送证券交易所登记，并在中国证券监督管理委员会(以下简称中国证监会)指定的媒体发布。

信息披露义务人在公司网站及其他媒体发布信息的时间不得先于指定媒体，不得以新闻发布或者答记者问等任何形式代替应当履行的报告、公告义务，不得以定期报告形式代替应当履行的临时报告义务。

第七条　信息披露义务人应当将信息披露公告文稿和相关备查文件报送

上市公司注册地证监局，并置备于公司住所供社会公众查阅。

第八条 信息披露文件应当采用中文文本。同时采用外文文本的，信息披露义务人应当保证两种文本的内容一致。两种文本发生歧义时，以中文文本为准。

第九条 中国证监会依法对信息披露文件及公告的情况、信息披露事务管理活动进行监督，对上市公司控股股东、实际控制人和信息披露义务人的行为进行监督。

证券交易所应当对上市公司及其他信息披露义务人披露信息进行监督，督促其依法及时、准确地披露信息，对证券及其衍生品种交易实行实时监控。证券交易所制订的上市规则和其他信息披露规则应当报中国证监会批准。

第十条 中国证监会可以对金融、房地产等特殊行业上市公司的信息披露作出特别规定。

第二章 招股说明书、募集说明书与上市公告书

第十一条 发行人编制招股说明书应当符合中国证监会的相关规定。凡是对投资者作出投资决策有重大影响的信息，均应当在招股说明书中披露。

公开发行证券的申请经中国证监会核准后，发行人应当在证券发行前公告招股说明书。

第十二条 发行人的董事、监事、高级管理人员，应当对招股说明书签署书面确认意见，保证所披露的信息真实、准确、完整。

招股说明书应当加盖发行人公章。

第十三条 发行人申请首次公开发行股票的，中国证监会受理申请文件后，发行审核委员会审核前，发行人应当将招股说明书申报稿在中国证监会网站预先披露。

预先披露的招股说明书申报稿不是发行人发行股票的正式文件，不能含有价格信息，发行人不得据此发行股票。

第十四条 证券发行申请经中国证监会核准后至发行结束前，发生重要事项的，发行人应当向中国证监会书面说明，并经中国证监会同意后，修改招股说明书或者作相应的补充公告。

第十五条 申请证券上市交易，应当按照证券交易所的规定编制上市公

告书，并经证券交易所审核同意后公告。

发行人的董事、监事、高级管理人员，应当对上市公告书签署书面确认意见，保证所披露的信息真实、准确、完整。

上市公告书应当加盖发行人公章。

第十六条　招股说明书、上市公告书引用保荐人、证券服务机构的专业意见或者报告的，相关内容应当与保荐人、证券服务机构出具的文件内容一致，确保引用保荐人、证券服务机构的意见不会产生误导。

第十七条　本办法第十一条至第十六条有关招股说明书的规定，适用于公司债券募集说明书。

第十八条　上市公司在非公开发行新股后，应当依法披露发行情况报告书。

第三章　定期报告

第十九条　上市公司应当披露的定期报告包括年度报告、中期报告和季度报告。凡是对投资者作出投资决策有重大影响的信息，均应当披露。

年度报告中的财务会计报告应当经具有证券、期货相关业务资格的会计师事务所审计。

第二十条　年度报告应当在每个会计年度结束之日起 4 个月内，中期报告应当在每个会计年度的上半年结束之日起 2 个月内，季度报告应当在每个会计年度第 3 个月、第 9 个月结束后的 1 个月内编制完成并披露。

第一季度季度报告的披露时间不得早于上一年度年度报告的披露时间。

第二十一条　年度报告应当记载以下内容：

（一）公司基本情况；

（二）主要会计数据和财务指标；

（三）公司股票、债券发行及变动情况，报告期末股票、债券总额、股东总数，公司前 10 大股东持股情况；

（四）持股 5%以上股东、控股股东及实际控制人情况；

（五）董事、监事、高级管理人员的任职情况、持股变动情况、年度报酬情况；

（六）董事会报告；

（七）管理层讨论与分析；

（八）报告期内重大事件及对公司的影响；

（九）财务会计报告和审计报告全文；

（十）中国证监会规定的其他事项。

第二十二条 中期报告应当记载以下内容：

（一）公司基本情况；

（二）主要会计数据和财务指标；

（三）公司股票、债券发行及变动情况、股东总数、公司前10大股东持股情况，控股股东及实际控制人发生变化的情况；

（四）管理层讨论与分析；

（五）报告期内重大诉讼、仲裁等重大事件及对公司的影响；

（六）财务会计报告；

（七）中国证监会规定的其他事项。

第二十三条 季度报告应当记载以下内容：

（一）公司基本情况；

（二）主要会计数据和财务指标；

（三）中国证监会规定的其他事项。

第二十四条 公司董事、高级管理人员应当对定期报告签署书面确认意见，监事会应当提出书面审核意见，说明董事会的编制和审核程序是否符合法律、行政法规和中国证监会的规定，报告的内容是否能够真实、准确、完整地反映上市公司的实际情况。

董事、监事、高级管理人员对定期报告内容的真实性、准确性、完整性无法保证或者存在异议的，应当陈述理由和发表意见，并予以披露。

第二十五条 上市公司预计经营业绩发生亏损或者发生大幅变动的，应当及时进行业绩预告。

第二十六条 定期报告披露前出现业绩泄露，或者出现业绩传闻且公司证券及其衍生品种交易出现异常波动的，上市公司应当及时披露本报告期相关财务数据。

第二十七条 定期报告中财务会计报告被出具非标准审计报告的，上市公司董事会应当针对该审计意见涉及事项作出专项说明。

定期报告中财务会计报告被出具非标准审计意见，证券交易所认为涉嫌违法的，应当提请中国证监会立案调查。

第二十八条　上市公司未在规定期限内披露年度报告和中期报告的，中国证监会应当立即立案稽查，证券交易所应当按照股票上市规则予以处理。

第二十九条　年度报告、中期报告和季度报告的格式及编制规则，由中国证监会另行制定。

第四章　临时报告

第三十条　发生可能对上市公司证券及其衍生品种交易价格产生较大影响的重大事件，投资者尚未得知时，上市公司应当立即披露，说明事件的起因、目前的状态和可能产生的影响。

前款所称重大事件包括：

（一）公司的经营方针和经营范围的重大变化；

（二）公司的重大投资行为和重大的购置财产的决定；

（三）公司订立重要合同，可能对公司的资产、负债、权益和经营成果产生重要影响；

（四）公司发生重大债务和未能清偿到期重大债务的违约情况，或者发生大额赔偿责任；

（五）公司发生重大亏损或者重大损失；

（六）公司生产经营的外部条件发生的重大变化；

（七）公司的董事、1/3 以上监事或者经理发生变动；董事长或者经理无法履行职责；

（八）持有公司 5%以上股份的股东或者实际控制人，其持有股份或者控制公司的情况发生较大变化；

（九）公司减资、合并、分立、解散及申请破产的决定；或者依法进入破产程序、被责令关闭；

（十）涉及公司的重大诉讼、仲裁，股东大会、董事会决议被依法撤销或者宣告无效；

（十一）公司涉嫌违法违规被有权机关调查，或者受到刑事处罚、重大行政处罚；公司董事、监事、高级管理人员涉嫌违法违纪被有权机关调查或者采取强制措施；

（十二）新公布的法律、法规、规章、行业政策可能对公司产生重大影响；

（十三）董事会就发行新股或者其他再融资方案、股权激励方案形成相关决议；

（十四）法院裁决禁止控股股东转让其所持股份；任一股东所持公司5%以上股份被质押、冻结、司法拍卖、托管、设定信托或者被依法限制表决权；

（十五）主要资产被查封、扣押、冻结或者被抵押、质押；

（十六）主要或者全部业务陷入停顿；

（十七）对外提供重大担保；

（十八）获得大额政府补贴等可能对公司资产、负债、权益或者经营成果产生重大影响的额外收益；

（十九）变更会计政策、会计估计；

（二十）因前期已披露的信息存在差错、未按规定披露或者虚假记载，被有关机关责令改正或者经董事会决定进行更正；

（二十一）中国证监会规定的其他情形。

第三十一条 上市公司应当在最先发生的以下任一时点，及时履行重大事件的信息披露义务：

（一）董事会或者监事会就该重大事件形成决议时；

（二）有关各方就该重大事件签署意向书或者协议时；

（三）董事、监事或者高级管理人员知悉该重大事件发生并报告时。

在前款规定的时点之前出现下列情形之一的，上市公司应当及时披露相关事项的现状、可能影响事件进展的风险因素：

（一）该重大事件难以保密；

（二）该重大事件已经泄露或者市场出现传闻；

（三）公司证券及其衍生品种出现异常交易情况。

第三十二条 上市公司披露重大事件后，已披露的重大事件出现可能对上市公司证券及其衍生品种交易价格产生较大影响的进展或者变化的，应当及时披露进展或者变化情况、可能产生的影响。

第三十三条 上市公司控股子公司发生本办法第三十条规定的重大事件，可能对上市公司证券及其衍生品种交易价格产生较大影响的，上市公司应当履行信息披露义务。

上市公司参股公司发生可能对上市公司证券及其衍生品种交易价格产生较大影响的事件的，上市公司应当履行信息披露义务。

第三十四条　涉及上市公司的收购、合并、分立、发行股份、回购股份等行为导致上市公司股本总额、股东、实际控制人等发生重大变化的，信息披露义务人应当依法履行报告、公告义务，披露权益变动情况。

第三十五条　上市公司应当关注本公司证券及其衍生品种的异常交易情况及媒体关于本公司的报道。

证券及其衍生品种发生异常交易或者在媒体中出现的消息可能对公司证券及其衍生品种的交易产生重大影响时，上市公司应当及时向相关各方了解真实情况，必要时应当以书面方式问询。

上市公司控股股东、实际控制人及其一致行动人应当及时、准确地告知上市公司是否存在拟发生的股权转让、资产重组或者其他重大事件，并配合上市公司做好信息披露工作。

第三十六条　公司证券及其衍生品种交易被中国证监会或者证券交易所认定为异常交易的，上市公司应当及时了解造成证券及其衍生品种交易异常波动的影响因素，并及时披露。

第五章　信息披露事务管理

第三十七条　上市公司应当制定信息披露事务管理制度。信息披露事务管理制度应当包括：

（一）明确上市公司应当披露的信息，确定披露标准；

（二）未公开信息的传递、审核、披露流程；

（三）信息披露事务管理部门及其负责人在信息披露中的职责；

（四）董事和董事会、监事和监事会、高级管理人员等的报告、审议和披露的职责；

（五）董事、监事、高级管理人员履行职责的记录和保管制度；

（六）未公开信息的保密措施，内幕信息知情人的范围和保密责任；

（七）财务管理和会计核算的内部控制及监督机制；

（八）对外发布信息的申请、审核、发布流程；与投资者、证券服务机构、媒体等的信息沟通与制度；

（九）信息披露相关文件、资料的档案管理；

（十）涉及子公司的信息披露事务管理和报告制度；

（十一）未按规定披露信息的责任追究机制，对违反规定人员的处理措施。

上市公司信息披露事务管理制度应当经公司董事会审议通过，报注册地证监局和证券交易所备案。

第三十八条 上市公司董事、监事、高级管理人员应当勤勉尽责，关注信息披露文件的编制情况，保证定期报告、临时报告在规定期限内披露，配合上市公司及其他信息披露义务人履行信息披露义务。

第三十九条 上市公司应当制定定期报告的编制、审议、披露程序。经理、财务负责人、董事会秘书等高级管理人员应当及时编制定期报告草案，提请董事会审议；董事会秘书负责送达董事审阅；董事长负责召集和主持董事会会议审议定期报告；监事会负责审核董事会编制的定期报告；董事会秘书负责组织定期报告的披露工作。

第四十条 上市公司应当制定重大事件的报告、传递、审核、披露程序。董事、监事、高级管理人员知悉重大事件发生时，应当按照公司规定立即履行报告义务；董事长在接到报告后，应当立即向董事会报告，并敦促董事会秘书组织临时报告的披露工作。

第四十一条 上市公司通过业绩说明会、分析师会议、路演、接受投资者调研等形式就公司的经营情况、财务状况及其他事件与任何机构和个人进行沟通的，不得提供内幕信息。

第四十二条 董事应当了解并持续关注公司生产经营情况、财务状况和公司已经发生的或者可能发生的重大事件及其影响，主动调查、获取决策所需要的资料。

第四十三条 监事应当对公司董事、高级管理人员履行信息披露职责的行为进行监督；关注公司信息披露情况，发现信息披露存在违法违规问题的，应当进行调查并提出处理建议。

监事会对定期报告出具的书面审核意见，应当说明编制和审核的程序是否符合法律、行政法规、中国证监会的规定，报告的内容是否能够真实、准确、完整地反映上市公司的实际情况。

第四十四条 高级管理人员应当及时向董事会报告有关公司经营或者财

务方面出现的重大事件、已披露的事件的进展或者变化情况及其他相关信息。

第四十五条　董事会秘书负责组织和协调公司信息披露事务，汇集上市公司应予披露的信息并报告董事会，持续关注媒体对公司的报道并主动求证报道的真实情况。董事会秘书有权参加股东大会、董事会会议、监事会会议和高级管理人员相关会议，有权了解公司的财务和经营情况，查阅涉及信息披露事宜的所有文件。

董事会秘书负责办理上市公司信息对外公布等相关事宜。除监事会公告外，上市公司披露的信息应当以董事会公告的形式发布。董事、监事、高级管理人员非经董事会书面授权，不得对外发布上市公司未披露信息。

上市公司应当为董事会秘书履行职责提供便利条件，财务负责人应当配合董事会秘书在财务信息披露方面的相关工作。

第四十六条　上市公司的股东、实际控制人发生以下事件时，应当主动告知上市公司董事会，并配合上市公司履行信息披露义务。

(一)持有公司 5%以上股份的股东或者实际控制人，其持有股份或者控制公司的情况发生较大变化；

(二)法院裁决禁止控股股东转让其所持股份，任一股东所持公司 5%以上股份被质押、冻结、司法拍卖、托管、设定信托或者被依法限制表决权；

(三)拟对上市公司进行重大资产或者业务重组；

(四)中国证监会规定的其他情形。

应当披露的信息依法披露前，相关信息已在媒体上传播或者公司证券及其衍生品种出现交易异常情况的，股东或者实际控制人应当及时、准确地向上市公司作出书面报告，并配合上市公司及时、准确地公告。

上市公司的股东、实际控制人不得滥用其股东权利、支配地位，不得要求上市公司向其提供内幕信息。

第四十七条　上市公司非公开发行股票时，其控股股东、实际控制人和发行对象应当及时向上市公司提供相关信息，配合上市公司履行信息披露义务。

第四十八条　上市公司董事、监事、高级管理人员、持股 5%以上的股东及其一致行动人、实际控制人应当及时向上市公司董事会报送上市公司关联人名单及关联关系的说明。上市公司应当履行关联交易的审议程序，并严格执行关联交易回避表决制度。交易各方不得通过隐瞒关联关系或者采取其他手段，规避上市公司的关联交易审议程序和信息披露义务。

第四十九条 通过接受委托或者信托等方式持有上市公司5%以上股份的股东或者实际控制人，应当及时将委托人情况告知上市公司，配合上市公司履行信息披露义务。

第五十条 信息披露义务人应当向其聘用的保荐人、证券服务机构提供与执业相关的所有资料，并确保资料的真实、准确、完整，不得拒绝、隐匿、谎报。

保荐人、证券服务机构在为信息披露出具专项文件时，发现上市公司及其他信息披露义务人提供的材料有虚假记载、误导性陈述、重大遗漏或者其他重大违法行为的，应当要求其补充、纠正。信息披露义务人不予补充、纠正的，保荐人、证券服务机构应当及时向公司注册地证监局和证券交易所报告。

第五十一条 上市公司解聘会计师事务所的，应当在董事会决议后及时通知会计师事务所，公司股东大会就解聘会计师事务所进行表决时，应当允许会计师事务所陈述意见。股东大会作出解聘、更换会计师事务所决议的，上市公司应当在披露时说明更换的具体原因和会计师事务所的陈述意见。

第五十二条 为信息披露义务人履行信息披露义务出具专项文件的保荐人、证券服务机构，应当勤勉尽责、诚实守信，按照依法制定的业务规则、行业执业规范和道德准则发表专业意见，保证所出具文件的真实性、准确性和完整性。

第五十三条 注册会计师应当秉承风险导向审计理念，严格执行注册会计师执业准则及相关规定，完善鉴证程序，科学选用鉴证方法和技术，充分了解被鉴证单位及其环境，审慎关注重大错报风险，获取充分、适当的证据，合理发表鉴证结论。

第五十四条 资产评估机构应当恪守职业道德，严格遵守评估准则或者其他评估规范，恰当选择评估方法，评估中提出的假设条件应当符合实际情况，对评估对象所涉及交易、收入、支出、投资等业务的合法性、未来预测的可靠性取得充分证据，充分考虑未来各种可能性发生的概率及其影响，形成合理的评估结论。

第五十五条 任何机构和个人不得非法获取、提供、传播上市公司的内幕信息，不得利用所获取的内幕信息买卖或者建议他人买卖公司证券及其衍生品种，不得在投资价值分析报告、研究报告等文件中使用内幕信息。

第五十六条 媒体应当客观、真实地报道涉及上市公司的情况，发挥舆论监督作用。

任何机构和个人不得提供、传播虚假或者误导投资者的上市公司信息。

违反前两款规定，给投资者造成损失的，依法承担赔偿责任。

第六章 监督管理与法律责任

第五十七条 中国证监会可以要求上市公司及其他信息披露义务人或者其董事、监事、高级管理人员对有关信息披露问题作出解释、说明或者提供相关资料，并要求上市公司提供保荐人或者证券服务机构的专业意见。

中国证监会对保荐人和证券服务机构出具的文件的真实性、准确性、完整性有疑义的，可以要求相关机构作出解释、补充，并调阅其工作底稿。

上市公司及其他信息披露义务人、保荐人和证券服务机构应当及时作出回复，并配合中国证监会的检查、调查。

第五十八条 上市公司董事、监事、高级管理人员应当对公司信息披露的真实性、准确性、完整性、及时性、公平性负责，但有充分证据表明其已经履行勤勉尽责义务的除外。

上市公司董事长、经理、董事会秘书，应当对公司临时报告信息披露的真实性、准确性、完整性、及时性、公平性承担主要责任。

上市公司董事长、经理、财务负责人应对公司财务报告的真实性、准确性、完整性、及时性、公平性承担主要责任。

第五十九条 信息披露义务人及其董事、监事、高级管理人员，上市公司的股东、实际控制人、收购人及其董事、监事、高级管理人员违反本办法的，中国证监会可以采取以下监管措施：

（一）责令改正；

（二）监管谈话；

（三）出具警示函；

（四）将其违法违规、不履行公开承诺等情况记入诚信档案并公布；

（五）认定为不适当人选；

（六）依法可以采取的其他监管措施。

第六十条 上市公司未按本办法规定制定上市公司信息披露事务管理制度的，中国证监会责令改正。拒不改正的，中国证监会给予警告、罚款。

第六十一条 信息披露义务人未在规定期限内履行信息披露义务，或者所披露的信息有虚假记载、误导性陈述或者重大遗漏的，中国证监会按照《证券法》第一百九十三条处罚。

第六十二条 信息披露义务人未在规定期限内报送有关报告，或者报送的报告有虚假记载、误导性陈述或者重大遗漏的，中国证监会按照《证券法》第一百九十三条处罚。

第六十三条 上市公司通过隐瞒关联关系或者采取其他手段，规避信息披露、报告义务的，中国证监会按照《证券法》第一百九十三条处罚。

第六十四条 上市公司股东、实际控制人未依法配合上市公司履行信息披露义务的，或者非法要求上市公司提供内幕信息的，中国证监会责令改正，给予警告、罚款。

第六十五条 为信息披露义务人履行信息披露义务出具专项文件的保荐人、证券服务机构及其人员，违反《证券法》、行政法规和中国证监会的规定，由中国证监会依法采取责令改正、监管谈话、出具警示函、记入诚信档案等监管措施；应当给予行政处罚的，中国证监会依法处罚。

第六十六条 任何机构和个人泄露上市公司内幕信息，或者利用内幕信息买卖证券及其衍生品种，中国证监会按照《证券法》第二百〇一条、第二百〇二条处罚。

第六十七条 任何机构和个人编制、传播虚假信息扰乱证券市场；媒体传播上市公司信息不真实、不客观的，中国证监会按照《证券法》第二百〇六条处罚。

在证券及其衍生品种交易活动中作出虚假陈述或者信息误导的，中国证监会按照《证券法》第二百〇七条处罚。

第六十八条 涉嫌利用新闻报道以及其他传播方式对上市公司进行敲诈勒索的，中国证监会责令改正，向有关部门发出监管建议函，由有关部门依法追究法律责任。

第六十九条 上市公司及其他信息披露义务人违反本办法的规定，情节严重的，中国证监会可以对有关责任人员采取证券市场禁入的措施。

第七十条 违反本办法，涉嫌犯罪的，依法移送司法机关，追究刑事责任。

第七章　附　则

第七十一条　本办法下列用语的含义：

（一）为信息披露义务人履行信息披露义务出具专项文件的保荐人、证券服务机构，是指为证券发行、上市、交易等证券业务活动制作、出具保荐书、审计报告、资产评估报告、法律意见书、财务顾问报告、资信评级报告等文件的保荐人、会计师事务所、资产评估机构、律师事务所、财务顾问机构、资信评级机构。

（二）及时，是指自起算日起或者触及披露时点的两个交易日内。

（三）上市公司的关联交易，是指上市公司或者其控股子公司与上市公司关联人之间发生的转移资源或者义务的事项。

关联人包括关联法人和关联自然人。

具有以下情形之一的法人，为上市公司的关联法人：

1. 直接或者间接地控制上市公司的法人；

2. 由前项所述法人直接或者间接控制的除上市公司及其控股子公司以外的法人；

3. 关联自然人直接或者间接控制的，或者担任董事、高级管理人员的，除上市公司及其控股子公司以外的法人；

4. 持有上市公司5%以上股份的法人或者一致行动人；

5. 在过去12个月内，或者根据相关协议安排在未来12月内，存在上述情形之一的；

6. 中国证监会、证券交易所或者上市公司根据实质重于形式的原则认定的其他与上市公司有特殊关系，可能或者已经造成上市公司对其利益倾斜的法人。

具有以下情形之一的自然人，为上市公司的关联自然人：

1. 直接或者间接持有上市公司5%以上股份的自然人；

2. 上市公司董事、监事及高级管理人员；

3. 直接或者间接地控制上市公司的法人的董事、监事及高级管理人员；

4. 上述第1、2项所述人士的关系密切的家庭成员，包括配偶、父母、年满18周岁的子女及其配偶、兄弟姐妹及其配偶，配偶的父母、兄弟姐妹，子女配偶的父母；

5. 在过去 12 个月内或者根据相关协议安排在未来 12 个月内，存在上述情形之一的；

6. 中国证监会、证券交易所或者上市公司根据实质重于形式的原则认定的其他与上市公司有特殊关系，可能或者已经造成上市公司对其利益倾斜的自然人。

（四）指定媒体，是指中国证监会指定的报刊和网站。

第七十二条 本办法自公布之日起施行。《公开发行股票公司信息披露实施细则》（试行）（证监上字〔1993〕43 号）、《关于股票公开发行与上市公司信息披露有关事项的通知》（证监研字〔1993〕19 号）、《关于加强对上市公司临时报告审查的通知》（证监上字〔1996〕26 号）、《关于上市公司发布澄清公告若干问题的通知》（证监上字〔1996〕28 号）、《上市公司披露信息电子存档事宜的通知》（证监信字〔1998〕50 号）、《关于进一步加强 ST、PT 公司信息披露监管工作的通知》（证监公司字〔2000〕63 号）、《关于拟发行新股的上市公司中期报告有关问题的通知》（证监公司字〔2001〕69 号）、《关于上市公司临时公告及相关附件报送中国证监会派出机构备案的通知》（证监公司字〔2003〕7 号）同时废止。

附录Ⅱ

知晓科创板上市公司信息披露(上)(下)[①]

知晓科创板上市公司信息披露(上)

编者按：阅读上市公司和相关信息披露义务人披露的信息，是投资者投资决策的重要依据。那科创板上市公司应该披露哪些信息？与主板市场有何差异？今天，就让我们一同了解下，科创板的信息披露那些事儿。

1. 投资者如何查询科创板上市公司信息披露的文件？

与沪市主板一样，科创板上市公司应当通过上交所上市公司信息披露电子化系统登记公告；相关信息披露义务人应当通过上市公司或者上交所指定的信息披露平台办理公告登记。

同时，上市公司和相关信息披露义务人应当在上交所网站和中国证监会指定媒体上披露信息披露文件，并保证披露的信息与登记的公告内容一致。未能按照登记内容披露的，应当立即向上交所报告并及时更正。投资者可以及时查阅。

2. 关于科创板上市公司披露公告的语言，是如何规定的？

《上海证券交易所科创板股票上市规则》(以下简称《科创板股票上市规则》)规定，公告文稿应当采用中文文本，同时采用外文文本的，应当保证两种文本内容的一致。两种文本不一致的，以中文文本为准。信息披露内容应当简明易懂，语言应当浅白平实，以便投资者阅读、理解。

3. 科创板上市公司和相关信息披露义务人如何履行信息披露义务？

科创板上市公司和信息披露义务人应当及时、公平地披露所有可能对证券交易价格或者对投资决策有较大影响的事项，保证所披露信息的真实、准

① 来源：上海证券交易所。

确、完整，不存在虚假记载、误导性陈述或者重大遗漏，并且信息披露文件应当材料齐备，格式符合规定要求。

同时，科创公司应当结合所属行业特点，充分披露行业的经营信息，以及可能对公司核心竞争力、经营活动和未来发展产生重大不利影响的风险因素。

4. 科创板上市公司筹划重大事项，持续时间较长时，投资者的知情权如何得到保障？

上市公司筹划重大事项，持续时间较长的，应当按照重大性原则，分阶段披露进展情况，及时提示相关风险，不得仅以相关事项结果尚不确定为由不予披露。

投资者应当及时关注上市公司披露的信息，做出合理投资决策。

5. 投资者在参与科创板股票交易时，其参与权和表决权如何得到保障？

整体上来讲，《科创板股票上市规则》规定，上市公司应当在如下方面保障投资者的参与权和表决权：

一是在公司章程中规定股东大会的召集、召开和表决等程序，制定股东大会议事规则，并列入公司章程或者作为章程附件。

二是上市公司应当依据法律法规和公司章程召开股东大会，保证股东依法行使权利。规定期限内不能召开股东大会的，应当在期限届满前披露原因及后续方案。同时，采用网络投票、累积投票、征集投票等方式，保障股东参与权和表决权。

三是对于股东书面提议召开股东大会的，公司董事会应当在规定期限内书面反馈是否同意召开股东大会，不得无故拖延。股东依法自行召集股东大会的，公司董事会和董事会秘书应当予以配合，并及时履行信息披露义务。同时，上市公司应当依据法律法规、公司章程，发出股东大会通知，及时披露股东决策所需的其他资料。

6. 关于科创板上市公司的股东回报政策，是如何规定的？

《科创板股票上市规则》规定，上市公司应当积极回报股东，根据自身条件和发展阶段，制定并执行现金分红、股份回购等股东回报政策。

上市公司明显具备条件但未进行现金分红的，上交所可以要求董事会、控股股东及实际控制人通过投资者说明会、公告等形式向投资者说明原因。

7. 关于科创板上市公司财务指标异常的情况，投资者是否可以从保荐机构出具的报告中了解相关信息？

首次公开发行股票并在科创板上市的，保荐机构的持续督导期间为股票上市当年剩余时间以及其后3个完整会计年度。在持续督导期间，保荐机构应当在持续督导跟踪报告显著位置就上市公司是否存在重大风险发表结论性意见。投资者可以从保荐机构出具的报告中了解相关信息。

8. 关于科创板上市公司股东质押股份的信息，投资者可以了解哪些内容？

《科创板股票上市规则》规定，科创板上市公司控股股东及其一致行动人质押股份出现如下情形的，应披露以下信息：

一是质押股份占其所持股份的比例达到50%以上，以及之后质押股份的，应当及时通知公司，并披露本次质押股份数量、累计质押股份数量以及占其所持公司股份的比例、质押期限、质押融资款项的最终用途及资金偿还安排等信息；

二是质押股份占其所持股份的比例达到50%以上，且出现债务逾期或其他资信恶化情形的，应当披露债务逾期金额、是否存在平仓风险以及可能被平仓的股份数量和比例等信息。

此外，上市公司持股5%以上股东质押股份，应当在2个交易日内通知上市公司，并披露本次质押股份数量、累计质押股份数量及占公司总股本比例。

9. 科创板上市公司控股股东出现质押平仓风险的，投资者如何了解相关信息？

科创板上市公司控股股东及其一致行动人出现质押平仓风险的，应当及时通知上市公司，披露是否可能导致公司控制权发生变更、拟采取的措施，并充分提示风险。对于控股股东及其一致行动人质押股份被强制平仓或平仓风险解除的，应当持续披露进展，保证投资者及时了解相关信息。

10. 上交所如何对科创板上市公司实施信息披露实施监管？

《科创板股票上市规则》规定，上交所通过审阅信息披露文件、提出问询等方式，进行信息披露事中事后监管，督促信息披露义务人履行信息披露义务，督促保荐机构、证券服务机构履行职责。信息披露涉及重大复杂、无先例事项的，上交所可以实施事前审核。

投资者需要注意到，上交所对信息披露文件实施形式审核，对其内容的真实性不承担责任。上交所经审核认为信息披露文件存在重大问题，可以提出问询。科创板上市公司或者相关信息披露义务人未按照《科创板股票上市规则》规定或上交所要求进行公告的，或者上交所认为必要的，可以以交易所公告形式向市场说明有关情况。

知晓科创板上市公司信息披露(下)

1. 科创板上市公司披露定期报告，与沪市主板公司的规定是否一致?

与沪市主板公司一致，科创板上市公司的定期报告包括年度报告、半年度报告和季度报告。

上市公司应当在每个会计年度结束之日起4个月内披露年度报告，在每个会计年度的上半年结束之日起2个月内披露半年度报告，在每个会计年度前3个月、9个月结束之日起1个月内披露季度报告。第一季度季度报告的披露时间不得早于上一年度年度报告的披露时间。

2. 在科创板上市公司不能按期披露定期报告时，如何保护投资者的知情权?

科创板上市公司预计不能在规定期限内披露定期报告的，应当及时公告不能按期披露的原因，解决方案以及预计披露的时间。对此，投资者应当予以关注。

3. 投资者如何提前了解上市公司定期报告的披露时间?

与主板公司相同，科创板上市公司应当向上交所预约定期报告的披露时间。对于年度报告等上市公司定期报告的预约披露情况，上交所会在官方网站(www. sse. com. cn)集中展示，投资者可以登录网站查阅相关信息。

4. 科创板上市公司未按期披露定期报告的，其股票交易是否会受到影响?

科创板上市公司未在规定的期限内披露季度报告的，公司股票应当于报告披露期限届满的次一交易日停牌1天，届满日为非交易日的，于次一交易日停牌1天。

公司未在规定期限内披露年度报告或者半年度报告的，公司股票应当于报告披露期限届满日起停牌，直至公司披露相关定期报告的当日复牌。公告披露日为非交易日的，则在公告披露后的第一个交易日复牌。公司因未披露年度报告或者半年度报告的停牌期限不超过 2 个月。停牌期间，公司应当至少发布 3 次风险提示公告。

5. 科创板上市公司在何种情形下会披露业绩预告？

与沪市主板上市公司一样，科创板上市公司预计年度经营业绩将出现下列情形之一的，应当在会计年度结束之日起 1 个月内进行业绩预告：

一是净利润为负；

二是净利润与上年同期相比上升或者下降 50% 以上；

三是实现扭亏为盈。

同时，如果科创板上市公司预计半年度和季度业绩出现以上情形之一的，也可以进行业绩预告。

此外，科创板上市公司披露业绩预告后，预计本期业绩与业绩预告差异幅度达到 20% 的，应当及时披露更正公告。

6. 对于被实施退市风险警示的科创板公司，如何披露业绩预告？

上市公司因出现财务类退市指标情形，其股票被实施退市风险警示的，应当在会计年度结束之日起 1 个月内预告全年营业收入、净利润和扣除非经常性损益后的净利润、净资产，以便投资者及时了解相关信息。

7. 科创板上市公司是否会披露业绩快报？

对于科创板上市公司而言，根据《科创板股票上市规则》规定，应当在每个会计年度结束之日起 4 个月内披露年度报告。如果公司预计不能在会计年度结束之日起 2 个月内披露年度报告的，应当在该会计年度结束之日起 2 个月内，按照《科创板股票上市规则》规定披露业绩快报。

业绩快报应披露本期及上年同期营业收入、营业利润、利润总额、净利润、总资产、净资产、每股收益、每股净资产和净资产收益率等主要财务数据和指标。

此外，上市公司应在以下情形下，及时发布业绩快报：

一是在定期报告披露前向国家有关机关报送未公开的定期财务数据，预计无法保密的；

二是定期报告披露前出现业绩提前泄露的，或者因业绩传闻导致公司股票交易异常波动的。

8. 当科创板上市公司业绩快报与定期报告信息出现差异时，是如何更正的？

根据《科创板股票上市规则》的规定，科创板上市公司应当保证业绩快报与定期报告披露的财务数据和指标不存在重大差异。

如果定期报告披露前，上市公司发现业绩快报与定期报告财务数据和指标差异幅度达到10%的，应当及时披露更正公告。

9. 投资者如何了解科创板尚未盈利的上市公司风险?

上市公司尚未盈利的，应当在年度报告显著位置披露公司核心竞争力和经营活动面临的重大风险。同时，上市公司应当结合行业特点，充分披露尚未盈利的原因，以及对公司现金流、业务拓展、人才吸引、团队稳定性、研发投入、战略性投入、生产经营可持续性等方面的影响。

10. 如果科创板上市公司业绩出现较大幅度下滑，投资者可以通过公司年度报告了解哪些信息?

如果科创板上市公司年度净利润或营业收入与上年同期相比下降50%以上，或者净利润为负值的，那么投资者可以从公司年度报告中了解如下相关信息：

一是业绩大幅下滑或者亏损的具体原因；

二是主营业务、核心竞争力、主要财务指标是否发生重大不利变化，是否与行业趋势一致；

三是所处行业景气情况，是否存在产生过剩、持续衰退或者技术替代等情形；

四是持续经营能力是否存在重大风险；

五是对公司具有重大影响的其他信息。